Geographischer Exkursionsführer der Region Basel

Herausgegeben von der
Geographisch-Ethnologischen Gesellschaft Basel

Lieferung 15:

Südschwarzwald
(Feldberg-Gebiet und Wiesetäler)

von Karl Albert Habbe und Bernhard Mohr

Wepf & Co. Verlag

INHALTSVERZEICHNIS

1. ZIEL DER EXKURSIONEN

Der vorliegende Exkursionsführer erfasst mit dem Feldberg-Gebiet und den Wiesetälern[1] zwei wichtige Teilräume des Südschwarzwaldes. Trotz enger Nachbarschaft besitzen sie eigenständige physischgeographische wie kulturgeographische Züge: das Feldberg-Gebiet als höchste Erhebung des Gebirges überhaupt mit schon subalpinem Charakter seiner natürlichen Ausstattung (Liehl 1959), die Wiesetäler als bedeutendstes Talsystem des südlichen Schwarzwaldes mit vielschichtiger Siedlungs- und Wirtschaftsentwicklung (Kullen 1973, Mohr 1973). Die einführende Pkw-Exkursion soll einen Überblick über beide Gebiete vermitteln. Die fünf Fussexkursionen erschliessen charakteristische Ausschnitte; sie können mit der Pkw-Exkursion kombiniert werden und lassen sich in vielfältiger Weise variieren.

2. LANDESKUNDLICHER ÜBERBLICK

2.1. Die Elemente der Naturlandschaft

2.1.1 Geologische Grundlagen

Das gesamte Exkursionsgebiet gehört geologisch gesehen zum Schwarzwälder Grundgebirge; die Kandern-Hausener Verwerfung grenzt es im Süden auch morphologisch klar gegen die Weitenauer Vorberge ab. Das Grundgebirge besteht fast durchweg aus kristallinen Gesteinen. Nach Alter und Struktur kann man unterscheiden: die Gneise um Feldberg, Schauinsland und Belchen, die Südschwarzwälder Granite (zu denen auch die Palingenite und Syntexite im Süden des Exkursionsgebietes zu stellen sind), die oberdevonisch-unterkarbonischen Gesteine der tektonischen Senkenzone von Badenweiler-Lenzkirch und schliesslich die Porphyre des Münstertal- und des Schluchseegebietes (Metz/Rein 1958 und Abb. 1). Alle diese Gesteine haben in der Regel sauren Chemismus und dementsprechend arme Verwitterungsböden. Ihre heutige Struktur erhielten sie während der variszischen Gebirgsbildung im jüngeren Paläozoikum. Noch im ausgehenden Paläozoikum unterlag dieses ältere Gebirge einer intensiven flächenhaften Abtragung. Die damals entstandene permische Rumpffläche ist heute im Sanftrelief der Höhen — besonders des östlichen und südöstlichen Schwarzwalds — noch grossenteils erhalten. Denn im Mesozoikum wurde sie von Sedimenten der Trias und des Jura überdeckt, die erst im Zuge der alpidischen Gebirgsbildung im Tertiär und Quartär allmählich wieder abgeräumt worden sind. Erst durch diese jüngere Gebirgsbildung entstand der Schwarzwald in seinen heutigen Umrissen. Als grosse Pultscholle wurde er an heute noch morphologisch fassbaren Verwerfungen gegenüber seinem westlichen und südlichen Vorland stark herausgehoben und durch — im wesentlichen rheinisch und herzynisch streichende — Brüche in einzelne tektonische Schollen zerlegt. Die stärkste Hebung erfuhr der 6–8 km breite Schauinsland-Feldberg-Horst, der im Norden und Süden durch herzynisch streichende tektonische Gräben — den Bonndorfer Graben und den Münstertal-Albtal-Graben — begrenzt wird. Südlich des Münstertal-Grabens bildet der Belchen mit der Oberen Stuhlsebene ebenfalls einen tektonischen Horst. Auch die generell höhere Lage der Erhebungen östlich der Grossen Wiese ist vermutlich tektonisch bedingt.

---

1) Üblich sind die Schreibweisen "Wiesetal" und "Wiesental". "Wiesental" ist gebräuchlicher, "Wiesetal" weniger missverständlich.

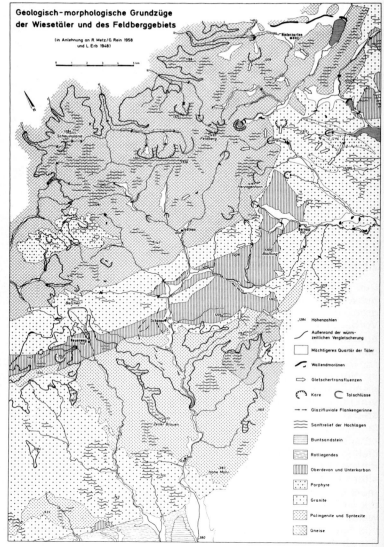

Geologisch-morphologische Grundzüge
der Wiesetäler und des Feldberggebiets

(in Anlehnung an R. Metz/G. Rein 1958
und L. Erb 1948)

Höhenzahlen
Außenrand der würm-
zeitlichen Vergletscherung
Mächtigeres Quartär der Täler
Wallendmoränen
Gletschertransfluenzen
Kare   Talschlüsse
Glazifluviale Flankengerinne
Sanftrelief der Hochlagen
Buntsandstein
Rotliegendes
Oberdevon und Unterkarbon
Porphyre
Granite
Palingenite und Syntexite
Gneise

Abb. 1

2.1.2 Die geomorphologische Entwicklung seit dem Jungtertiär

Das Flussnetz des Südschwarzwalds hat sich den tektonischen Bedingungen weitgehend angepasst, ist im einzelnen freilich auch von der zeitlichen Abfolge der Hebungsbewegungen und von der Entwicklung der Vorflut abhängig. Noch bis ins Mittelpliozän floss der Hauptvorfluter im Schweizer Mittelland und am Südrand der Schwäbischen Alb nach Osten ("Aare-Donau"), erst im Oberpliozän fand er den Weg zwischen Schwarzwald und Jura zur Burgundischen Pforte, und erst im Altpleistozän wurde er nach Norden in den Oberrheingraben ausgelenkt (Liniger 1966). Entsprechend weisen die Flüsse im Norden und Osten des Feldbergs einen nach Osten gerichteten, genetisch älteren ("danubischen") Oberlauf mit relativ sanften Talhängen und einen meridional gerichteten, oft schluchtartig eingetieften, jüngeren ("rheinischen") Unterlauf auf (Paul 1950). Im Westen und Süden des Feldbergs herrscht dagegen eine ursprünglich gegen die Burgundische Pforte — und damit von Anfang an zum Rheinsystem — gerichtete Entwässerung vor. Das einstmals auf den Sedimenten des Jura und der Trias angelegte Entwässerungsnetz hat also hier seit dem Jungtertiär keinen grundlegenden Wandel seiner Abflussrichtung mehr erfahren. Als Folge der allmählichen Eintiefung längs der im wesentlichen gleichbleibenden Entwässerungsachsen weist daher vor allem das Grosse Wiesetal zwischen Talsohle und Wasserscheiden zahlreiche Verebnungen auf, die als Reste von alten Talböden aufzufassen sind. Ihre Altersstellung ist bis heute ungeklärt, sie dürften jedoch mit Ausnahme weniger sehr hoch gelegener Mulden überwiegend dem älteren Pleistozän zuzuordnen sein. Sicher pleistozänen Alters ist die Zerschneidung der alten Talböden, die auch die unterschiedliche Widerständigkeit der Gesteine herausgearbeitet und insbesondere den leichter ausräumbaren "Alten Schiefern" der Senkenzone Badenweiler-Lenzkirch nachgetastet hat. Ihr ist z. B. die eindrucksvolle Ablenkung des Prägbachs in seinen heutigen Unterlauf gegen Geschwend zuzuschreiben.

Das im wesentlichen fluvial geprägte Talnetz des Südschwarzwalds erfuhr während der pleistozänen Kaltzeiten, insbesondere in der letzten, der Würm-Eiszeit, eine teilweise recht weitgehende Überformung durch fliessendes Eis (Schrepfer 1926, 1931, Erb 1948, Göller 1952, Pfannenstiel/Rahm 1961, 1964, Liehl 1975, Schreiner 1977 und Abb. 1). Vereisungszentrum war das Feldbergmassiv, freilich weniger mit seinen höchsten Erhebungen, die stets nur eine relativ dünne Firnschicht getragen haben, als vielmehr in seinen hochgelegenen Talmulden, in denen das Eis sich sammeln konnte, bevor es — den fluvialen Rinnen folgend — nach aussen abfloss. Die würmzeitliche Schneegrenze senkte sich schliesslich bis unter 1000 m Meereshöhe. Dadurch erhielten nicht nur zahlreiche Schwarzwaldgipfel eine Firnkappe, sondern es wurden infolge der allmählichen Aufhöhung der Eisoberfläche auch alle Hochtäler zu Teilen des Gletschernährgebietes, mit Eismächtigkeiten bis zu 450 m und darüber (im Präger Kessel und im Grossen Wiesetal bis etwa Todtnau). Das Endergebnis war eine gewaltige Eiskalotte, über deren Peripherie die Talgletscher noch ein kurzes Stück hinausreichten; nur der Grosse Wiesetal-Gletscher stiess aus dem Nährgebiet fast 10 km südwärts (bis etwa Mambach) vor. Wesentlich weniger stark als das Feldberggebiet war das weiter westlich um den Belchen-Blauen-Kamm gelegene Gebiet vergletschert, obwohl die Gipfelhöhen dort nur wenig niedriger liegen. Denn dort bildeten allein die Multener Quelltäler des Aiternbaches ein kleines Vereisungszentrum. Dagegen senken sich insbesondere die Täler an der Westflanke des Gebirges rasch unter die würmzeitliche Schneegrenze. Aus dem gleichen Grund waren auch die Täler von Belchen- und Köhlgarten-Wiese nur in den höchsten Abschnitten verfirnt. Die vom Belchen-Kamm nach Osten gerichteten Täler (Wieden-, Aitern-, Böllenbach) wiesen wegen der Leelage gegenüber den niederschlagbringenden Winden wohl eine etwas stärkere Vergletscherung auf, es kann jedoch keinem Zweifel unterliegen, dass ihre Gletscherzungen zumindest im Früh- und Spätglazial nicht bis zum Haupttal hinabreichten. Da hier der mächtige Grosse Wiesetal-Gletscher lange die Talausgänge der Nebentäler blockierte, kam es in dessen Stau zur Bildung von temporären Schmelzwasserseen und von Überlaufrinnen parallel zum Haupttal. Die Gegend westlich Schönau weist eine ganze Reihe solcher randglazialer Rinnen auf. Die dazwischenliegenden, vom Rückgehänge getrennten Buckel sind teilweise eindrucksvoll vom Eis überschliffen worden. Formen schleifender Eiserosion sind auch sonst häufig, besonders an Karmündungen (z. B. im Zastler Loch) und im Bereich von Transfluenzpässen (z. B. Silberberg auf Gemarkung Hinterzarten). Spuren der splitternden und ausbrechenden glazialen Erosion finden sich vor allem in den Karen, die sich aus den nach Norden und Osten gekehrten Quellmulden der Hochtäler gebildet haben. Als ausgesprochen glazial geprägte Trogtäler können dagegen eigentlich nur die aus dem Feldberggebiet nach Westen ziehenden Täler gelten: das obere Höllental, Zastler und St. Wilhelmer Tal, mit Abstrichen auch das oberste Wiesetal. Bei allen anderen Tälern des Feldberggebiets spielt trotz der auch hier nicht unerheblichen glazialen Überformung (übersteilte, ungegliederte Talhänge, Becken und Riegel im Längsprofil, versteilte Talschlüsse) die fluviale Vorform die stärker prägende Rolle. Grundmoräne kommt in wechselnder Mächtigkeit im ganzen weiteren Feldberggebiet vor. Ausgeprägte Wallendmoränen sind weniger häufig, sie haben sich vor allem in den flachen Talmulden im Norden (Breitnau-Hinterzarten-Titisee) und Osten (Schluchseegebiet, Menzenschwander Albtal) des Feldbergs erhalten, im Wiesetal sind sie dagegen der spät- und postglazialen fluvialen Erosion zum Opfer gefallen. Die erhaltenen Endmoränen lassen sich zu Gruppen ordnen, die neben dem Hochstand mehrere spätglaziale Phasen der Vergletscherung erkennen lassen. Sie sind nach Typlokalitäten im Seebachtal benannt: Titisee-, Zipfelhof- und Feldsee-Stand. Spätglaziale glazifluviale und periglaziale Schotter spielen als Füllungen der Talweitungen rund um den Feldberg – auch in den Wiesetälern – eine Rolle, insbesondere die Schwemmkegel der Nebentäler sind als bevorzugte Siedlungslagen von Bedeutung.

Das von den Gletschern hinterlassene unausgeglichene Relief hat zur Bildung zahlreicher Moore, vor allem aber auch der heutigen Seen des Hochschwarzwalds geführt (Wundt 1948, Elster 1961). Sie sind teils als Zungenbeckenseen (Titisee, Schluchsee), teils als reine Moränenstauseen (Windgfällweiher) ausgebildet. Menschliche Eingriffe haben ihr ursprüngliches Aussehen zum Teil stark verändert, besonders beim Schluchsee (Das Schluchseewerk 1970), aber z. B. auch beim Nonnenmattweiher, der erst 1785 durch künstlichen Stau in einer vermoorten Karmulde entstand (Frey 1966).

2.1.3 Die klimatischen und hydrologischen Verhältnisse

Das Klima des Exkursionsgebietes ist gegenüber dem der Rheinebene als Folge der höheren Lage durch geringere Temperaturen und höhere Niederschläge ausgezeichnet (Rossmann 1948a, Trenkle/v.Rudloff 1951/52, Klimaatlas 1953, Manig/Schirmer 1961). Temperaturabnahme und Niederschlagszunahme erfolgen jedoch nicht gleichmässig mit zunehmender Höhe. Vergleicht man die Klimadaten von Basel, Schönau und Feldberggipfel (Abb. 2), so fällt zunächst

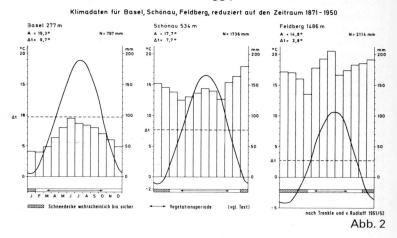

Klimadaten für Basel, Schönau, Feldberg, reduziert auf den Zeitraum 1871-1950

Basel 277 m A = 19,3° Δt = 9,7° N = 797 mm

Schönau 534 m A = 17,7° Δt = 7,7° N = 1736 mm

Feldberg 1486 m A = 14,8° Δt = 2,8° N = 2114 mm

Schneedecke wahrscheinlich bis sicher   ◄— Vegetationsperiode   (vgl. Text)

nach Trenkle und v. Rudloff 1951/52

Abb. 2

eine unverhältnismässig starke Zunahme der Niederschläge (N) schon in tieferen Lagen des Gebirges auf. Darin prägt sich der ausgesprochene Mittelgebirgscharakter des Schwarzwalds aus, der durch advektive Niederschläge während des ganzen Jahres gekennzeichnet ist, während die Rheinebene im Lee von Vogesen und Jura bei gleicher klimatologischer Gesamtsituation wesentlich trockener bleibt. Sommerliche Konvektionsregen spielen dagegen im Schwarzwald eine geringere Rolle als in der Ebene, auch das Julimaximum des Feldbergs ist eher durch den Stau der Gipfellagen als durch Gewitterniederschläge bedingt. Thermisch sind die Talstationen des Südschwarzwalds durch relativ hohe Sommer- und niedrige Wintertemperaturen (t) ausgezeichnet, der Jahresgang (A) ist dem der Ebene noch recht ähnlich. Im Gegensatz dazu sind für die Gipfelstationen gedämpfte Extremwerte typisch. Sie sind teils durch stärkere Bewölkung im Sommer, vor allem aber durch die im Winterhalbjahr immer wieder auftretenden Hochdruckwetterlagen bedingt, die den Gipfeln langdauernde Besonnung und ungehinderte Fernsicht bescheren, während die Täler in Kaltluftseen unter einer dichten Nebeldecke verschwinden.

Thermischer und niederschlagsmässiger Jahresgang zusammen bewirken eine naturgemäss mit wachsender Höhe zunehmende Dauer und Mächtigkeit der winterlichen Schneedecke (Rossmann 1948b). Die Gipfellagen nehmen aber insofern eine Sonderstellung ein, als sie durch die in jedem Winter auftretenden Warmlufteinbrüche kaum betroffen werden, die Schneedecke hier also bis in den März hinein ständig an Mächtigkeit zunimmt. Diese Schneesicherheit hat insbesondere den Feldberg zum Wintersportzentrum für grosse Teile des deutschen Südwestens gemacht. Sie hat aber auch Folgen für den Naturhaushalt. Die Vegetationsperiode — hier definiert als der Zeitraum zwischen dem Eintritt einer Mitteltemperatur von 5° im Frühjahr und dem mittleren Auftreten des ersten Frostes im Herbst — wird nämlich in den hohen Lagen durch die im Frühjahr

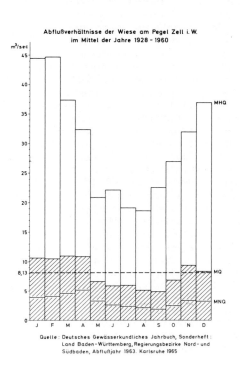

Abflußverhältnisse der Wiese am Pegel Zell i. W.
im Mittel der Jahre 1928 - 1960

Quelle : Deutsches Gewässerkundliches Jahrbuch, Sonderheft :
Land Baden-Württemberg, Regierungsbezirke Nord- und
Südbaden, Abflußjahr 1963. Karlsruhe 1965

Abb. 3

15 – 7

nur langsam abtauende Schneedecke beträchtlich eingeengt. Sie wird andererseits verkürzt durch die bei Hochdruckwetterlagen im Herbst schon früh auftretenden Nachtfröste. Deswegen herrschen in den Gipfellagen gegenüber den Tälern sehr viel härtere ökologische Bedingungen, die Rückwirkungen auch auf die Möglichkeiten der landwirtschaftlichen Nutzung haben.

Vom Klima der Hochlagen gesteuert wird auch der Wasserhaushalt der Flüsse (Wundt 1948). Der mittlere Abfluss (MQ) am Wiesepegel bei Zell (Abb. 3) zeigt von Januar bis April nahezu gleichbleibende Werte, obwohl die Niederschläge vom Maximum im Dezember bis zum Minimum im April rasch abnehmen. Darin drückt sich das normalerweise ganz allmähliche Abschmelzen der in der Schneedecke gebundenen winterlichen Niederschläge aus. Im Mai folgt dann ein plötzliches Absinken der Wasserstände: die Schneevorräte sind aufgezehrt, der Abfluss wird allein durch die Überschüsse gespeist, die nicht von der Vegetation aufgefangen und verbraucht werden. Der Wasserbedarf der Vegetation lässt auch die sommerlichen Niederschlagsspitzen nicht in Erscheinung treten. Erst im Herbst wirken sich die höheren Niederschläge wieder auf den Abfluss aus, aber schon das Dezembermaximum tritt wegen der Bindung des Niederschlags in der Schneedecke nicht mehr in der Abflusskurve hervor. Die mittleren Extreme (MHQ und MNQ) zeigen im wesentlichen den gleichen Gang, bei den Hochwasserwerten freilich werden in den Wintermonaten als Folge von längerdauernden Warmlufteinbrüchen, die die vorhandene Schneedecke aufzehren können, sehr hohe Werte erreicht; die absoluten Maxima (im Februar 230 m^3/sec.) erreichen das 20fache des Normalabflusses.

2.1.4 Die Pflanzenwelt

Die natürliche Vegetation des Exkursionsgebietes (Müller 1948a, Oberdorfer 1957a und b, Bogenrieder/Wilmanns 1968, Wilmanns 1971, Lang 1973) ist fast durchweg Wald gewesen mit einer in Abhängigkeit von Meereshöhe und Exposition variierenden Artenzusammensetzung. Er ist durch Rodung, jahrhundertelange Nutzung und Aufforstung reduziert und verändert worden, weist aber an vielen Stellen noch ein überraschend naturnahes Bild auf. In tiefen Lagen bis 600 m kommen noch Reste von Eichen-Hainbuchen- und Eichen-Birken-Wäldern vor, mitbedingt durch die lange übliche Niederwaldwirtschaft, die Traubeneiche, Hainbuche und Rotbuche, aber auch Hasel und Traubenkirsche begünstigte. Daneben und darüber stocken Buchenwälder, auch sie vielfach noch mit Spuren des Niederwaldbetriebs, oft aber auch mit grossartigen Hochstämmen. Die Buche geht bis 1400 m hinauf, stellenweise − so am Schauinsland, am Belchen und am Herzogenhorn − bis an die durch den Weidebetrieb künstlich herabgedrückte Waldgrenze. Der Waldcharakter ändert sich dabei naturgemäss: auf die Tieflagen-Buchenwälder folgen ab 600 m Buchen-Tannen-Wälder, ab 1000 m hochstaudenreiche subalpine Bergmischwälder mit dem Bergahorn als Charakterart. In nadelholzreichen Mischwäldern der Wiesetäler überwiegt oberhalb von 800 m gelegentlich die Tanne. Die Fichte ist überall als künstlich eingebrachtes Nutzholz vorhanden, besonders verbreitet aber − und wohl auch schon von Natur aus häufig − in den artenarmen Nadelholz-Mischwäldern im Norden und Osten des Feldbergs. Am Feldberg bildet die Fichte auch die Waldgrenze. Die Waldkiefer ist als Lichtholzart meist auf Waldränder beschränkt, die Spirke prägt das Bild vieler Schwarzwald-Hochmoore, die Latschenkiefer ist an einzelnen Stellen in der Nähe der Waldgrenze (Feldberg, Belchen) künstlich eingebracht worden, kommt aber gut fort. In den Hochlagen verbreitet ist die gegen Schneebruch und -druck widerständige Eberesche, am Belchen-Südhang rückt die Mehlbeere zusammen mit der Buche bis an die Waldgrenze vor. Lawinengefährdete Standorte des Feldberggebietes sind durch Gebüsche der Schluchtweide gekennzeichnet, die hier mit Eberesche und Mehlbeere das alpine Krummholz vertritt.

Das Problem der Waldgrenze im Hochschwarzwald hat die Wissenschaft lange beschäftigt. So sicher es ist, dass sie durch den Weidebetrieb künstlich herabgedrückt wurde, so sicher ist es, dass zumindest am Feldberg als Folge der kräftigen Windwirkung (Schneegebläse im Hochwinter) waldfreie Flächen auch das postglaziale Klimaoptimum überdauert haben. Anders sind die Vorkommen alpiner Pflanzen (z. B. Alpentroddelblume und Alpenmassliebchen), die durch das Emporrücken der Vegetationsgrenzen im Spät- und Postglazial hier isoliert wurden und in Wäldern nie hätten fortkommen können, nicht zu erklären. Die Weidenutzung hat anstelle des Waldes quasinatürliche Pflanzengesellschaften entstehen lassen (Schwabe-Braun 1980), darunter als wichtigste den Borstgrasrasen mit dem namengebenden Borstgras, Schweizer Löwenzahn, Bärwurz, Bergwohlverleih, mit Heidekraut und Heidelbeere, stellenweise dem Gelben Enzian und an überdüngten Stellen unterhalb der Viehütten dem Alpenampfer. In mittleren Höhenlagen tritt an die Stelle des Borstgrasrasens die Flügelginsterheide mit dem Flügelginster und der Silberdistel als auffallendsten Arten. Wo der Weidebetrieb aufgegeben wurde, rückt Baumwuchs ganz allmählich auf die offenen Flächen vor, mit Fichte und Buche als Vorposten, stellenweise auch mit Wacholder wie im Kleinen Wiesetal. In mittleren und tiefen Lagen − besonders des Grossen Wiesetals − breiten sich oft ausgedehnte Bestände des Adlerfarns aus.

Der höchste Punkt des Exkursionsgebiets: der Feldberg-Gipfel (1493 m) mit dem Turm und dem Observatorium, gesehen von der Aussichtsplattform des Fernsehturms. Links die Gebäude der ehem. Todtnauer Hütte, im Hintergrund Hofsgrund und der Schauinsland.

2.2 Siedlungs- und wirtschaftsräumliche Entwicklungen, Strukturen und Probleme

2.2.1 Überblick über die Besiedlungsgeschichte

Das ganze Exkursionsgebiet ist Jungsiedelland. Sieht man von der "Albzelle" − dem schon Mitte des 9. Jahrhunderts von Rheinau aus gegründeten Vorläufer des Klosters St. Blasien — und einer wohl Ende des 9. Jahrhunderts angelegten Niederlassung des Klosters Säckingen bei Zell i.W. ab, so gab es hier vor dem 10. Jahrhundert keinen festen Besitz und keine dauernde Siedlung. Erst im Laufe des Hochmittelalters wurde der Südschwarzwald in mehreren Etappen erschlossen und politisch organisiert (Mayer 1939, Müller 1948b, Feger 1951, Ott 1970).

Träger der Erschliessung war zunächst der Adel des nahen Altsiedellandes, später die Reformklöster des Benediktinerordens, vor allem St. Blasien, das seit dem 11. Jahrhundert durch Laienbrüder und Lehnsleute im eigenen "Zwing und Bann" zwischen Feldberg, Schluchsee und Hochkopf roden liess. In den Wiesetälern erfolgte die Erstbesiedlung bereits vor der Jahrtausendwende, wobei das Kleine Wiesetal als Leitlinie diente. Von hier aus — und nicht aus dem Gebiet von Zell — nahm man die Erschliessung des oberen Grossen Wiesetals in Angriff: bis zur Errichtung einer eigenen Pfarrei im 12. Jahrhundert gehörte das Gebiet von Schönau zum Pfarrsprengel von Tegernau. Nördlich des Feldbergs ging die Besiedlung von den Passwegen aus, die sich in der Furche von Hinterzarten bündelten: 1148 wurde die St. Oswald-Kapelle im Höllental — die erste Pfarrkirche für den Besitz der Herren von Falkenstein in Breitnau und Hinterzarten — geweiht. Die Feldbergnordabdachung — im 18. Jahrhundert teils im Besitz der Freiherren von Sickingen (Hinterzarten), teils der Gräflich Fürstenbergischen Herrschaft Lenzkirch zugehörig (Titisee, Saig, Falkau, Alt- und Neuglashütten, Bärental) — blieb wie das Kleine Wiesetal (Markgrafschaft Baden-Hachberg-Sausenberg) und die Vogtei Zell im Grossen Wiesetal (Freiherren von Schönau-Zell) bis zum Ende des alten Deutschen Reiches anfangs des 19. Jahrhunderts weltlicher Besitz. Den geistlichen Besitz vereinigte schliesslich St. Blasien in einer Hand: das obere Grosse Wiesetal mit Schönau und Todtnau, die Albtäler, das Schluchseegebiet, zuletzt — noch im 18. Jahrhundert — auch Oberried und St. Wilhelm.

Diese grundherrschaftliche Organisation hatte Folgen für die rechtlichen und wirtschaftlichen Verhältnisse der bäuerlichen Bevölkerung und damit für das Siedlungsbild (Greiner 1931, Liehl 1948 b, Bobek 1952, Habbe 1966 und Abb. 4). Nördlich des Feldbergs wurde seit dem ausgehenden Spätmittelalter der bäuerliche Besitz in grossen Einödhöfen mit geschlossenem Besitz und Anerbenrecht neu geordnet, während die Bauern im St.Blasianischen neben anderen Rechten auch die Erhaltung einer älteren Flurstruktur mit Weiler- oder Dorfsiedlung, grossen Allmenden, Gemengelage des Besitzes und Freiteilbarkeit durchsetzten. Dabei spielte wohl die Verfassungsentwicklung in der nahen Schweiz eine Rolle, sicher aber auch die zusätzlichen Erwerbsmöglichkeiten und die relative Wohlhabenheit, die der hochmittelalterliche Silberbergbau um Todtnau dem oberen Grossen Wiesetal gebracht hatte. Das Grosse Wiesetal vor allem kannte deshalb schon früh zahlreiche kleinbäuerliche Wirtschaften, was nach dem Rückgang des Bergbaus an der Wende zur Neuzeit zu einer langdauernden Strukturschwäche des Gebietes führte, die erst mit der Industrialisierung im 19. Jahrhundert einigermassen aufgefangen werden konnte.

Wieder anders verlief die Entwicklung in den fürstenbergischen Quelltälern der Haslach und auf der rechten Seite des Seebachtals. Hier lagen noch zu Beginn der Neuzeit grosse siedlungsleere herrschaftliche Wälder, die erst im 17. und 18. Jahrhundert für die Anlage und den Betrieb von Glashütten sowie für die Energieversorgung des fürstenbergischen Eisenwerks Eberfingen (im unteren Wutachtal bei Stühlingen) ausgeholzt wurden. Nach Aufgabe dieser waldgewerblichen Nutzung musste sich die Bevölkerung ganz auf die — vorher nur nebenbei betriebene — Landwirtschaft umstellen. Sie wurde ähnlich wie in den sanktblasianischen Albtälern geregelt, doch fehlt hier die extreme Besitzzersplitterung.

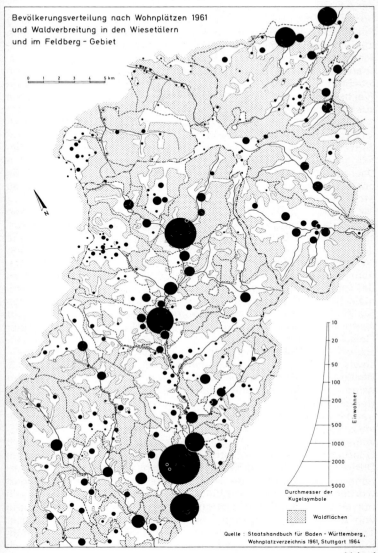

Bevölkerungsverteilung nach Wohnplätzen 1961 und Waldverbreitung in den Wiesetälern und im Feldberg – Gebiet

Quelle : Staatshandbuch für Baden – Württemberg, Wohnplatzverzeichnis 1961, Stuttgart 1964

Abb. 4

2.2.2 Weidewirtschaft als Grundlage der Höhenlandwirtschaft

Die Landwirtschaft im Rodungsgebiet war stets auf den Austausch ihrer Produkte mit dem Altsiedelland angewiesen. Zwar suchte man den eigenen Bedarf an Feldfrüchten zu decken, indem man Ackerbau bis 1100 m hinauf – in steilem Gelände notfalls mit der Hacke – im Rahmen einer mehr oder weniger geregelten Feldgras- und Reutbergwirtschaft betrieb. Aber der Ackerbau war aufgrund des Klimas, der mageren Böden und der Hanglagen stets wenig ertragreich und blieb immer voller Ernterisiken (Bodenklimazahlen fast ausnahmslos unter 20). Unter heutigen Verhältnissen ist er nicht konkurrenzfähig. Infolgedessen ist der Ackerlandanteil an der landwirtschaftlichen Nutzfläche in den letzten Jahrzehnten stark zurückgegangen:

auf 4% im Bereich der Wiesetäler (1977), auf unter 10% im topographisch günstiger gestellten Hofgütergebiet. In den Albquelltälern ist der Ackerbau ganz aufgegeben.

So hat sich die seit jeher ohnehin vorherrschende Grünlandnutzung mit Weidegang noch verstärkt. Arbeitsaufwendige Rinderhaltung mit Schwerpunkt Milcherzeugung kennzeichnet die Höhenlandwirtschaft des Schwarzwaldes. Entsprechend sind die Wirtschaftsflächen aller Gemarkungen vom Grünland geprägt: von Wiesen in den feuchten Talgründen und auf dem verbliebenen, noch intakten Wechselfeld, von Weiden auf aufgegebenen Ackerterrassen sowie auf hof- oder dorffernem Gelände. Auch an den ländlichen Siedlungen lässt sich die lange − mindestens bis zum Ausgang des Mittelalters zurückreichende − Tradition der vorherrschenden Grünlandwirtschaft ablesen: das Schwarzwaldhaus (Schilli 1977) ist mit seinen grossen Ställen und dem gewaltigen, als Heustapel dienenden Dachraum ein ausgesprochenes Viehbauernhaus. Das gilt auch da noch, wo nachträgliche Besitzteilungen zu Teilhausbesitz oder zu Stockwerkseigentum (Scholz 1978) geführt haben.

Die Viehwirtschaft tritt im Exkursionsgebiet in unterschiedlichen Formen auf − und zwar weniger aus naturbedingten als aus agrarstrukturellen Gründen. Denn die Anpassung an die seit der 1. Hälfte des 19. Jahrhunderts gegebenen wirtschaftlichen Bedingungen (Wegfall des französischen Schlachtviehmarkts seit dem Beitritt Badens zum Deutschen Zollverein) gelang den grossen Höfen nördlich des Feldbergs früher und besser als den kleinen Wirtschaften im ehemals Sanktblasianischen. Mit der Einführung der durchgehenden Stallfütterung kam es im Hofsiedlungsgebiet bereits im 19. Jh. zur Aufforstung von Reutbergweiden. Die Umstellung von reiner Fleischvieh- auf Milcherzeugung − begünstigt durch Verkehrserschliessung (Höllentalbahn) und Absatzmöglichkeiten (Freiburg) − sowie die Einrichtung von Koppelweiden folgten. Noch nach dem 2. Weltkrieg wurden − soweit nicht Fremdenverkehrsbelange berührt waren − die Viehbestände in den Vollerwerbsbetrieben aufgestockt. Demgegenüber verharrte man südlich des Feldbergs noch lange in traditionellen Wirtschaftsformen, versuchte höchstens die Viehzahlen zu steigern. Im Allmendgebiet des Hinteren Wiesetals waren deswegen ausgangs des 19. Jahrhunderts die Weideflächen durch Überbesatz in einem katastrophalen Zustand. Es wurde etwa ein Drittel mehr an Vieh gehalten als mit dem vorhandenen Futter ernährt werden konnte − die Tiere sind buchstäblich durchgehungert worden (Schwendemann/Müller 1980). Die Situation besserte sich nur langsam durch Melioration von Weidflächen und Einführung von Weideordnungen, mehr noch durch das Ausscheiden grosser Teile der Bevölkerung aus der Landwirtschaft als Folge der zunehmenden ausserlandwirtschaftlichen Verdienstmöglichkeiten. Doch erst nach dem 2. Weltkrieg wurden so zahlreiche der zuletzt lediglich im Zu- und Nebenerwerb geführten Betriebe aufgegeben, dass der Rindviehbestand schrumpfen konnte, Schafe und Ziegen aus den ehemaligen Mischherden ganz verschwanden. Von ursprünglich 12000 ha Gemeinschaftsweiden wurden in den 60er Jahren nur noch ca. 7500 ha ordnungsgemäss bewirtschaftet, so dass als neues Problem die Verwahrlosung der ehemaligen Weideflächen auftauchte.

In der ersten Hälfte der siebziger Jahre kam es aber erneut zu einer Trendwende: die Zahl der Rinder in den ortsansässigen Betrieben stabilisierte sich, die Jungviehauftriebe erlebten sogar einen unerwarteten Aufschwung: insbesondere durch die Aufnahme von Gastvieh aus den Nachbargebieten des Schwarzwaldes. Diese Entwicklung ist − u.a. − der beharrlichen Arbeit der Weideinspektion Schönau und den staatlichen Fördermassnahmen seit 1958 zu danken. Im Dienstbezirk der Weideinspektion, der den grössten Teil des Südschwarzwaldes umfasst, wurden 1979 über 10000 ha Gemeinschaftsweiden betreut; auf ihnen standen 10500 Rinder (darunter 1500 Stück Gastvieh), 8200 Schafe (davon mehr als vier Fünftel in Wanderschafherden) sowie ca. 140 Ziegen, von denen 90 am Scheibenackerköpfle oberhalb Mambach eingesetzt sind, um Möglichkeiten einer extensiven Landschaftspflege zu erproben. Mit Ausnahme der Weiden für die Wanderschäferei sind alle Flächen in Koppeln unterteilt.

Hinsichtlich ihrer räumlichen Verteilung und der Besitzverhältnisse lassen sich demnach im Exkursionsgebiet folgende Weideformen unterscheiden:

- private Einzelweiden auf Eigenlandbasis im Hofgutgebiet nördlich des Feldbergs.
- Genossenschaftsweiden in der Hand mehrerer Anteilseigner, denen Weideflächen, Viehhütte und Herderhaus gemeinsam gehören. Diese am Feldberg und seiner nordwestlichen Abdachung gelegenen Jungviehhochweiden (z.B. St.Wilhelmer und Baldenweger Weide) werden zumeist von Landwirtschaftsbetrieben im Zartener Becken bestossen.
- Gemeindeweiden im Allmendgebiet des oberen Wiesetals und der Albquelltäler. Sie nehmen die grössten Flächen ein. Als "wildes Feld" stehen sie dem kleinparzellierten Privatland des "zahmen Feldes" gegenüber. Sie werden entweder täglich von Kuhherden aufgesucht, oder es handelt sich um ortsferne Jungviehhochweiden mit oder ohne Herderhaus (z.B. Menzenschwander Feldbergweide, Schönenberger Weide).
- Gemeinschaftsweiden im Kleinen Wiesetal. In diesem Realteilungsgebiet ohne Allmendfeld war ein rationeller Viehauftrieb bis in jüngste Zeit nicht durchführbar. Seit 1965 werden jedoch unter Leitung der Weideinspektion auf freiwilliger Basis und ohne Änderung der Eigentumsverhältnisse private Grundstücke für die gemeinschaftliche Weidenutzung zusammengefasst (1978: 1210 ha).

2.2.3 Forstwirtschaftliche Nutzung

Der Wald, der ursprünglich das ganze Exkursionsgebiet bedeckte, war infolge der mittelalterlichen Rodung und der Weidenutzung sowie des Bergbaus früh bis in unzugängliche Lagen zurückgedrängt worden, hielt sich dort freilich in seiner ursprünglichen Artenzusammensetzung (mit relativ hohen Laubholzanteilen) bis in das 17. Jahrhundert. Dann fielen auch diese Restbestände einer ausgesprochenen Raubwirtschaft durch holzverzehrende Gewerbe wie Köhlerei und Glasherstellung zum Opfer. Darüberhinaus wurde den Eisenwerken in Eberfingen und Hausen, in grossen Mengen auch den Städten Basel und Freiburg Holz zugeflösst. Die Devastation der Bestände führte schliesslich zur Holzverknappung (Brückner 1968, Drescher 1972, Lauterwasser 1980). So war im oberen Wiesetal − aber nicht nur dort! − der Wald nach Flächenausdehnung und Leistung Ende des 18. Jahrhunderts auf seinen niedrigsten Stand abgesunken.

Erst das Badische Forstgesetz von 1833 machte dem allgemeinen Raubbau ein Ende und ermöglichte eine regelrechte forstwirtschaftliche Nutzung. Eine klare Scheidung zwischen Wald und Offenlandflächen unterband die Waldweide. Der Neuaufbau der Bestände, dem die heutige starke Verbreitung der Fichte zuzuschreiben ist, wurde besonders von den Forstämtern des badischen Domänenärars und der Standesherrschaft Fürstenberg in ehemaligen Herrschaftswaldungen und auf dem Areal angekaufter abgegangener Hofgüter vorangetrieben. Einzelne Hofbauern, schliesslich auch die

Gemeinden folgten. Im oberen Wiesetal steigerte eine erste Aufforstungswelle (bis 1870) den Waldflächenanteil von rund 35% auf 41%. Eine zweite, intensivere Aufforstungsphase schloss sich im letzten Viertel des 19. Jahrhunderts an, sie insbesondere begünstigte das Vordringen der Fichte, drängte die Weisstanne zurück und minderte den Anteil der Buche, der freilich immer noch ca. 40% des Baumbestandes erreicht. Der Rückgang der Weidewirtschaft nach dem 2. Weltkrieg zog erneut ausgedehnte Aufforstungen nach sich, die jedoch heute − nachdem private Aufforstungen genehmigungspflichtig geworden sind − auf Grenzertragsböden und Ödlandflächen beschränkt werden, um die Erholungsfunktion der Landschaft zu erhalten.

Um 1960 lagen etwa 55% des Exkursionsgebietes unter Wald, freilich mit regionalen Unterschieden (s. Abb. 4). Während das Kleine Wiesetal − ein Gebiet mit kleinparzelliertem Privatwald − den Durchschnittswert gerade erreichte, lagen die Waldanteile im Feldberggebiet trotz der offenen Hochlagen bei 63% (im Zastlertal bei 87%), im Grossen Wiesetal dagegen nur bei 47%, wobei bezeichnenderweise die Stadtgemarkungen einen hohen (Schönau 74%), manche ländlichen Siedlungen dagegen einen unverhältnismässig geringen Grad (Tunau 27%) der Bewaldung aufzuweisen hatten. Inzwischen ist das Waldareal − bei allerdings abnehmenden Zuwachsraten − weiter angestiegen. Im Kleinen Wiesetal nimmt es an die 64%, im Grossen Wiesetal über 60% der Fläche ein; hier erreicht die Gemarkung Schönau mit 77% einen Spitzenwert (Denkschrift 1979).

2.2.4 Traditionelle Industriestrukturen im Umbruch

Weidewirtschaft und Waldnutzung bestimmen zwar das Landschaftsbild des Südschwarzwaldes, ihre gesamtwirtschaftliche Bedeutung wird aber heute von der Industrie (und vom Fremdenverkehr) erheblich übertroffen. Industrialisiert ist vor allem die Talfurche der Grossen Wiese, während im Kleinen Wiesetal nur zwei Standorte (der Bekleidungsindustrie mit ca. 120 Arbeitsplätzen) zu finden sind. Im Feldberggebiet nimmt Bernau eine Sonderstellung ein; hier hat sich ein auf die Herstellung von Möbeln, Spielwaren und kunsthandwerklichen Gegenständen spezialisiertes Gewerbe mit kleinstbetrieblichem Zuschnitt entwickelt.

Die Industrie des Südschwarzwalds hat eine bis in das 18. Jahrhundert zurückreichende Tradition. Neben und nach den Glashütten im "Seendreieck" brachte damals zunächst das Textilgewerbe neue wirtschaftliche Impulse (Gothein 1892). Von der Schweiz und vom Elsass her drang es insbesondere in das Gebiet um Zell ein. Handspinnerei und -weberei von Baumwolle im Verlagssystem gelangten hier seit 1760 zu einer kurzen Blüte, verschwanden aber wieder, als in den Napoleonischen Kriegen das Rohmaterial knapp wurde und sich die Konkurrenz der maschinellen Fertigung auszuwirken begann. Erst nach 1820, verstärkt nach dem Beitritt Badens zum Deutschen Zollverein 1835, entstanden dann auch im Wiesetal Textilfabriken, und zwar zumeist als Filialgründungen schweizerischer Unternehmen, die den drohenden Verlust des süddeutschen Absatzmarktes befürchteten. Man nutzte dabei die gegebenen Standortvorteile: das rasch fliessende, weiche Wasser der Wiese und ihrer Nebenbäche als Energielieferant und unentbehrliches Hilfsmittel im Fabrikationsprozess ebenso wie das Reservoir billiger Arbeitskräfte in den kleinen Städten und deren Umland. Zell wurde zum Zentrum auch der neuen Industrie, weitere Standorte waren Schönau, Todtnau, Atzenbach und Rohmatt. In Zell entwickelte sich dazu bereits um 1900 der Textilmaschinenbau, andere metallverarbeitende Betriebe folgten im und nach dem 2. Weltkrieg.

Im Raum Todtnau war als Fortentwicklung der alten Holzschneflerei Ende des 18. Jahrhunderts die Bürstenherstellung als "Hausindustrie" eingeführt worden. Ihre fabrikmässige Organisation erfolgte seit 1840, aber erst gegen Ende des Jahrhunderts vollzog sich der endgültige Übergang von der manuell betriebenen Bürstenbinderei zur maschinellen Fabrikation. Starke Umstellungen brachten nach dem 2. Weltkrieg der Einsatz von Kunststoffasern und die Entwicklung vollautomatischer Spritzgussmaschinen für die Herstellung der Bürstenkörper. Gleichzeitig konzentrierte sich die zeitweise im ganzen oberen Wiesetal (und darüber hinaus) verbreitete Produktion auf die Standorte Todtnau, Aftersteg und Schönau.

Schon vor dem 1. Weltkrieg war das Grosse Wiesetal so zu einem der am stärksten industrialisierten Schwarzwaldtäler geworden, − mit verschiedenen Gewerbezweigen, jedoch beherrscht − bis in die sechziger Jahre − von der Textilindustrie. In den letzten 10−15 Jahren kam es indessen − ausgelöst durch den Konjunkturabschwung im Textilbereich − zu erheblichen Verschiebungen im Arbeitsplatzangebot. Die Textilindustrie verlor nahezu die Hälfte ihrer Beschäftigten, während die Metallindustrie ein Drittel mehr einstellen konnte und die Bürstenfabrikation ihren Stand immerhin zu halten vermochte. Insgesamt gingen (einschliesslich Bergbau: 1974 wurde der Flussspatbergbau von Wieden/Utzenfeld aufgegeben) von 1969 bis 1977 etwa 20% aller industriellen Arbeitsplätze verloren. Bei immer noch hoher Industriedichte (210) verteilten sich 1977 die rund 3800 Industriebeschäftigten des Tales zu etwa 43% auf die verschiedenen Sparten der Metallverarbeitung und des Maschinenbaus, zu 33% auf die Textil- und Bekleidungsindustrie, zu 20% auf die Bürstenherstellung.

Besonders hart von der Umstrukturierung wurde die Stadt Zell betroffen, wo durch Stillegung von zwei Betrieben und Personalabbau im wichtigsten Industrieunternehmen des Tales, der Spinnerei und Webereien Zell-Schönau AG, die Zahl der Textilbeschäftigten zwischen 1960 und 1977 von 1750 auf 450 sank (ohne Atzenbach). Allerdings konnte ein Betrieb der Metallbranche (Pleuco GmbH) die Arbeitsplatzverluste teilweise auffangen. Auch in Schönau reduzierte sich die Zahl der Beschäftigten in den Werken der Zell-Schönau AG stark, andererseits expandierte dort ein kunststoffverarbeitendes Unternehmen der Bürstenindustrie (Frisetta). Nur in Todtnau wirkte sich die Textilkrise nicht aus. Hier − im ältesten und heute immer noch wichtigsten Zentrum der deutschen Bürsten- und Besenindustrie − sind drei Fünftel aller industriell Beschäftigten der Stadt in diesem Gewerbezweig tätig. Hinzu kommt der Bürstenmaschinenbau, der − allerdings als vergleichsweise winzige Sparte − Weltgeltung besitzt; er hat sich, ähnlich wie der Textilmaschinenbau, in Anlehnung an das heimische Gewerbe eigenständig entwickelt.

2.2.5 Fremdenverkehr: Entwicklung, Ausbau, Sättigungserscheinungen

Konzentriert sich die Industrie im Grossen Wiesetal, so der Fremdenverkehr − mit hohen Werten sowohl bei den Übernachtungszahlen wie bei der Fremdenverkehrsintensität (Übernachtungen pro 100 Einwohner) − im Feldberggebiet (vgl. Abb. 5). Hier bildet er die Haupterwerbsgrundlage der Bevölkerung. Wiesetalabwärts erfolgt ein stufenweiser Bedeutungsabfall über die Gemeinden des Schönauer Raumes bis zum Zeller Bergland. Noch schwach sind auch die Ansätze im Kleinen Wiesetal, wo nur Neuenweg und Bürchau als "Erholungsorte" hervortreten und Wies durch das 1971/72 eröffnete Feriendorf "Riese" eine Sonderentwicklung genommen hat; ohne die − im übrigen schwankende − Belegung des Feriendorfes wäre der Urlaubsverkehr im Tal sogar (von 1967 bis 1977) um 10% rückläufig.

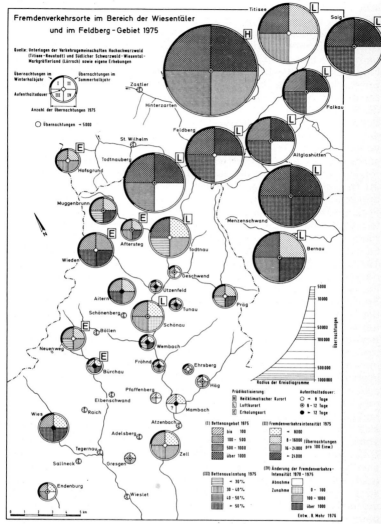

Abb. 5

Die Anfänge des Fremdenverkehrs im Hochschwarzwald reichen in die 2. Hälfte des vergangenen Jahrhunderts zurück, als die wirtschaftliche Entwicklung neuen sozialen Schichten die Möglichkeit zu Reisen und Urlaub gab und damit die Existenzgrundlage für ein eigenes Beherbergungsgewerbe schuf. Neben den älteren Gasthöfen entstanden damals in den grösseren Talorten, aber auch an bis dahin unbebauten, landschaftlich reizvollen Plätzen (Titisee, Feldberg, Belchen) neue Hotels, die noch heute von dieser ersten Konjunktur des Fremdenverkehrs zeugen. Wichtige Impulse gingen von der gegen Ende des 19. Jahrhunderts aufkommenden Wanderbewegung (Gründung des Schwarzwaldvereins bereits 1864) und vom Skisport aus (1891 erster deutscher Skiclub in Todtnau), mehr noch von der verkehrsmässigen Erschliessung durch den Bau der Höllentalbahn (1886), später der Dreiseenbahn (1926) sowie der Einrichtung von Autobuslinien auf verbessertem Strassennetz. Nicht minder wichtig war aber die Aufgeschlossenheit der Bevölkerung für den neuen Erwerbszweig: insbesondere der bis weit in das 19. Jahrhundert lebendige Hausierhandel hatte den Schwarzwäldern eine gewisse Weltläufigkeit (und Kapital) verschafft, die im Fremdenverkehrsgewerbe nun ein neues Bestätigungsfeld fand.

In und zwischen den beiden Weltkriegen hatte das Beherbergungsgewerbe freilich eine lange Krisenzeit zu überstehen. Einen gewissen Ausgleich brachte der im Schwarzwald schon früh verbreitete Wintersport, der erste Ansätze zu einer doppelten Saison ermöglichte; im Bereich des Feldbergpasses zog er in den dreissiger Jahren sogar den Bau von – damals hochmodernen – Skisportanlagen und neuen Hotels nach sich. Die stürmische Aufwärtsentwicklung des Fremdenverkehrs in den fünfziger und sechziger Jahren – begünstigt durch Einkommenssteigerungen, grössere Mobilität und mehr Freizeit in nunmehr allen Bevölkerungsschichten – erfasste auch bis dahin abgelegene Siedlungen und rief statt der punkthaften nun eine flächendeckende Erschliessung des Hochschwarzwalds für die Kur-, Ferien- und Naherholung hervor. Unter beträchtlichen finanziellen Aufwendungen wurden vielerorts neue Freizeiteinrichtungen geschaffen, stellenweise führte die gesteigerte Bautätigkeit zur Siedlungsverdichtung. Neue Beherbergungsformen ergänzten die traditionellen: so weitete sich die Vermietung von Privatzimmern und Ferienwohnungen aus, geschlossene "Feriendörfer" entstanden, seit 10 Jahren werden auch "Ferien auf dem Bauernhof" angeboten.

Ein weiterer Ausbau des Fremdenverkehrs im Südschwarzwald stösst jedoch an Grenzen. Seit Mitte der siebziger Jahre sind nur noch geringe Zuwachsraten zu verzeichnen. Andererseits hat sich die Branche trotz Wirtschaftsrezession als erstaunlich krisenfest erwiesen. Ziel ist nun, das Erreichte zu festigen, indem der Modernisierung und Verbesserung der bestehenden Betriebe Vorrang vor der Schaffung neuer Kapazitäten gegeben wird. Dabei ist das veränderte Reiseverhalten zu berücksichtigen. Der Kurz- und Zweiturlaub an den durch Feiertage verlängerten Wochenenden, in den Herbstferien usw. wird ständig beliebter; daraus ist auch die seit Jahren sinkende Verweildauer der Gäste zu erklären. Ausserdem wird die Wintersaison immer bedeutungsvoller, in der heute schon knapp ein Drittel der Fremdenübernachtungen registriert wird.

In den letzten Jahrzehnten sind deshalb die Wintersporteinrichtungen erweitert worden, die zwar in erster Linie von Naherholungssuchenden genutzt werden, aber auch dem Kur- und Urlaubsgast zugute kommen. Das betraf zunächst die Einrichtungen für den alpinen Skilauf, insbesondere die Vermehrung der Skilifte im schneesicheren zentralen Feldberggebiet. In den 70er Jahren ist dann aber auch der nordische Skilauf – der im Hohen Schwarzwald eine lange und ruhmreiche Tradition hat – wieder besonders gefördert worden: es entstanden zahlreiche Loipen mit – wie im Fall der Langlaufstrecken Hohtann–Belchen und Notschrei – bis zu 75000 Besuchern/Saison. Zugleich wurden die verschiedenen Skiwanderwege ausgebaut, einige zu Fernskiwanderwegen verbunden und damit dem Breitensport Tourenlauf neue Möglichkeiten erschlossen.

Kur- und Ferienerholung gehen im Hochschwarzwald ebenso ineinander über wie Ferien- und Naherholung. Gegenseitige Überlagerungen bleiben deshalb nicht aus. Zum Problem werden sie, wo es zur Zusammenballung des Wochenendausflugsverkehrs kommt, wie an Titisee und Schluchsee oder im Bereich von Feldbergerhof und Hebelhof. Hier zeigt sich, dass kurzzeitige Belastungsspitzen das Naturpotential langfristig soweit schädigen können, dass die Grundlagen der Fremdenverkehrswirtschaft getroffen werden.

Die Menzenschwander Endmoränen, klassisch ausgebildete Zeugen des spätglazialen Albgletschers. Herbstaspekt der Vegetation. Im Hintergrund der Seebuck.

2.2.6 Die Erwerbsstruktur der Bevölkerung in ihrer räumlichen Differenzierung

Die für das Exkursionsgebiet charakteristischen wirtschaftsräumlichen Unterschiede sind aus den Abb. 6 und 7 zur Erwerbsstruktur der Bevölkerung abzulesen. Sie beruhen auf Daten der Volkszählung 1970 mit der Verwaltungseinteilung vor der Kommunalreform, geben also weder sachlich noch bezüglich der Erhebungsgrundlagen den aktuellen Stand wieder. Aber der Unterschied von gewerblichen Gemeinden, Fremdenverkehrsorten und landwirtschaftlich geprägten Siedlungen liess sich anhand der früheren Gemeindegliederung klarer und differenzierter darstellen als auf der Grundlage der heutigen Grossgemeindenstatistik.

Betrachtet man die Verteilung der Erwerbstätigen auf die einzelnen Wirtschaftssektoren am Arbeitsort, so fällt die − 1970 − noch überragende Rolle der Land- und Forstwirtschaft für die Gemeinden im Kleinen Wiesetal, in den Nebentälern der Grossen Wiese und am Feldbergwesthang auf. Hier ist zumeist mehr als die Hälfte der am Ort Beschäftigten im primären Wirtschaftsbereich zu finden (maximal 92,6% in Elbenschwand). Nur ausnahmsweise verfügen diese Orte über eine nennenswerte Zahl nichtlandwirtschaftlicher Arbeitsstätten (Tegernau, Wieslet, Häg), so dass viele Erwerbstätige zum Auspendeln gezwungen sind. Der hier erreichte hohe Auspendleranteil wird noch übertroffen von den Talorten des Grossen Wiesetals, die sowohl ungünstige Verhältnisse für eine moderne Landwirtschaft aufweisen, als auch ohne Industriebesatz geblieben sind (etwa Mambach oder Geschwend, ganz extrem auch Schlechtnau). Beiderseits des Grossen Wiesetals finden sich aber auch Gemeinden, die noch über eine hohe Zahl von Arbeitsplätzen in der Landwirtschaft verfügen, während gleichzeitig die Mehrzahl der Bewohner ihren Lebensunterhalt ausserhalb der Landwirtschaft sucht und daher auspendelt (Pfaffenberg, Ehrsberg, Fröhnd, Schönenberg). Dadurch erscheint das Exkursionsgebiet insgesamt stärker durch die Land- wirtschaft bestimmt als es tatsächlich ist.

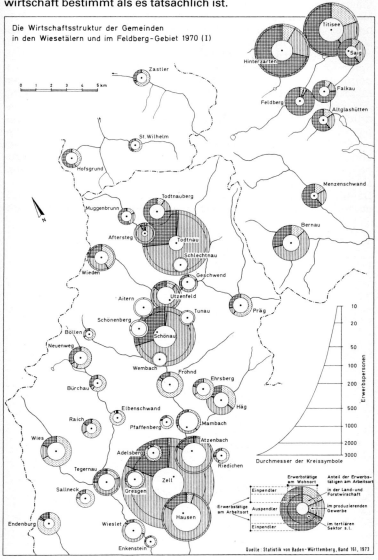

Die Wirtschaftsstruktur der Gemeinden in den Wiesetälern und im Feldberg-Gebiet 1970 (I)

Quelle: Statistik von Baden-Württemberg, Band 161, 1973

Abb. 6

Die Wirtschaft des Grossen Wiesetals ist – ganz anders als die des Kleinen Wiesetals – durch die Industrie geprägt. Das gilt nicht nur für die Städte Zell, Schönau und Todtnau, sondern auch für die Indu- striedörfer Hausen, Atzenbach, Utzenfeld und Aftersteg. Hier sind zwei Drittel bis über drei Viertel der Beschäftigten (maximal 89,7% in Aftersteg) in Betrieben des produzierenden Gewerbes tätig. Ver- gleichbare Werte weist sonst nur noch Bernau auf. Die Industrieorte sind zugleich Einpendlerzentren, der absoluten Zahl nach ist Zell das grösste, nach dem relativen Anteil der Pendler (mit über 40% der Be- schäftigten) sind es die kleinen Orte Aftersteg und Utzenfeld. Gerade die Einpendlerorte haben jedoch häufig auch einen hohen Auspendleranteil. So pendelten aus dem Gebiet der heutigen Stadt

Zell schon 1970 600 Personen aus, davon 60 als Grenzgänger in die Schweiz. In dieser Hinsicht stellt das kleine Wembach einen Extremfall dar: hier waren nicht nur 20% der am Ort Beschäftigten Einpendler, sondern zugleich auch mehr als 80% der Erwerbstätigen Auspendler. Hohe Einpendlerwerte weisen neben den Industrieorten sonst nur noch Hinterzarten und Titisee auf. Beide Orte gehören zu den Gemeinden um den Feldberg, bei denen der Anteil der Beschäftigten im tertiären Sektor über 60% liegt (maximal 92,5% in Feldberg), während er im ganzen übrigen Exkursionsgebiet 40% in der Regel nicht überschreitet. Darin kommt die überragende Bedeutung des Fremdenverkehrs für das Feldberggebiet deutlich zum Ausdruck. Insgesamt kann festgehalten werden, dass im Exkursionsgebiet rund die Hälfte der Beschäftigten im produzierenden Gewerbe, ein Drittel im tertiären Sektor und immerhin noch ein Sechstel in der Landwirtschaft tätig ist, dass aber die Gemeinden nach ihrem Arbeitsstättenangebot regional einseitig auf einen der drei Wirtschaftssektoren ausgerichtet sind.
Deutlich ist diese regionale Gruppenbildung auch an einem Dreiecksdiagramm (Abb. 7) ablesbar, dem die Verteilung der Erwerbstä-

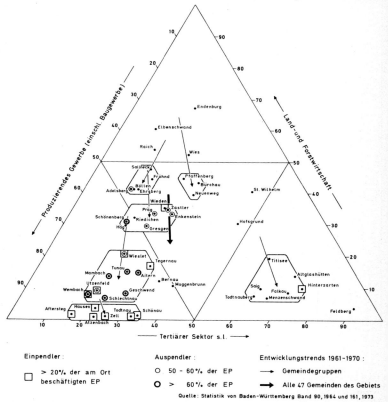

Die Wirtschaftsstruktur der Gemeinden in den Wiesetälern und im Feldberg-Gebiet 1970 (II)

Abb. 7

tigen auf die drei Wirtschaftssektoren am Wohnort zugrundeliegt. Gleichzeitig wird daraus ersichtlich, wie stark einerseits die Industrie, andererseits der Fremdenverkehr in vielen Orten die Erwerbstätigkeit prägt. Die Landwirtschaft herrscht dagegen nur noch in einzelnen Orten des Kleinen Wiesetals vor, häufiger spielt sie in Gemeinden mit gemischt-wirtschaftlicher Struktur noch eine Rolle. Die dargestellten Entwicklungstrends 1961–1970 für einzelne Gemeindegruppen zeigen klar den allgemeinen Rückgang der Landwirtschaft, wobei wiederum gruppenweise ein Trend teils mehr zur Beschäftigung in der Industrie, teils mehr im Fremdenverkehr – also eine regionale Entmischung – feststellbar ist. Diese Trends dürften sich bis 1980 verstärkt fortgesetzt haben. Die Veränderungen im Verteilungsspektrum werden freilich auch durch die Arbeitsplatzverluste in der Wiesetäler Industrie sowie durch einige wenige Betriebsverlagerungen beeinflusst. So dürften die Pendlerbeziehungen mit dem Vorderen Wiesetal intensiver geworden sein, – obwohl dem Grenzen gesetzt sind, denn zahlreiche Arbeitnehmer aus den Höhensiedlungen gehen einem Nebenerwerb in der Land- und Forstwirtschaft oder im Fremdenverkehr nach und können deshalb ihren Arbeitsplatz nicht nach Belieben wechseln.

2.2.7 Regionale Disparitäten in der Bevölkerungsentwicklung

Eine unmittelbare Folge der Arbeitsplatzverluste in der Textilindustrie des Oberen Wiesetals ist die Verstärkung der Abwanderungstendenz: zwischen 1970 und 1978 ging dessen Bevölkerung von 19200 auf 17900, also um neun Prozent, zurück. Allein die Stadt Zell verlor 1000 Einwohner (= 12%, Kernstadt 14%). In Todtnau reduzierte sich der Bevölkerungsstand um 350, im Gemeindeverwaltungsverband Schönau um 150. Da der Gesamtraum in dieser Zeitspanne

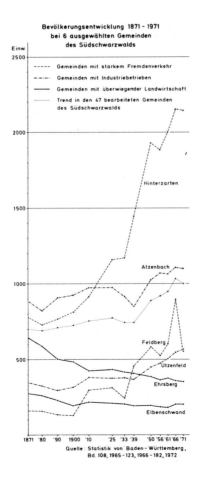

Bevölkerungsentwicklung 1871 - 1971
bei 6 ausgewählten Gemeinden
des Südschwarzwalds

Einw.
2500

----- Gemeinden mit starkem Fremdenverkehr

-·-·- Gemeinden mit Industriebetrieben

――― Gemeinden mit überwiegender Landwirtschaft

·········· Trend in den 47 bearbeiteten Gemeinden
des Südschwarzwalds

2000

Hinterzarten

1500

Atzenbach

1000

Feldberg

500

Ützenfeld

Ehrsberg

Elbenschwand

1871 '80   '90   1900 '10   '25 '33 '39   '50 '56 '61 '66 '71
Quelle: Statistik von Baden-Württemberg,
Bd. 108, 1965 - 123, 1966 - 182, 1972

Abb. 8

15 – 21

einen Geburtenüberschuss aufwies und der Ausländeranteil anstieg, ist die negative Entwicklung ausschliesslich auf die Abwanderung von Einheimischen, vor allem jüngerer Familien, zurückzuführen (Denkschrift 1979). Entsprechend hat sich die Altersstruktur gewandelt: der Anteil der 21- bis 45jährigen erreicht nur mehr zwei Drittel des Landesdurchschnitts. Ähnliche Verschiebungen in der Altersgliederung aufgrund ebenfalls starker Fortzüge sind im Kleinen Wiesetal zu beobachten (1970 bis 1978 Bevölkerungsverminderung um 7% auf 2930 Einwohner), wo die Bevölkerungsdichte mit 38 Einwohnern/qkm ohnehin schon sehr gering ist (Grosses Wiesetal 84 E/qkm).

Die Abwanderungswelle der 70er Jahre in den Wiesetälern ist keine Ausnahmeerscheinung: der Südschwarzwald hat in den letzten 100 Jahren ständig Menschen abgegeben, so dass seine Bevölkerung von 1870 bis 1971 nur um 30% wuchs, während Baden-Württemberg insgesamt gleichzeitig seine Bevölkerungszahl um 167% steigerte. Neu ist aber, dass auch die industriereichen Städte erfasst wurden, die lediglich in der Zeit nach der Weltwirtschaftskrise einen Bevölkerungseinbruch hinnehmen mussten, sich aber bis Mitte der 60er Jahre deutlich erholen konnten (s. Abb. 9). In den ländlichen Siedlungen verliefen die Bevölkerungsbewegungen unterschiedlich: Wanderungen vom Berg ins Tal und von den Landorten in die Industriesiedlungen setzten bereits im 19. Jahrhundert ein; die schmale landwirtschaftliche Basis und die geringen Erlöse aus den Heimgewerben

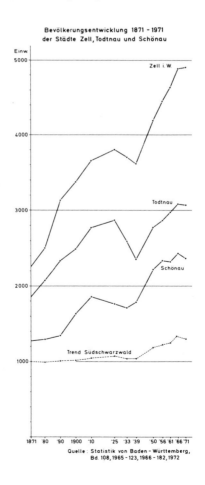

Bevölkerungsentwicklung 1871 - 1971
der Städte Zell, Todtnau und Schönau

Quelle : Statistik von Baden - Württemberg,
Bd. 108, 1965 - 123, 1966 - 182, 1972

Abb. 9

15 – 22

konnten die wachsende Bevölkerung nicht ernähren. Bürchau, Elbenschwand, Präg oder Pfaffenberg hatten vor 130 Jahren mehr Einwohner als heute. In Häg halbierte sich die Bevölkerungszahl zwischen 1844 und 1978 auf 663, in Ehrsberg ging sie um 60% zurück, Böllen erlebte von 1813 bis 1980 einen Schwund von 330 auf 100 Bewohner. Dem stehen steigende Tendenzen bei den industrialisierten, nichtstädtischen Talorten wie Atzenbach und Utzenfeld gegenüber (die jüngsten Verluste um 10% bzw. 15% – ausgelöst durch die Textilkrise und das Ende des Flussspatbergbaus – schlagen sich in Abb. 8 noch nicht nieder).

Wieder anders verlief die Entwicklung in den Fremdenverkehrsgemeinden, wo durchweg Bevölkerungszunahmen erfolgten, teilweise getragen vom Zuzug durch Neubürger, die hier ihren Altersruhesitz fanden. Dazu kommen die Nutzer von Zweitwohnungen, die in einzelnen Orten massiert auftreten (Bernau, Todtnauberg, Wies, Herrenschwand), in anderen freilich nahezu ganz fehlen. Einen steilen Bevölkerungsanstieg verzeichnete besonders Hinterzarten; selbstauferlegte (Bau)beschränkungen – zur Erhaltung des Ortsbildes – haben in den letzten 15 Jahren aber einen Stillstand eingeleitet. Wie die Bevölkerungskurve von Feldberg zeigt, können Zufälligkeiten wie die schwankende Belegung von Heimen den Einwohnerstand erheblich beeinflussen.

2.2.8 Flächenansprüche, Nutzungskonflikte, Massnahmen "zur Erhaltung der Schwarzwaldlandschaft"

Die Disparitäten in der Bevölkerungsentwicklung, der starke Rückgang der Weidewirtschaft vor ihrer Stabilisierung in jüngster Zeit, die Sättigungstendenzen im Fremdenverkehr und die Arbeitsplatzverluste in der Industrie sind die sozioökonomischen Hauptprobleme des Exkursionsgebiets, doch sind sie nicht die einzigen. Hinzutreten die Schwierigkeiten, die sich aus dem zunehmenden Ungleichgewicht in den Flächenansprüchen verschiedener Nutzungsarten ergeben. Der Tendenz zum Rückzug aus der Fläche auf der einen Seite steht andernorts die Kumulierung von Nutzungsansprüchen gegenüber, z.T. kompliziert durch ihr Auftreten in Natur- und Landschaftsschutzgebieten. Zwischen echten und vermeintlichen Erfordernissen, handfesten Interessen und dem Bemühen, die natürlichen Ressourcen zu erhalten, kommt es zu vielfältigen Zielkonflikten, – gleichwohl sind die meisten Beteiligten von ihrem Beitrag zur Sicherung der Lebensbedingungen und zum Umweltschutz überzeugt, und gerade das macht eine Problemlösung nur noch schwieriger.

Die Abwanderung aus den Höhensiedlungen – bislang ein Ventil, um der Übervölkerung Herr zu werden – droht heute, die gewachsene, dezentrale Siedlungsstruktur aufzulösen. Der Vorgang wird – wenn auch unbeabsichtigt – noch gefördert durch Verwaltungsmassnahmen wie die Kommunalreform der 70er Jahre, die für abseits gelegene Ortschaften weite Wege zum Verwaltungsmittelpunkt mit sich brachte. In gleicher Richtung wirkt die erschwerte Erreichbarkeit zentraler Orte. Das Exkursionsgebiet ist ein ausgesprochener Peripherraum, denn die nächsten Oberzentren (Freiburg, Basel) waren zwar immer weit entfernt, aber auch die Mittelzentren Titisee –Neustadt und Schopfheim – beide geschwächt durch den Abzug von Behörden und Dienstleistungsinstitutionen – liegen für den Südschwarzwald nur randlich. Selbst Unterzentren (Schönau–Todtnau, St.Blasien) und Kleinzentren (Zell, Tegernau, Hinterzarten) gibt es nur wenige, und ihre Ausstattung lässt teilweise zu wünschen übrig.

Ein tragfähiges Netz von Agrarbetrieben ist für den Südschwarzwald nicht nur Voraussetzung für eine ausreichende Landbewirtschaftung, sondern auch für die Landschaftspflege. Aufgrund der naturgegebenen Ungunst und — südlich des Feldbergs — der agrarstrukturellen Verhältnisse sind allerdings keine kostendeckenden Erträge zu erwirtschaften. Nur mit Mühe kann in den Wiesetälern ein Minimalbesatz von Nebenerwerbslandwirten gehalten werden, zumal die Weiterführung der Betriebe zum Lebensunterhalt nicht mehr unbedingt erforderlich ist. Aber auch im Hofgütergebiet arbeitet man auf Grenz- und Untergrenzfluren. Die absoluten Grünlandstandorte machen eine Anpassung an die sich wandelnden Nachfragebedingungen praktisch unmöglich, die Hanglagen erschweren den Maschineneinsatz. Der Rückgang der auf extensivem Weidebetrieb beruhenden Höhenlandwirtschaft war deshalb fast zwangsläufig. Er hat zu Aufforstungen, natürlicher Ansamung auf Weidfeldern und Verhurstungen in so starkem Ausmass geführt, dass eine Verwaldung und eine generelle Verwahrlosung der Offenlandflächen drohten. Gegenmassnahmen erfolgten — ausser durch direkte Einkommensübertragungen — durch den speziell für das Allmendgebiet entwickelten Schwarzwaldweideplan (1959—68) sowie durch den Schwarzwaldplan (1969—78) und das Schwarzwaldprogramm (seit 1974), mit denen zunächst ausschliesslich produktionstechnische, später insbesondere landeskulturelle Förderungsmassnahmen eingeführt wurden. Um beides bemüht sich die staatliche Weideinspektion Schönau. Sie hat auf aufgegebenen Rinderweiden die Wanderschafhaltung, versuchsweise auch die Ziegenhaltung, eingeführt und schliesslich wieder einen Anstieg der Jungviehauftriebe erreicht. Trotzdem müssen jährlich noch etwa 150 ha enthurstet werden. Aus Kostengründen wird auch auf den seit 1953 durchgeführten, stark umstrittenen Einsatz von chemischen Mitteln zur Bekämpfung des Gebüschaufwuchses nicht verzichtet.

Die Konzentration des Weideganges auf die günstigsten Standorte, Einkoppelung und Düngung haben zwar zu einer Intensivierung des Weidebetriebs geführt und die Erträge gesteigert, aber auch das Vegetationsmosaik verändert, z.T. verarmt. Die wertvollsten und empfindlichsten Kerngebiete der Weidfeldflora, vor allem im Naturschutzgebiet Feldberg, sind deshalb von jeder, auch der extensiven Beweidung ausgenommen. Damit wird jedoch ein wesentliches Element aus dem Ökosystem "Hochweiden" — das ja keine natürliche Pflanzenassoziation ist, sondern eine durch die Weidewirtschaft bedingte und nur durch jahrhundertelang gleichbleibende Nutzung stabilisierte Sukzessionsgesellschaft darstellt — eliminiert. Weitere Eingriffe der für den Naturschutz Verantwortlichen sind daher abzusehen. An anderer Stelle mögen Beschränkungen bei der Wanderschäferei und der Neueinrichtung von Jungviehhochweiden helfen, Konfliktsituationen zu vermeiden. Aber der Zielkonflikt zwischen dem Intensivierungszwang bei der landwirtschaftlichen Nutzung und den Bestrebungen des Naturschutzes wird immer nur durch zusätzliche Aufwendungen gelöst werden können.

Ähnliche Probleme ergeben sich für die Forstwirtschaft. Ein Ausgleich so unterschiedlicher Ziele wie der effektiven Holzproduktion einerseits, der Erhaltung der Schutz- und Erholungsfunktionen des Waldes andererseits kann nur mit erhöhten Kosten (oder niedrigerem Ertrag) erreicht werden.

Ein weiteres Konfliktpotential bringt die Fremdenverkehrswirtschaft ein. Ihr ist ein zu starkes Vordringen des Waldes unerwünscht. Das Schwarzwaldprogramm hat daher durch die Ausweisung von Mindestfluren im Rahmen von örtlichen Agrar- und Landschaftsplänen die künftige Nutzung aller Gemarkungsteile genau festgelegt, Mindestareale müssen offen gehalten werden (s. Abb. 15). Denn der Reiz der Erholungslandschaft des Südschwarzwalds wird in der überkommenen abwechslungsreichen Folge von Wäldern und offenen Flächen gesehen, in die die Siedlungen mit den je regionaltypischen Formen des Schwarzwaldhauses eingebettet sind. Ein weiteres wichtiges, noch zu lösendes Problem des Fremdenverkehrs ist die Entzerrung bzw. bessere Koordinierung von Kur-, Ferien- und Naherholung in den Besucherschwerpunkten: am Titisee, am Schluchsee, im zentralen Feldberggebiet. Im Feldberggebiet überschneiden sich die Interessen des Fremdenverkehrs auch mit denen des Naturschutzes: am Seebuck, am Herzogenhorn, selbst am Stübenwasen muss der Strom der Besucher durch Drahtzäune und Hinweisschilder kanalisiert werden, um die durch Begehung hervorgerufenen Erosionsschäden in Grenzen zu halten bzw. durch Auffüllen der Trampelpfade und Neuansaat wieder ausgleichen zu können. Vergleichbare Probleme hat auch die Mechanisierung des Skilaufs gebracht, da zur rentablen Ausnutzung der Liftkapazitäten Stockrodungen und Planierungen auf den Skihängen nötig und dadurch Bodenabschwemmungen ausgelöst wurden. Nach diesen Erfahrungen muss bezweifelt werden, ob eine quantitative Erweiterung der Erholungseinrichtungen im Feldberggebiet noch wirtschaftlich vertretbar ist, denn mit den gesteigerten Nutzungsansprüchen und deren Folgen demontiert der Tourismus eine seiner wichtigsten Voraussetzungen: die intakte, naturnahe Erholungslandschaft.

Sind im Feldberggebiet die Grenzen einer übertriebenen Erschliessung bereits allgemein sichtbar, so ist doch für andere Räume des Exkursionsgebietes – etwa für die Wiesetäler – durchaus ein weiterer Ausbau des Fremdenverkehrs zu wünschen, insbesondere für jene abgelegenen Gegenden, die in Zukunft vom Arbeitsplatzmangel besonders betroffen sein dürften. Um genügend Menschen zu halten, um eine "passive Sanierung" zu vermeiden, sind deshalb Förderungsmassnahmen wie das Bergbauernprogramm oder das Regionale Aktionsprogramm "Hochschwarzwald–Baar–Heuberg" eingeleitet worden (Förderpräferenz im "übergeordneten Schwerpunktort" Schopfheim bis 20%, in Titisee–Neustadt bis 15%).

Insgesamt gesehen erscheint die heutige wirtschaftliche Situation des Exkursionsgebiets gegenüber dem Zustand vor rund zwei Jahrzehnten labilisiert. Es wird aller Anstrengungen bedürfen, die vorhandenen Arbeitsplätze zu sichern und – soweit möglich – eine Differenzierung des Arbeitsplatzangebots zu erreichen.

3. KARTEN UND LITERATUR

3.1 Topographische Karten

Schweizerische Landeskarte 1 : 100 000: Bl. 26 Basel, 27 Bözberg.
Deutsche Topographische Karte 1 : 25 000: Bl. 8013 Freiburg-SO, 8014 Hinterzarten, 8015 Neustadt, 8112 Staufen, 8113 Todtnau, 8114 Feldberg, 8115 Lenzkirch, 8212 Wies, 8213 Zell i.W., 8214 St. Blasien, 8312 Schopfheim, 8313 Wehr.
Deutsche Topographische Karte 1 : 50 000: Bl. L 8112 Freiburg, L 8114 Neustadt, L 8312 Schopfheim, L 8314 Waldshut.
Deutsche Topographische Karte 1 : 100 000: Bl. C 8310 Freiburg i.B.-Süd, C 8314 Waldshut.
Karte des Schwarzwaldvereins 1 : 50 000: Bl. 16 Freiburg-Feldberg, Sonderblatt Belchen-Hochkopf.
Panoramakarte mit Wanderwegen: Zeller Bergland und Schönau mit Umgebung. Hrsg. v. Reisebüro Schmid, Zell i.W.

3.2 Geologische Karten

Geologische Karte von Baden-Württemberg 1 : 25 000. Hrsg. v. Geologischen Landesamt Baden-Württemberg. Bl. 8013 Freiburg (mit Erläuterungen).

Geologische Karte von Freiburg i.Br. und Umgebung 1 : 50 000. Hrsg. v. Geologischen Landesamt Baden-Württemberg (mit Erläuterungen).

Metz, R. u. G. Rein: Geologisch-petrographische Übersichtskarte des Südschwarzwalds 1 : 50 000.

3.3 Literatur

Abetz, K. (1955): Bäuerliche Waldwirtschaft – dargestellt an den Verhältnissen in Baden. Hamburg/Berlin

Badisches Städtebuch. Hrsg. v. E. Keyser (1959). Deutsches Städtebuch, Band IV/2. Stuttgart

Bartsch, M. u. J. (1949): Vegetationskunde des Schwarzwaldes. Jena

Behringer, L. (1960): Aus der Geschichte des Bernauer Hochtales, o.O.

Beidek, H. (1972): Wesen und Wandel des "Hinterhag". Das Markgräflerland 34. S. 66–73

Böhler, A. (1965): Präg im südlichen Hochschwarzwald – Ortsgeschichte und Chronik. Präg

Böhler, E. (1960): Geschichte von Schönau im Schwarzwald. Schönau

Bobek, H. (1952): Südwestdeutsche Studien. Forsch. z.Dt. Landeskunde 62

Bogenrieder, A. u. Wilmanns, O. (1968): Zur Floristik und Ökologie einiger Pflanzen schneegeprägter Standorte im Naturschutzgebiet Feldberg (Schwarzwald). Veröffentl. d. Landesstelle f. Naturschutz u. Landespflege Baden-Württemberg 36. S. 1–26

Brandt, B. (1914): Studien zur Talgeschichte der Grossen Wiese im Schwarzwald. Abh. z. Badischen Landeskunde 3

Breisgau-Hochschwarzwald. Land vom Rhein über den Schwarzwald zur Baar. (1980). Hrsg. v. Landkreis Breisgau-Hochschwarzwald. Freiburg i.Br.

Brückner, J. (1968): Wald- und forstgeschichtliche Untersuchungen im Feldberggebiet des Südschwarzwalds bis zum Beginn der planmässigen Forstwirtschaft. Diss. rer. nat. Freiburg i.Br.

Brückner, J. (1978): Die Erholungsnutzung in Waldgebieten des Schwarzwaldes. Ein Beitrag zur Quantifizierung der Erholungsfunktion des Waldes. Mitt. des Instituts f. Forstpolitik u. Raumordnung der Universität Freiburg i.Br.

Bührer, H. (1978): Sankt Wilhelm. Die Geschichte eines Schwarzwaldtales. 2. Aufl. Oberried

Creutzburg N., Eggers H., Noack W., Pfannenstiel M. (1954): Freiburg und der Breisgau – Ein Führer durch Landschaft und Kultur. Freiburg i.Br.

Deutsches Gewässerkundliches Jahrbuch, Sonderheft: Land Baden-Württemberg. Regierungsbezirke Nord- und Südbaden, Abflussjahr 1963 (1965). Karlsruhe

Denkschrift zur Verbesserung der Lebensbedingungen in den strukturschwachen Berggebieten im Landkreis Lörrach. Hrsg. v. Landkreis Lörrach (1980). Lörrach

Disch, F. (1973): Administrative Neugliederung in Baden-Württemberg unter besonderer Berücksichtigung der Region Hochrhein. Regio Basiliensis 14. S. 301–331

Drescher, W. (1972): Wald und Landschaft im oberen Wiesental. Markgräflerland 34. S. 19–33

Eggers, H. (1954): Siedlung und Wirtschaft. In: Creutzburg, N. u.a.:
  Freiburg und der Breisgau. S. 74–117
Eggers, H. (1957): Die Weidewirtschaft im südlichen Schwarzwald.
  Berichte d. Naturforsch. Gesellsch., Freiburg i.Br. 47, S. 147–253
Eggers, H. (1964): Schwarzwald und Vogesen. Braunschweig
Elster, H.J. (1961): Untersuchungen über den limnochemischen
  Stoffwechsel der Hochschwarzwaldseen. Berichte d. Naturforsch.
  Gesellsch. Freiburg i.Br. 51, S. 149–208
Erb, L. (1948): Die Geologie des Feldbergs. In: Der Feldberg im
  Schwarzwald. Freiburg i.Br. S. 22–96
Erhaltung der Landschaft und Verbesserung der Lebensbedingun-
  gen im Wiesental (1969). Denkschrift des Landkreises Lörrach.
  Lörrach
Erläuterungen zu Blatt 8013 Freiburg (der Geologischen Karte von
  Baden-Württemberg 1 : 25 000) (1967). Stuttgart
Erläuterungen zur Geologischen Karte Freiburg i.Br. und Umgebung
  1 : 50 000 (1977). Stuttgart
Feger, O. (1951): Zur älteren Siedlungsgeschichte des hinteren Wie-
  sentals. Zeitschr. f.d. Geschichte d. Oberrheins 99. S. 353–405
Der Feldberg im Schwarzwald. Hrsg. v. K. Müller (1948). Freiburg
  i.Br.
Freiburg im Breisgau, Stadt- und Landkreis. Amtliche Kreisbeschrei-
  bung. Band I/1 u. 2, Band II/1 u. 2. Hrsg. v. Statistischen Landes-
  amt Baden-Württemberg (1965–74). Freiburg i.Br.
Frey, C. (1964): Vergleichende Betrachtungen zur Kulturgeographie
  von Vogesen und Schwarzwald. Regio Basiliensis 6. S. 44–62
Frey, C. (1966): Der Nonnenmattweiher. Regio Basiliensis 7.
  S. 188–193
50 Jahre Weideinspektion Schönau/Schwarzwald. Entstehung, Ent-
  wicklung, Wirken (1980). Hrsg. v. Regierungspräsidium Freiburg.
  Freiburg i.Br.
Geiger, F. (1975): Landwirtschaft als Umweltgestalter – Aufgezeigt
  am Beispiel des agraren Problemgebiets Schwarzwald. Beiheft
  Geograph. Rundschau 4/1975. S. 2–13
Giermann, G. (1964): Die würmeiszeitliche Vergletscherung des
  Schauinsland-Trubelsmattkopf-Knöpflebrunnen-Massivs (südli-
  cher Schwarzwald). Berichte d. Naturforsch. Gesellsch. Freiburg
  i.Br. 54. S. 197–207
Göller, A. (1952): Gletscherspuren im Talgebiet der Grossen Wiese
  (südwestlicher Schwarzwald). Berichte d. Naturforsch. Gesellsch.
  Freiburg i.Br. 42. S. 45–75
Gothein, E. (1892): Wirtschaftsgeschichte des Schwarzwalds und der
  angrenzenden Landschaften. Band I: Städte- und Gewerbege-
  schichte. Strassburg
Greiner, Th. (1931): Beiträge zur Siedlungsgeographie des Albgebie-
  tes im südlichen Schwarzwald. Mitt. d. Geograph.-Ethnolog. Gesellsch. Basel 3
Groschopf u.a. (1977): Erläuterungen zur Geologischen Karte Freiburg i.Br. und Umgebung 1 : 50 000. Stuttgart
Haase, E. (1965): Glazialgeologische Untersuchungen im Hochschwarzwald (Feldberg–Bärhalde–Kamm). Berichte d. Naturforsch. Gesellsch. Freiburg i.Br. 55. S. 365–390
Haase, E. (1968): Der "Falkaustand" – ein Sonderfall oder eine ge-
  setzmässige Erscheinung im Bild der Südschwarzwälder Vergletscherung? Berichte d. Naturforsch. Gesellsch. Freiburg i.Br. 58.
  S. 135–158
Habbe, K.A. (1966): Die "Waldhufensiedlungen" in den Gebirgen
  Südwestdeutschlands als Problem der systematischen Siedlungsgeographie. Berichte z. dt. Landeskunde 37. S. 40–52

Hüttner, R. u. Wimmenauer W. (1967): Erläuterungen zu Blatt 8013 Freiburg (der Geologischen Karte von Baden-Württemberg 1 : 25 000). Stuttgart

Hüttner, R. (1977): Tektonik im Grundgebirge. In: Erläuterungen zur Geologischen Karte Freiburg i.Br. und Umgebung 1 : 50 000. S. 199−227

Humpert, Th. (1920): Heimatkunde des Amtsbezirks Schönau i.W. Schönau

Humpert, Th. (1959): Todtnau − Wesen und Werden einer Schwarzwaldstadt. 2. Aufl. Todtnau

Jung, G. u. Dietsche, R. (1960): Stadt Zell im Wiesental. Zell i.W.

Kettler, D. (1970): Landschaftsplan Feldberg/Schwarzwald. Schriftenreihe d. Landesforstverwaltung Baden-Württemberg 32

Klima-Atlas von Baden-Württemberg. Hrsg. v. Deutschen Wetterdienst (1953). Bad Kissingen

Krebs, N. (1924): Todtnauberg. In: Zur Geographie der deutschen Alpen − Robert Heinrich Sieger zum 60. Geburtstag. Wien. S. 133−145

Der Kreis Lörrach (1980). Hrsg. v. O. Leible. Stuttgart/Aalen

Der Kreis Waldshut (1975). Hrsg. v. N. Nothelfer. Stuttgart/Aalen

Kullen, S. (1973): Landschafts- und Wirtschaftswandel im Kleinen Wiesental. Regio Basiliensis 14. S. 263−281

Landsiedlung Baden-Württemberg GmbH (1976): Zartener Becken. Stuttgart

Landkreis Lörrach. Strukturatlas (1977). Hrsg. v. Landratsamt Lörrach. Lörrach

Lang, G. (1973): Neue Untersuchungen über die spät- und nacheiszeitliche Vegetationsgeschichte des Schwarzwaldes − IV. Das Baldenweger Moor und das einstige Waldbild am Feldberg. Beitr. z. Naturkundl. Forsch. in Südwestdeutschland 32. S. 31−51

Lang, G. (1975): Palynologische, grossrestanalytische und paläolimnologische Untersuchungen im Schwarzwald − ein Arbeitsprogramm. Beitr. z. Naturkundl. Forsch. in Südwestdeutschland 34. S. 201−208

Lauterwasser, E. (1980): Forstwirtschaft und Landschaftspflege. In: Der Kreis Lörrach. S. 226−443

Liehl, E. (1948a): Die Oberflächenformen des Feldberggebietes. In: Der Feldberg im Schwarzwald. S. 1−21

Liehl, E. (1948b): Das Feldberggebiet als Siedlungsraum. In: Der Feldberg im Schwarzwald. S. 525−586

Liehl, E. (1959): Der Feldberg im Schwarzwald − subalpine Insel im Mittelgebirge. Berichte z. dt. Landeskunde 22. S. 1−28

Liehl, E. (1966): Das Zastler Loch, der Kern des subalpinen Naturschutzgebiets Feldberg. Mitt. d. Badischen Landesvereins f. Naturkunde u. Naturschutz 9. S. 1−10

Liehl, E. (1968): Das Naturschutzgebiet "Feldberg" im Hochschwarzwald. In: Naturschutz und Bildung. Stuttgart. S. 165−174

Liehl, E. (1971): Der Naturpfad Feldberg. 2. Aufl. Freiburg i.Br.

Liehl, E. (1975): Kristalliner Schwarzwald mit Karen und Moränen, Feldberg. Landformen im Kartenbild − Topographisch-Geomorphologische Kartenproben 1 : 25 000, Gruppe II, Kartenprobe 6. Braunschweig

Liehl, E. (1980): Der Hohe Schwarzwald. Wanderbücher des Schwarzwaldvereins, Bd. 4. Freiburg i.Br.

Liniger, H. (1966): Das plio-altpleistozäne Flussnetz der Nordschweiz. Regio Basiliensis 7. S. 158−177

Manig, M. u. Schirmer, H. (1961): Das Klima des südlichen Schwarzwalds − Einflüsse der Änderung des natürlichen Abflusses auf das Klima. Berichte d. dt. Wetterdienstes 77

15 − 28

Mayer, Th. (1939): Die Besiedlung und politische Erfassung des Schwarzwaldes im Hochmittelalter. Zeitschr. f. d. Geschichte d. Oberrheins 91. S. 500−522

Menzenschwand auf dem Wege zum Radonheilbad (1973). Hrsg. v. d. Kurbetrieb Menzenschwand GmbH. Offenburg

Metz, R. (1980): Geologische Landeskunde des Hotzenwalds − mit Exkursionen, besonders in dessen alten Bergbaugebieten. Lahr

Metz, R. u. Rein, G. (1958): Erläuterungen zur Geologisch-petrographischen Übersichtskarte des Südschwarzwaldes 1 : 50 000. Lahr

Mohr, B. (1973): Wirtschaftsgeographische Skizze des Wiesentals/ Südschwarzwald unter besonderer Berücksichtigung des oberen Talabschnitts. Freiburger Geograph. Mitt. 1973/2. S. 39−99

Müller, K. (1948a): Die Vegetationsverhältnisse im Feldberggebiet. In: Der Feldberg im Schwarzwald. S. 211−362

Müller, K. (1948b): Geschichte des Feldbergs. In: Der Feldberg im Schwarzwald. S. 493−524

Müller, Th. u. Oberdorfer, E. (1974): Die potentielle natürliche Vegetation von Baden-Württemberg. Beihefte z. d. Veröffentl. d. Landesstelle f. Naturschutz und Landschaftspflege Baden-Württemberg 6

Neuenweg. Aus seiner Geschichte (1962). Hrsg. v. d. Gemeindeverwaltung Neuenweg. Neuenweg

Niclas, M. (1967): Veränderungen der Agrarstruktur von 1949 bis 1960 und Entwicklungsmöglichkeiten der Landwirtschaft in kleinbäuerlichen Betrieben − dargestellt am Beispiel des Landkreises Lörrach. Veröffentlich. d. Planungsgemeinschaft Hochrhein 12

Oberdorfer, E. (1957a): Süddeutsche Pflanzengesellschaften. Jena

Oberdorfer, E. (1957b): Eine Vegetationskarte von Freiburg i.Br. Berichte d. Naturforsch. Gesellsch. Freiburg i.Br. 47. S. 139−145

Ott, H. (1970): Studien zur spätmittelalterlichen Agrarverfassung im Oberrheingebiet. Stuttgart

Ott, H. (1973): Studien zur Geschichte des Klosters St.Blasien im hohen und späten Mittelalter. Veröffentlichungen d. Kommission für geschichtl. Landeskunde in Baden-Württemberg, B. 27. Stuttgart

Paul, W. (1950): Die Mechanik der Flussablenkungen im Grundgebirge und im Deckgebirge des Südschwarzwaldes. Mitt.-Bl. d. Badischen Geol. Landesanstalt. S. 115−120

Paul, W. (1955): Zur Morphogenese des Schwarzwaldes. Jahreshefte d. Geolog. Landesamts Baden-Württemberg 1. S. 395−427

Pfannenstiel, M. u. Rahm, G. (1961): Der würmzeitliche Gletscher des Talkessels von Präg. Berichte d. Naturforsch. Gesellsch. Freiburg i.Br. S. 119−132

Pfannenstiel, M. u. Rahm, G. (1964): Die Vergletscherung des Wehratales und der Wiesetäler während der Risseiszeit. Berichte d. Naturforsch. Gesellsch. Freiburg i.Br. 54. S. 209−278

Reichelt, G. (1964): Die naturräumlichen Einheiten auf Blatt 185 Freiburg im Breisgau. Geograph. Landesaufnahme 1 : 200 000 − Naturräumliche Gliederung Deutschlands. Bad Godesberg

Roether, V. (1976): Landschaftsplan Feldberg/Schwarzwald II. Mitt. der Forstlichen Versuchs- und Forschungsanstalt Baden-Württemberg 74

Rossmann, F. (1948a): Wetter und Klima des Feldbergs. In: Der Feldberg im Schwarzwald. S. 122−194

Rossmann, F. (1948b): Die Schneedecke des Hochschwarzwaldes. In: Der Feldberg im Schwarzwald. S. 195−210

Schilli, H. (1977): Das Schwarzwaldhaus. 3. Aufl. Stuttgart

Das Schluchseewerk (1970). Informationsschrift der Schluchseewerk AG. 6. Aufl. Freiburg i.Br.

Scholz, F. (1978): Stockwerkseigentum in Baden. Berichte z. dt. Landeskunde 52. S. 73−103

Schreiner, A. (1977): Quartär. In: Erläuterungen zur Geologischen Karte Freiburg i.Br. und Umgebung 1 : 50 000. S. 174−199

Schrepfer, H. (1926): Oberflächengestalt und eiszeitliche Vergletscherung im Hochschwarzwald. Geograph. Anzeiger 27. S. 197−209

Schrepfer, H. (1931): Glazialprobleme im westlichen Hochschwarzwald. Berichte d. Naturforsch. Gesellsch. Freiburg i.Br. 31. S. 161−210

Schrepfer, H. (1931/32): Natur und Mensch im Hochschwarzwald. Jahrbuch d. Geograph. Gesellsch. Hannover. S. 203−216

Schwabe-Braun, A. (1980): Eine pflanzensoziologische Modelluntersuchung als Grundlage für Naturschutz und Planung. Weidfeld-Vegetation im Schwarzwald: Geschichte der Nutzung − Gesellschaften und ihre Komplexe − Bewertung für den Naturschutz. Urbs et Regio 18

Der Schwarzwald (1980). Hrsg. v. E. Liehl u. W.D. Sick. Veröff. d. Alemann. Instituts Freiburg i.Br. Nr. 47. Bühl

Spehl, A. (1959): Die Verflechtung von Industrie und Landwirtschaft im Wiesental. Diss. rer. pol. Freiburg i.Br.

Staatshandbuch für Baden-Württemberg − Wohnplatzverzeichnis 1961 (1964). Hrsg. v. Statistischen Landesamt Baden-Württemberg. Stuttgart

Die Stadt- und Landkreise Baden-Württembergs in Wort und Zahl. Hrsg. v. Innenministerium und Wirtschaftsministerium in Baden-Württemberg. Heft 5: Landkreis Lörrach (1964). Heft 32: Landkreis Hochschwarzwald (1966)

Statistik von Baden-Württemberg. Hrsg. v. Statistischen Landesamt Baden-Württemberg. Band 90 (1964): Gemeindestatistik Baden-Württemberg 1960/61. Band 108 (1965): Historisches Gemeindeverzeichnis Baden-Württemberg. Band 123 (1966): Amtliches Gemeindeverzeichnis Baden-Württemberg 1966. Band 161 (1973): Gemeindestatistik 1970 − Ergebnisse der Grosszählungen 1968 bis 1971. Band 182 (1972): Amtliches Gemeindeverzeichnis Baden-Württemberg 1971

Stoll, H. (1948): Wald und Waldnutzung im Feldberggebiet. In: Der Feldberg im Schwarzwald. S. 423−492

Strukturatlas   Nordwestschweiz−Oberelsass−Südschwarzwald (1967). Basel/Stuttgart

Topographischer Atlas Baden-Württemberg (1979). Hrsg. v. Landesvermessungsamt Baden-Württemberg. Neumünster

Trenkle, H. u. von Rudloff, H. (1951/52): Monatliche und jährliche Mittelwerte von Niederschlag und Temperatur (1871−1950) für das südliche Baden. Jahresbericht mit Abhandl. d. Badischen Landeswetterdienstes. S. 173−184

Ullmann, R. (1960): Verwitterungsdecken im südlichen Schwarzwald. Berichte d. Naturforsch. Gesellsch. Freiburg i.Br. 50. S. 197−246

Vetter, A. (1968): Der Feldberg − Die Geschichte des höchsten Schwarzwaldberges unter besonderer Berücksichtigung der Gemeinde Feldberg (Schwarzwald) und der einstigen Gemeinde Bärental. Feldberg (Schwarzwald)

Wallner, E.M. (1953): Zastler − Eine Holzhauergemeinde im Schwarzwald. Freiburg i.Br.

Wanderführer durch das Markgräflerland (1971). Hrsg. v. F. Schülin. Wanderbücher des Schwarzwaldvereins, Bd. 6, Freiburg

Welsch-Weis, G. (1972): Aus der Waldgeschichte des Kleinen Wiesentals. Markgräflerland 34. S. 43−65

Wilmanns, O. (1971): Verwandte Züge in der Pflanzen- und Tierwelt von Alpen und Südschwarzwald. Jahrbuch des Vereins z. Schutze d. Alpenpflanzen u. -tiere 36. S. 36−50

Wohleb, J.L. (1950): Aus der Geschichte der fürstenbergischen Glashütten. Veröffentl. aus d. Fürstl. Fürstenberg. Archiv 10

Wundt, W. (1948): Die Hydrographie des Feldberggebietes. In: Der Feldberg im Schwarzwald. S. 97—121

Zienert, A. (1961): Die Grossformen des Schwarzwaldes. Forsch. z. dt. Landeskunde 128

Zienert, A. (1973): Die Würm-Vereisung und ihre Rückzugsstadien im Westteil des Hochschwarzwalds. Zeitschr. f. Geomorphologie NF 17. S. 359—366

4. EXKURSIONSROUTEN

4.1 Hauptroute I (Wiesetäler und Hochschwarzwald)

Ganztägige Exkursion mit PkW, einige kürzere Fusswanderungen, ca. 190 km. (Basel—) Zell. i.W. — Mambach (Anschluss an Hauptroute IV/1) — Schönau (Anschluss an Hauptroute IV/2) — Todtnau — Passhöhe am Feldberg ("Zeiger", 1230 m; Anschluss an die Hauptroute II/1 und II/2) — Feldberger Hof — Bärental — Titisee — Hinterzarten — Bärental — Altglashütten — Aha — Äule — Menzenschwand — (St.Blasien) — Bernau — Präg — Geschwend — Wembach — Neuenweg (Anschluss an Hauptroute III) — Tegernau — Wieslet — (Basel).

Die Route erschliesst das grösste Talsystem und die höchsten Teile des südlichen Schwarzwaldes. Vor dem Hintergrund der natürlichen Ausstattung wird insbesondere das kulturlandschaftliche Gefüge erläutert, das im Zuge der wirtschaftlichen Entwicklung in den letzten Jahrzehnten einem starken Wandel unterworfen war (Disparitäten in der Bevölkerungsentwicklung, Verschiebungen innerhalb der industriellen Branchenstruktur, Ausbau und Sättigungserscheinungen im Fremdenverkehr, Rückgang der Landbewirtschaftung und ihre Folgen, Funktionswandel der Siedlungen).

4.1.1 Das Grosse Wiesetal: Schopfheim—Zell—Todtnau

Auf der Bundesstasse 317 von Basel kommend durchfährt man die Stadt **Schopfheim** (15 600 Einwohner), die als Mittelzentrum für das (mittlere und hintere) Grosse Wiesetal wie für das Kleine Wiesetal zunehmend wichtige Versorgungsfunktionen erfüllt (vielschichtiges Angebot an Dienstleistungen im Verwaltungs-, Gesundheits- und Bildungssektor, Standort von Industriebetrieben der Metall- und Textilbranche). Bei **Hausen** — bekannt als Geburtsort J.P. Hebels — tritt die Route in das Exkursionsgebiet ein. Sie quert hier an der Verwerfung Kandern—Hausen—Hasel die Trennungslinie zwischen Schopfheimer Bucht und Grundgebirgs-Schwarzwald. Statt mesozoischer Sedimente (Buntsandstein über Rotliegendem in den Weitenauer Vorbergen, Muschelkalk und Keuper auf dem Dinkelberg) bilden nun Granit ("Malsburger Granit"), ab Zell vorvariszische metamorphe Gesteine das Substrat. Verwerfung und Gesteinswechsel machen sich im Relief und in der Flächennutzung deutlich bemerkbar: die Höhen beiderseits des Tals steigen sprunghaft um 300—400 m an, die nun bis hoch hinauf waldbedeckten Hänge werden steiler, die Talsohle verengt sich von 1200 auf 250 m und wird nur noch als Grünland genutzt. Strasse und Bundesbahnstrecke finden neben dem Fluss kaum Platz. Am nördlichen Ortsausgang von Hausen auf dem anderen Wiese-Ufer nimmt der Fabrikkomplex des

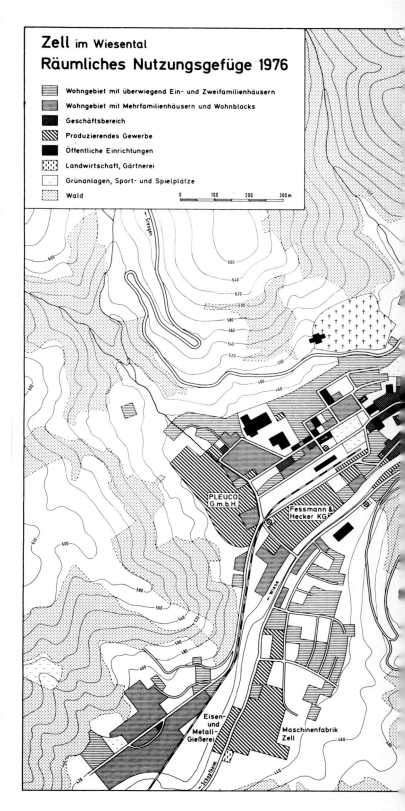

Zell im Wiesental
Räumliches Nutzungsgefüge 1976

- Wohngebiet mit überwiegend Ein- und Zweifamilienhäusern
- Wohngebiet mit Mehrfamilienhäusern und Wohnblocks
- Geschäftsbereich
- Produzierendes Gewerbe
- Öffentliche Einrichtungen
- Landwirtschaft, Gärtnerei
- Grünanlagen, Sport- und Spielplätze
- Wald

0 100 200 300 m

PLEUCO G.m.b.H.

Fessmann & Hecker KG

Eisen- und Metall-Gießerei

Maschinenfabrik Zell

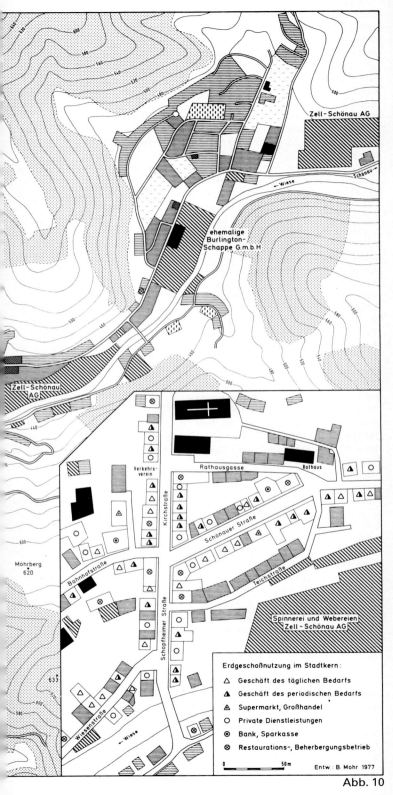

Zell-Schönau AG

ehemalige
Burlington-
Schappe G.m.b.H

Zell-Schönau
AG

Möhrberg
620

Verkehrs-
verein

Rathausgasse

Rathaus

Kirchstraße

Schonauer Straße

Bahnhofstraße

Teichstraße

Schopfheimer Straße

Spinnerei und Webereien
Zell-Schönau AG

Wiesenstraße

Wiese

Erdgeschoßnutzung im Stadtkern:

△ Geschäft des täglichen Bedarfs

▲ Geschäft des periodischen Bedarfs

▲ Supermarkt, Großhandel

○ Private Dienstleistungen

◉ Bank, Sparkasse

⊗ Restaurations-, Beherbergungsbetrieb

0   50 m

Entw.: B. Mohr 1977

Abb. 10

15 − 33

ehemaligen Grossherzoglichen Eisenwerks (in dem heute ein Textilbetrieb untergebracht ist) die gesamte schmale Talsohle ein. Nach der scharfen Rechtskurve um den Grendelfelsen, wo einst die Grenze zwischen dem markgräflichen unteren und dem zu Vorderösterreich gehörenden oberen Wiesetal verlief, öffnet sich das Tal zur Talweitung von Zell.

Zell i.W. geht in seinem Ursprung auf eine – um das Jahr 1000 angelegte – Missionsstation des Benediktinerinnenklosters Säckingen zurück. Vögte des Klosters waren seit dem 16. Jahrhundert die Freiherren von Schönau (bei Schwörstadt), verwaltungsmässig gehörte es zur vorderösterreichischen Herrschaft Rheinfelden. Der Marktflekken erhielt 1810 Stadtrecht. Bereits im 18. Jahrhundert war Zell ein Zentrum des Textilgewerbes in der Organisationsform des Verlagssystems (Blütezeit unter dem Savoyarden Meinrad Montfort um 1780); die eigentliche Industrialisierung wurde indessen durch die Gründung von Textilfabriken mit Hilfe von Schweizer Kapital seit 1836 eingeleitet. Zell stieg zum Mittelpunkt der Textilindustrie im hinteren Wiesetal auf. Auf dem Höhepunkt der Entwicklung (um 1960) beherbergte die Stadt drei bedeutende Firmen mit 1750 Beschäftigten. Heute – kaum 20 Jahre später – ist deren Zahl auf 450 (ohne Atzenbach) zurückgegangen.

Schlechte Branchenkonjunktur, Wirtschaftsrezession, aber auch interne Schwierigkeiten haben zum Niedergang der ansässigen Textilunternehmen geführt. 1967 legten die Fessmann & Hecker GmbH (Baumwollspinnerei und Zwirnerei), 1974 die Industriegesellschaft für Schappe (zuletzt Burlington-Schappe Garnspinnerei) ihre Produktonen still. Der grösste Industriebetrieb, die Zell-Schönau AG (Bett- und Tischwäsche "Irisette"), die auch ausserhalb von Zell Zweigwerke betreibt, musste die Zahl ihrer Mitarbeiter von insgesamt 3500 (1973) auf 2100 (1979) reduzieren, wechselte den Eigner – statt der Adolff-Gruppe (Backnang) nun KBC (Lörrach) und weitere Partner – und organisierte schliesslich das ehemals vollstufige Unternehmen vollkommen neu. Die Textil- und Bekleidungsindustrie hat damit ihre führende Rolle in Zell eingebüsst (1960: 75%, 1978: 30% der Beschäftigten) und ist von der Metallbranche mit etwa 1100 Beschäftigten (Firmen Maschinenfabrik Zell und Pleuco G.m.b.H.) überholt worden.

Der Verlust von mehreren hundert Arbeitsplätzen wirkte sich unmittelbar auf die Bevölkerungsentwicklung aus: die Einwohnerzahl sank zwischen 1970 und 1979 von 4922 auf 4208 (wovon 620 Ausländer sind). Im schwach entwickelten tertiären Sektor (1970: 19% der Beschäftigten, 25% der Erwerbstätigen) konnten nur wenige neue Arbeitsplätze geschaffen werden. Der Fremdenverkehr spielt in der Kernstadt mit 15 000 Übernachtungen (1979) eine untergeordnete Rolle, günstiger entwickelte er sich in den Anfang der 70er Jahre eingemeindeten Ortschaften (50 000 Übernachtungen).

Nach wie vor bestimmt daher der Flächenanspruch der Industrie mit ihren Produktionsanlagen und alten Werkswohnungen ("Laborantenhäuser") das räumliche Nutzungsgefüge (s. Abb. 10). Am südlichen Ortseingang von Zell passiert man die Eisen- und Metallgiesserei J. Bernauer (zurückgehend auf eine 1785 gegründete Hammerschmiede; 1977 von Pleuco übernommen) und die Maschinenfabrik Zell, die sich kurz vor 1900 aus der Textilindustrie als selbständiger Produktionszweig gelöst hatte und seitdem Baumwoll-Schlichtmaschinen herstellt (in jüngerer Zeit Diversifikation durch Bau von Anlagen für die Gummi-Industrie und für die Abwasseraufbereitung, ca. 220 Beschäftigte). Vorbei am Neubaugebiet Schwarznau sowie an den mit Gastarbeitern belegten Laborantenhäusern beiderseits von Fluss und Strasse. Auf der Höhe des städtischen Krankenhauses folgen jenseits der Wiese die Fabrikgebäude von Fessmann & Hecker, die nur noch zum kleinsten Teil der Produktion (Zellaerosol), im übrigen dem Grossversandhaus Schöpflin-Haagen als Lager dienen. Einen Überblick über die südlichen Stadtteile gewinnt man am besten von der Möhrenstrasse aus, die kurz vor der Wiesebrücke spitzwinklig nach rechts abzweigt und schräg den Hang hinaufführt (die zentralen Ortsteile sind vom Aussichtspunkt an der Kalvarienberg-Kapelle einzusehen).

Von beiden Punkten aus erkennt man, dass trotz der beckenförmigen Erweiterung des Tales keine ausreichenden Siedlungsflächen vorhanden sind: die Stadt und der eingemeindete, baulich mit ihr verwachsene Ort Atzenbach ziehen sich mehrere Kilometer am Fluss entlang, die gesamte Talsohle ist überbaut. Im Nutzungsgefüge durchmischen sich Gewerbe- und Verkehrsflächen, Wohnbebauung und Einrichtungen des tertiären Sektors. Man blickt über den Kopfbahnhof der Bundesbahn zum Westrand der Talweitung, wo der heutige Hauptarbeitgeber, die Pleuco GmbH Carl Pleus & Söhne (einschliesslich Zweigwerk Utzenfeld ca. 900 Beschäftigte), seinen Standort hat. Der Betrieb — eine Spezialgiesserei und wichtiger Zulieferer der Automobilindustrie — ist erst 1943 nach kriegsbedingter Zerstörung von Krefeld ins Wiesetal verlagert worden. Das Stadtzentrum dehnt sich zwischen der Wiesebrücke und der hochaufragenden katholischen Kirche auf dem Schwemmkegel des Himmelsbaches aus. In den Winkel zwischen den Hauptgeschäftsstrassen ragt der Industriekomplex der Zell-Schönau AG hinein (Verwaltung und Weberei).

Zurück zur Bundesstrasse. Bei der Fahrt über die Wiesebrücke hat man rechts nochmals einen Blick auf das Stammwerk der Zell-Schönau AG. Der schmale Geländestreifen zwischen Fabrikbauten und Flussufer ist die Trasse der 1969 stillgelegten Wiesetalbahn, einer Schmalspurbahn, die Zell mit Schönau und Todtnau verband ("Todtnauerle"). Die Trasse ist jenseits der Brücke nach Herausnahme der Gleise nicht mehr erkennbar. Die Fahrt durch den — nach einem Grossbrand 1818 — geschlossen und eng verbauten Stadtkern zeigt die für eine Kleinstadt typischen Strassenzeilen mit Geschäftsnutzung im Erdgeschoss, mit Wohnungen im Obergeschoss (Schopfheimer-, Schönauer-, Kirchstrasse), aber auch die Verkehrsprobleme für Durchfahrende und Anwohner (eine Umgehungsstrasse südlich der Wiese ist geplant).

Von der zentralen Kreuzung kann man einen Abstecher in das Bahnhofsgebiet machen. Man quert dabei das "Schulviertel", das bezeichnenderweise in Bahnhofsnähe entstanden ist. Besonders die Realschule (ca. 750 Schüler) hat auch heute noch einen hohen Prozentsatz von Schulpendlern aus dem mittleren und oberen Wiesetal. Der grosse Bahnhofsvorplatz dient als zentraler Busbahnhof, über den das ganze Wiesetal an das Streckennetz der Deutschen Bundesbahn angeschlossen ist. Um die evangelische Kirche liegen ehemalige Fabrikantenvillen, am Ende der Bahnhofstrasse die Gebäude der Pleuco.

Wir fahren stadtauswärts durch die sich verengende Schönauer Strasse in die nächste Weitung des Wiesetals, wo man die Gebäude der aufgegebenen Seidenspinnerei Burlington-Schappe (heute teils von der Zell-Schönau AG, teils durch eine Verwaltungsaussenstelle der Stadt Zell, zeitweise auch als Lager eines Versandhauses genutzt) und die zugehörigen Laborantenhäuser ("Grönland") an der alten Stadtgrenze passiert; links hinter der Werkssiedlung liegt am Hang ansteigend eines der wenigen Wohngebiete Zells mit Einfamilienhausbebauung.

Der erste Gebäudekomplex von **Atzenbach** ist wieder ein Industriebetrieb, nämlich die zur Zell-Schönau AG gehörende, aber organisatorisch selbständige Spinnerei Atzenbach (ca. 250 Beschäftigte). Ihre

Fabrikanlagen sind langsam gewachsen, die Gebäude weisen ganz unterschiedliches Alter auf. Die Bewohner des ehemaligen Dorfes, darunter zahlreiche (türkische) Gastarbeiter, sind heute durchweg als Industriearbeiter tätig. Nur wenige Häuser lassen noch die frühere Funktion als landwirtschaftliche Nebenerwerbsstellen erkennen.

Am Ortsausgang von Atzenbach quert die Strasse auf das Ostufer der Wiese. Die Talsohle wird nun wieder von Grünland eingenommen, die steilen unteren Talhänge − ursprünglich grösstenteils Weideland − sind waldbedeckt (teils Mischwald, teils Fichtenaufforstungen), flachere Partien hoch über dem Tal weisen durch ihre Terrassierung auf einstigen Ackerbau hin. Jenseits des Flusses ist die zum Wanderweg umgestaltete Trasse der alten Schmalspurbahn erkennbar. Über **Mambach** (vgl. Hauptroute IV, 1), das auf einer Umgehungsstrasse umfahren wird, erhebt sich der Scheibenackerköpfle − 150 m über dem Tal − die nach dem 2. Weltkrieg erbaute Kapelle "Maria Frieden". Auf den sehr steilen Hängen des Scheibenackerköpfles, die in den oberen Teilen früher einmal ackerbaulich, im übrigen als Heimweide genutzt wurden und mit dem Rückgang des Rinderauftriebs zu verhursten drohten, hat man eine Ziegenherde als "Landschaftspfleger" eingesetzt (vgl. Hauptroute IV, 2). Nördlich Mambach steht rechts der Strasse ein kleines, ehemals der Zell-Schönau AG gehörendes Elektrizitätswerk, das das Gefälle des Flusses in der Kasteler Enge nutzt (Einlauf bei der Kasteler Brücke). In der nächsten Talenge liegt hinter der Kurve die Stelle, wo der würmzeitliche Wiesetalgletscher endete (moränennahe Schotter über der Talsohle auf der gegenüberliegenden Talseite; vgl. Hauptroute IV, 2). Es folgt die langgestreckte, aber schmale Talweitung von **Silbersau**, das noch zu Mambach gehört. Die Höfe hier − Nebenerwerbsbetriebe, aber gleichwohl die grössten in Mambach − stützen sich auf Grünlandnutzung in der Talsohle und auf den schwächer geneigten Hängen oberhalb der Häuserzeile.

Nördlich Silbersau war das Wiesetal ursprünglich auf fast 3 km siedlungsleer. Mit dem Eintritt in diatektisch veränderte Paragneise wird die Talfurche sehr eng und steilhängig ("Kasteler Enge"). Am Burstel ist sie zudem so stark gewunden, dass sie vom alten Fahrweg über Niederhepschingen und Kastel − also westlich − umgangen wurde, dass ausserdem die Schmalspurbahn den Riedel in einem Tunnel (dem einzigen auf der ganzen Strecke) durchfahren musste. Oberhalb des Burstel weitet sich das Tal ein wenig, trotzdem blieb es bis ins 19. Jahrhundert unbesiedelt, bis sich dann an der Kasteler Brücke ein Ansatzpunkt zur Siedlungsentwicklung ergab: hier stand − lange Zeit allein − das Rathaus der Gemeinde **Fröhnd** als deren künstlich geschaffener Mittelpunkt. Erst nach 1960 kamen Wohnbauten hinzu. In jüngster Zeit wurde eine Gemeindehalle errichtet, in der heute auch das Rathaus untergebracht ist.

Nach einer weiteren Talenge hinter der Künaberger Mühle öffnet sich das Tal kurz vor **Wembach**. In diesem Abschnitt erscheint das Relief des Talbodens zum ersten Mal stärker glazial überformt: auf der westlichen Talseite mündet der Böllenbach jenseits eines Rundhöckers in die Wiese. Wo die Strasse den Fluss quert, berührt man beim ehemaligen Bahnhof Wembach ein neuerschlossenes, kleines Gewerbegebiet, auf dem sich ausser einer Schreinerei die Metallwerke Todtnau angesiedelt haben. Diese Firma, Tochterunternehmen eines Produzenten von Autoscheinwerfern in Lippstadt/Westfalen ("Hella"), ist 1977 aus beengten Raumverhältnissen in Todtnau hierher verlagert worden. Sie beschäftigt 150 Werksangehörige, dazu noch ca. 160 Heimarbeiterinnen, die auf nahezu alle Ortschaften des oberen Wiesetals verteilt wohnen. Hinter dem Gewerbeareal zweigt links die Strasse nach Neuenweg und Badenweiler ab.

Das Tal und mit ihm die Bundesstrasse schneiden nun bis nördlich Geschwend die Zone Badenweiler-Lenzkirch, was raschen Gesteinswechsel und eine entsprechende Folge von Talengen und -weitungen nach sich zieht. Der ganze Bereich ist in hohem Masse durch glaziale Erosion geformt: Rundhöcker und — abseits der Strasse — Flankengerinne häufen sich im Raum Schönau zwischen Wembach und Utzenfeld (vgl. Hauptroute IV, 2).

Der Schönauer Stadtteil "Brand" ist wiederum durch Betriebe der Zell-Schönau AG geprägt: links im Hintergrund eine Spinnerei in Flachbauweise, rechts ein älterer Fabrikhochbau — ursprünglich zur Ausnutzung der Wasserkraft direkt am Fluss errichtet — und die kahlen Aussenmauern der Sheddachbauten einer Weberei. Gleich darauf folgt vor dem Stadtpark die neue Buchenbrand-Schule von Schönau mit grosser Mehrzweckhalle.

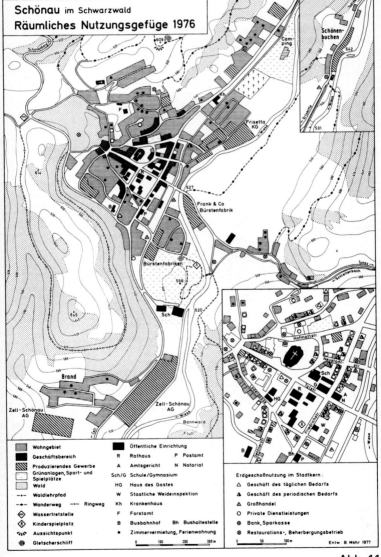

Abb. 11

Schönau ist wie Zell von der Industrie geprägt (1970: 65% der Erwerbstätigen und 69% der Beschäftigten im produzierenden Sektor), ohne dass sie jedoch − wie in Zell − im Ortsbild dominiert, da ihre Anlagen alle randlich liegen. Hauptarbeitgeber sind nach wie vor die beiden Werke der Zell-Schönau AG (die Spinnerei gehört organisatorisch zu Atzenbach), obwohl die Zahl der im Textil- und Bekleidungssektor Beschäftigten zwischen 1969 und 1977 von knapp 700 (einschliesslich eines kleineren Unternehmens in Schönenbuchen) auf 450 absank. An Bedeutung gewonnen hat dafür die ansässige Bürstenindustrie durch die günstige Entwicklung des Kunststoffverarbeiters Frisetta (Kosmetikbürsten und Spritzgussteile, ca. 190 Beschäftigte). Stärker als in Zell ist der tertiäre Sektor ausgebildet, was teils historisch bedingt ist, teils auf eine frühere Orientierung zum Fremdenverkehr hin zurückgeht.

Schönau − erste nachweisbare Anfänge im Zusammenhang mit dem Silberbergbau gehen auf das beginnende 12. Jahrhundert zu-

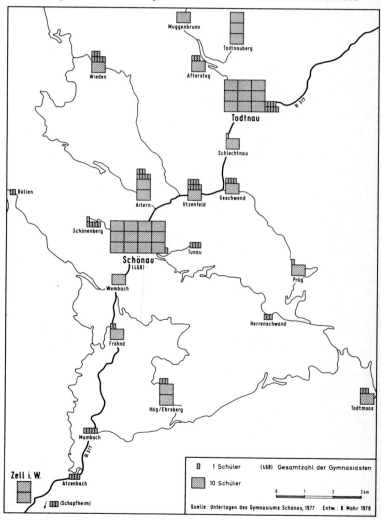

Einzugsbereich des Gymnasiums Schönau / Schwarzwald

Abb. 12

rück — war 500 Jahre lang Haupt- und Gerichtsort der beiden sankt-blasianischen Talvogteien Schönau und Todtnau, 1809 erhielt es Stadtrechte und war bis 1924 Sitz eines Bezirksamtes. Aus dieser Zeit sind der Stadt einige Einrichtungen wie Amtsgericht, Notariat, staatliches Forstamt verblieben, die zusammen mit der für die grössten Teil des Südschwarzwaldes zuständigen Staatlichen Weideinspektion, dem Gymnasium (Einzugsbereich s. Abb. 12) und einem Belegkrankenhaus sowie den — seit der Kommunalreform — erweiterten Verwaltungsaufgaben (seit 1971 ist Schönau Sitz eines Gemeindeverwaltungsverbandes: 9 Gemeinden mit 5 000 Einwohnern, davon 2 200 in Schönau) die zentralörtlichen Funktionen unterstreichen und die Einstufung als Unterzentrum (Doppelzentrum zusammen mit Todtnau) rechtfertigen. Der Dienstleistungssektor hat darüber hinaus im Fremdenverkehr eine zusätzliche Stütze: 65 000—70 000 Übernachtungen/Jahr — überwiegend während der Sommermonate — werden regelmässig erreicht; die Hälfte davon entfällt auf Privatquartiere (vgl. Abb. 11).

Die Durchgangsstrasse verläuft am unteren Rand eines Schwemmkegels, den der Haldsmattbach in das Wiesetal vorgeschüttet hat und der — ähnlich wie in Zell — der Ansatzpunkt für die erste Siedlungsanlage war. Unmittelbar an der Ortseinfahrt liegen rechts hinter Wohnblocks zwei Bürstenfabriken, gegen die Hauptkreuzung verdichtet sich die Bebauung (öffentliche Einrichtungen, Geschäfte), nach links hat man einen Blick in die breite Talstrasse mit dem Ortskern (Kirche, Rathaus, Gymnasium, Gastronomiebetriebe; vgl. Abb. 11. Stadtrundgang s. Hauptroute IV, 2). Stadtauswärts lockert sich ähnlich wie in Zell der Gebäudebestand wieder auf. Wohnviertel, kleinere Gewerbebetriebe und Erholungseinrichtungen (Schwimmbad, Campingplatz) beanspruchen das Gelände bis zur Talenge von Schönenbuchen, wo ein weiterer Industriekomplex die Bebauung abschliesst. Der Fabrikhochbau (dieses ehemaligen Textilbetriebes) dient zwar heute als Metallwaren- und Baustoffdepot, gleichwohl zeigt die Gesamtanlage noch die typische Industriesiedlung des 19. Jahrhunderts mit Produktionsgebäuden und Arbeiterhäusern, durch die sich die Strasse — und bis vor zwölf Jahren auch die Schmalspurbahn — hindurchwindet. In der Schönenbucher St.-Peter-Kapelle erinnert ein Wandgemälde an die Abwehr der 1444 nach der Schlacht bei St. Jakob an der Birs in das Wiesetal eingedrungenen Armagnaken.

Jenseits der — durch den "Münsterhalden-Granit" bedingten — Talenge von Schönenbuchen tritt die Strasse in die Talweitung von **Utzenfeld-Geschwend** ein, die in Devonschiefern und -grauwacken angelegt ist. Sie folgt wiederum dem unteren Rand von zwei Bachschwemmkegeln: zunächst des Aiternbachs, dann des Wiedenbachs. Rechts liegt ein Sägewerk, auf der anderen Seite das kürzlich erweiterte Gewerbegebiet von Utzenfeld in unmittelbarem Anschluss an die stillgelegten Aufbereitungs- und Verladeanlagen der Gewerkschaft Finstergrund. Deren Fabrikgebäude und Gelände hat die Gemeinde Utzenfeld aufgekauft, nachdem 1974 der Flussspatbergbau im nahegelegenen Wieden aufgegeben worden war (Abbau seit 1923, zuletzt in der Hand von Bayer/Leverkusen und der Kali-Chemie/Hannover, 1969 noch 117 Beschäftigte). Die Anlagen wurden in jüngster Zeit durch eine ortsansässige Baufirma umgestaltet (jetzt: "Reiterhof Finstergrund").

In Utzenfeld säumen mehrere alte Schwarzwaldhäuser die Durchgangsstrasse, es überwiegen jedoch steinerne Wohnbauten, grossenteils aus den 30er Jahren unseres Jahrhunderts. Eine neue Wohnsiedlung entstand zwischen Bundesstrasse und aufgelassener Eisenbahntrasse im Osten des Ortes. Utzenfeld besitzt zwar keinen bäuerlichen Vollerwerbsbetrieb mehr, doch gibt es noch eine Reihe intakter Nebenerwerbsstellen mit beträchtlichem Viehbestand, zu dessen Futterversorgung Wiesen in Nachbargemeinden zugepachtet werden. Erwerbsgrundlage für die Bevölkerung ist gleichwohl die Industriearbeit, man pendelt in die Industriekleinstädte des Tales aus oder nimmt das eigene Arbeitsplatzangebot wahr: früher im Bergbau und in einer Bürstenfabrik, heute in einem Zweigwerk der Pleuco (in der Nachfolge der aufgelassenen Bürstenfabrik), bei der beschäftigungsstarken, aus Todtnau hierher verlagerten Baufirma Walliser oder in Handwerksbetrieben.

Jenseits der Wiesebrücke stösst man auf die (1982 noch im Bau befindliche) neue Umgehungsstrasse, bei deren Trassierung unmittelbar vor der Einmündung in die Bundesstrasse ein Rundhöcker angeschnitten wurde. Gegen Geschwend ist die Talsohle besonders breit: eine hochwasserfreie Aufschüttungsterrasse ist klar von der Aue zu unterscheiden. Beide werden durch Grünland genutzt, das Parzellengefüge mit seinen Kleinstgrundstücken hebt sich während der Grasschnitte deutlich ab. Von Osten mündet nun der Prägbach ein, auf dessen flachem Schwemmkegel Geschwend liegt (s.u. S. 64). Die Bundesstrasse umgeht den Ort in Richtung Todtnau.

Mit dem Eintritt in den "Randgranit" und — hinter **Schlechtnau** — in die Gneise des Feldberggebietes wird das Tal wieder schmaler, der Fluss überwindet Steilstrecken in kleinen Stromschnellen. Man umfährt Schlechtnau, dessen alter Siedlungskern rechts an der ehemaligen Durchgangsstrasse liegt. Links — jenseits des Flusses — entstanden einige Neubauten im Bereich der aufgelassenen Eisenbahntrasse. Unter den älteren Gebäuden von Schlechtnau fallen grosse Einhäuser auf, sog. "Archen", in denen mehrere Familien wohnen und die auch mehreren Besitzern gehören (gelegentlich erkennbar an der unterschiedlichen Dachbedeckung). Sie sind das Ergebnis der im Allmendgebiet des Südschwarzwaldes praktizierten und hier auch auf den Hausbesitz übertragenen Realteilung und lassen die schmale wirtschaftliche Basis der kleinen landwirtschaftlichen Anwesen auf den Steillagen erahnen.

Schlechtnau gehört seit der Gemeindereform zur Stadt **Todtnau**, deren erste randlich gelegene Industrieanlagen (Textilfabrik Bernauer mit Arbeiterhäusern) man vor der nächsten Talenge erreicht. In der Enge ist bei der Verbreiterung der Strasse einer der sonst seltenen Aufschlüsse im Gneis entstanden. Bei der Strassengabel am Ortseingang von Todtnau biegt die Route Richtung Freiburg ab und führt gleich wieder nach links in grossem Bogen am Schulneubau vorbei bis zur Strassenunterführung. Von dort kann man zu Fuss einen zur Umgehungsstrasse parallel laufenden, steilen Weg hinaufsteigen, bis der Blick auf Todtnau frei wird.

Der erstmals 1025 urkundlich erwähnte Ort verdankt seine Entwicklung dem Bergbau auf Silber- und Bleierze im Gebiet zwischen Schauinsland und Feldberg — ebenso wie Brandenberg, Fahl, Aftersteg, Todtnauberg, Muggenbrunn. Der Silberbergbau hatte — gefördert durch den Grundherrn, das Kloster St. Blasien — im 13. und 14. Jahrhundert seine Blütezeit (zeitweilig eigene Münze, 1438 eine der ältesten deutschen Bergwerksordnungen) und zog zahlreiche "Bergwerksverwandte" an. Mit dem Verfall, schliesslich dem Ende des Bergbaus im 17. Jahrhundert wurde das obere Wiesetal zu einem notorischen Notstandsgebiet. Soweit die Bevölkerung nicht abwanderte, schlug sie sich mit den kümmerlichen Erträgnissen aus der Landwirtschaft (Realteilungsgebiet!) durch und ergriff jeden auch nur einigermassen erfolgversprechenden Nebenverdienst: so die Holzschneflerei, das Strohflechten, die Zunderherstellung. Von Dauer waren jedoch allein die Textilverarbeitung und die Bürstenmacherei. Letztere wurde zum typischen Erwerbszweig des Todtnauer Tales. Als ihr Begründer gilt Leodegar Thoma (um 1770); der Übergang zum Fabriksystem erfolgte in der 2. Hälfte des 19. Jahrhunderts, seit 1900 die Mechanisierung, nach 1950 schliesslich wurde die Automatisierung vorangetrieben und die Spritzgusstechnik eingeführt. Im Gefolge der Bürstenmacherei entwickelte sich als Spezialzweig die Bürstenmaschinenindustrie. Beide Produktionssparten haben heute Weltgeltung. 500 Arbeitskräfte in neun Betrieben der Bürstenindustrie (einschliesslich Aftersteg; Spezialisierung auf Körperpflege- und Haushaltsbürsten) sowie 250 in zwei Maschinenfabriken bestimmen die Beschäftigtenstruktur der Stadt. Da das industrielle Spektrum ausserdem nur noch einen Textilbetrieb mit ca. 120 Mitarbeitern umfasst und einige der kleinen Bürstenfabriken Stagnationserscheinungen zeigen, ist die Todtnauer Wirtschaft sehr von der Konjunkturentwicklung auf diesem engen Markt abhängig geworden. Als problematisch erweist sich zudem der Mangel an Gewerbeflächen, der bereits einige Firmen zur Abwanderung veranlasst hat.

Treten im Stadtbild von Zell die industriellen Nutzungen, in Schönau aus Ortskern die Dienstleistungseinrichtungen hervor, so greifen in Todtnau die Gewerbeareale zwar auch in den Stadtkörper ein, die Fabrikbauten fallen aber weniger auf, da sie entsprechend ihrer Entstehungszeit (vor oder um die Jahrhundertwende) grossen Mehrfamilienhäusern gleichen und wenig Fläche beanspruchen. Sie sind — wegen der früher notwendigen Bindung an den Standort am Wasser — entlang den Bachläufen von Wiese, Brand- und Schönenbach aufgereiht.

Zu den Funktionen eines industriellen Arbeits- und Einpendlerortes (1970: 73% der Beschäftigten und 77% der Erwerbstätigen im produzierenden Sektor) kommen die zentralörtlichen Aufgaben im engeren Sinn. Todtnau, am Zusammenfluss von Wiese und Schönenbach gelegen, ist der natürliche Verkehrsmittelpunkt des oberen Wiesetals. Hier teilt sich der Verkehrsstrom von Schönau/Zell in Richtung Donaueschingen über den Feldbergpass (Strasse 1847 bzw. 1885 ausgebaut) und in Richtung Freiburg über den Notschrei (seit 1848). Wenig unterhalb des Talkessels ziehen Strassen über Präg nach St. Blasien bzw. Todtmoos und über Wieden ins Münstertal. Das auf Todtnau konzentrierte, weitverzweigte öffentliche Verkehrsnetz gewinnt sichtbaren Ausdruck im Omnibusbahnhof (jenseits der Umgehungsstrasse auf dem alten Bahnhofsgelände). Zentrale Funktionen im Verwaltungs-, Schul- und Gesundheitssektor (Belegkrankenhaus) übt der Ort nicht erst seit jüngerer Zeit aus (als Unterzentrum zusammen mit Schönau). Schon vor der Stadterhebung 1809 war Todtnau 550 Jahre lang Sitz einer sanktblasianischen Vogtei, zu der ausser Geschwend und Präg alle heute eingemeindeten Nachbarorte gehörten. Durch die jüngste Kommunalreform sind diese alten Beziehungen — einschliesslich ihrer Nachteile — wieder belebt worden (Areal verdreifacht, Bevölkerungszahl verdoppelt).

Als Folge der Eingemeindungen wurde die Stadt auch eines der grossen Fremdenverkehrszentren des Schwarzwaldes mit 1979 über 500 000 Übernachtungen, die freilich grösstenteils in Todtnauberg erzielt werden (s. Tab. 1). Die Kernstadt konnte durch die Fertigstellung des "Europäischen Feriendorfes am Knöpflesbrunnen" (45 Häuser mit 90 Wohneinheiten) eine längere Phase der Stagnation überwinden und 1979 122 000 Übernachtungen (davon die Hälfte in Privatquartieren, ein Viertel im Feriendorf) verzeichnen. Todtnau hat eine besondere Fremdenverkehrstradition insofern, als der im letzten Jahrhundert einsetzende Feldbergtourismus schon früh auch ein Wintertourismus war. In Todtnau wurde 1891 der erste deutsche Skiclub gegründet. Die Schwarzwaldmeisterschaften im alpinen Skilauf, aber auch nationale und internationale Wettbewerbe sind viele Male am Todtnauer Hausberg, dem Hasenhorn, und in dem — in den 70er Jahren ausgebauten — schneesicheren Fahler Skistadion ausgetragen worden. Die Hasenhornabfahrt (die Talstation des auch im Sommer stark frequentierten Sessellifts am Hasenhorn liegt nahe der Bundesstrasse) ist einer der wenigen nicht zugewachsenen oder aufgeforsteten Hänge des Talkessels; im Sommer steht hier eine Wanderschafherde, die für die Offenhaltung sorgt, nachdem die auch in Todtnau bis nach dem 2. Weltkrieg verbreitete Rinderhaltung fast vollkommen verschwunden ist (die Gesamtstadt weist nur einen einzigen bäuerlichen Vollerwerbsbetrieb in Präg auf).

Das räumliche Nutzungsgefüge der Innenstadt zeigt einen − nach dem Grossbrand von 1876 − auf rechtschnittigem Grundriss neu errichteten Kern von Gebäuden mit der üblichen Mischung von Wohn- und Geschäftsfunktion. Daran schliesst sich ein Ring von Fabriken längs der Bachläufe an, im Westen folgen − z. T. werkseigene − Wohnblocks, im Norden schiebt sich die Eigenheimsiedlung "Sonnhalde" immer höher am Hang hinauf. Ein weiteres Neubaugebiet erstreckt sich oberhalb der Strasse zum Feldberg. Anders als in Zell treten die Laborantenhäuser stark zurück. Wie dort fehlen aber auch hier Erweiterungsflächen für Wohnungsbau und Gewerbe, was zusammen mit dem Mangel an qualifizierten Arbeitspätzen und der Abwanderung von Betrieben einen Rückgang der Bevölkerung ausgelöst hat (1970: 3 111, 1979: 2 541 Einwohner; Gesamtstadt 1970: 5 461, 1979: 5 047 Einwohner, aber zusätzlich 800 Personen mit Zweitwohnung in Todtnauberg und Präg-Herrenschwand).

Einzugsbereich der Beschäftigten der Fa. Anton Zahoransky in Todtnau / Schwarzwald

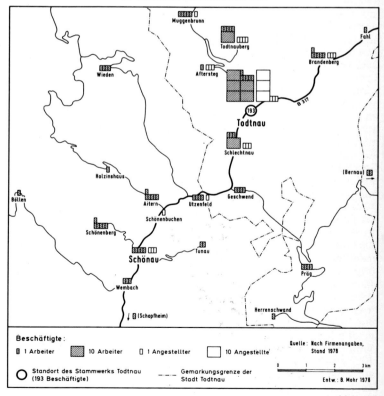

Abb. 13

Tab. 1. Fremdenverkehr im Raum Todtnau. Gästeankünfte und Übernachtungen nach Unterkunftsmöglichkeiten, 1979

| Ort/Ortsteil | Gästean- künfte | Übernach- tungen insges. | Konzess. Betriebe | Privat- zimmer | Von den Übernachtungen entfallen auf | | | |
					Ferien- dorf	Sanatorien/ Erholungs- heime	DJH/ Wander- heim	Camping- platz
Todtnau (Kernstadt)	15 814	122 307	27 221	62 707	32 379	–	–	–
Aftersteg	4 408	27 223	1 840	17 140	–	–	5 567	2 676
Geschwend	1 756	11 536	2 695	8 841	–	–	–	–
Muggenbrunn	13 240	72 935	34 859	21 497	–	2 203	–	14 376
Präg	5 196	35 956	15 486	18 538	–	–	1 932	–
Todtnauberg	25 796	237 074	112 414	67 246	–	36 966	20 448	–
Todtnau (insges.)	66 210	507 031	194 514	195 969	32 379	39 169	27 947	17 052
Schönau	5 891	64 312	14 948	27 304	–	17 167	–	4 893

Quelle: Fremdenverkehrsstatistik 1979 der Verkehrsgemeinschaft Wiesental–Markgräflerland

15 – 43

Eine Stadtrundfahrt geht zweckmässigerweise von der Strassenunterführung aus: noch diesseits der Umgehungsstrasse sieht man auf dem Gelände des alten Bahnhofs den Schulneubau mit Mehrzweckhalle (Nutzung auch für den Fremdenverkehr) an der Stelle des abgebrochenen Lokomotivschuppens, jenseits den Omnibusbahnhof, dahinter die Maschinenfabrik Ebser. Überquert man den Schönenbach, hat man links das Stammwerk der Textilfirma Bernauer (Baumwollgarne und -gewebe, "Beratex"-Gewebe für Gürtelreifen), rechts die Bürstenfabrik Faller. Nach links in die Schwarzwaldstrasse, die von den unterschiedlich alten Hallen der Bürstenmaschinenfabrik A. Zahoransky gesäumt wird (Zahoransky baut u. a. zwei Drittel aller Maschinen, mit denen in der ganzen Welt Zahnbürsten produziert werden; 190 hochqualifizierte Mitarbeiter, s. Abb. 13). An der Kreuzung mit der Freiburger Strasse liegt das stark verbaute Areal der Vereinigten Bürstenfabriken GmbH ("Derby", 80 Beschäftigte). Auf der engen Freiburger Strasse – der alten Durchgangsstrasse – weiter zur doppeltürmigen katholischen Pfarrkirche im Ortszentrum. Hier wird die nach der Brandkatastrophe von 1876 entstandene rechtschnittige Plananlage der Innenstadt deutlich. Die Hauptachse (Friedrichstrasse) ist im oberen Abschnitt platzartig erweitert. Ladengeschäfte, Kioske und Gastronomiebetriebe sind in Ausstattung und Angebot (Sportartikel, Wander- und Campingbedarf) auffallend stärker auf den Urlaubsgast zugeschnitten als etwa in Schönau. Über die Friedrichstrasse südwärts und kurz vor der Wiesebrücke nach links in die Fridolin-Wissler-Strasse (Bürstenfabrik) und nochmals links am Krankenhaus vorbei in die Oberstrasse, wo sich – vom umgebenden älteren Wohnhausbestand kaum zu unterscheiden – längs des Brandbachs nochmals Fabrikbauten finden. Ostwärts weiter zur Bundesstrasse.

4.1.2 An der Feldberg-Passstrasse

Die Strasse steigt nun gegen den Feldberg steiler an, der Wechsel von Talengen und -weitungen wiederholt sich aber auch hier. Bei der Enge an der Poche wurde ehedem die Wasserkraft zum Zerkleinern und Verhütten der Erze eingesetzt (Wasserfälle im Wolfsloch). Weiter oberhalb öffnet sich der Taltrog von **Brandenberg** mit steilen Hängen und recht breiter Sohle, durch die – von Erlen gesäumt – in flachen Wiesenmäandern der Bach fliesst. Der Talgrund wird zunächst von Erholungseinrichtungen (Schwimmbad, Tennisplätze, Camping), dann von landwirtschaftlicher und gewerblicher Nutzung bestimmt: auf dem Gelände eines aufgelassenen Sägewerks haben sich drei aus Todtnau verlagerte Handwerksbetriebe niedergelassen (eines der wenigen belegbaren Gewerbeareale Todtnaus). Rechts am Hang verläuft die Häuserzeile einer nach dem 2. Weltkrieg erstellten Siedlung, die in ihrer isolierten Lage nur durch den Mangel an Baugrund in Todtnau zu verstehen ist. Ein Teil ihrer Bewohner war früher in dem bei Brandenberg umgehenden, Anfang der 60er Jahre eingestellten Flussspatbergbau (wie bei Wieden durch die Gewerkschaft Finstergrund) beschäftigt. Statt des Bergbaus hat hier nun der Fremdenverkehr Fuss gefasst: nahezu jedes Haus bietet Gästezimmer oder Ferienwohnungen an. Darüber hinaus sind in den alten Siedlungsteilen von Brandenberg und Fahl neue Fremdenverkehrsbetriebe neben die eingesessenen Gasthöfe getreten. Wie die meisten der um den Feldberg liegenden Orte haben auch Brandenberg und Fahl einen mehrfachen Funktionswandel durchgemacht: hier von ersten bäuerlichen Ansätzen über die Anlage einer (Silber-)Bergbausiedlung zur landwirtschaftlich-kleingewerblich orientierten, dann teilweise erneut zur (Flussspat-)Bergbau- und schliesslich zur Wohn- und Fremdenverkehrssiedlung.

Die Viehhaltung, die lange die Wirtschaftsgrundlage bildete, ist stark zurückgegangen, so dass der Wald stellenweise bis auf die Talsohle vordringen konnte und auch die Grenze zwischen wildem und zahmem Feld verwischt hat (Lesesteinmauern unter Wald). Ein weiteres Zuwachsen der unteren Hänge soll aber gemäss Schwarzwaldprogramm und Flächennutzungsplan verhindert werden. Um eine Mindestflur offenzuhalten, wurden bislang Mähprämien bezahlt, heute werden nicht mehr genutzte Parzellen in Lohnarbeit abgemäht. Solche Probleme stellten sich früher nicht: bis nach dem 2. Weltkrieg hatten die landwirtschaftlichen Kleinbetriebe unter einem Mangel an Grünlandflächen zu leiden. Ohne die Beschickung der ausgedehnten Hochweiden wären sie damals nicht lebensfähig gewesen, – ein tiefgreifender Strukturwandel in nur 30 Jahren!

In der ersten Strassenkehre oberhalb **Fahl** steht eine Bundeswehrkaserne (sie ist – in Verbindung mit der Todtnauer Hütte – zugleich Standort einer Sportfördergruppe für Skilanglauf, vgl. Hauptroute II, 1). Rechts liegen die Talstationen der Lifte zur Grafenmatt und zum Skistadion im Fahler Loch. Die – für Schwarzwaldverhältnisse – sehr steilen Hänge im Talschluss der Wiese bieten beste Voraussetzungen für den alpinen Skilauf, der Schnee hält sich an den Nordhängen bis weit ins Frühjahr. Bereits 1938 wurde das Skistadion mit zwei Sprungschanzen gebaut, die Abfahrten legte man in alte Viehauftriebsgassen. Anfang der 70er Jahre sind zusätzliche Abfahrtsschneisen geschlagen und neue Liftanlagen eröffnet worden. Fahl ist damit zum Zentrum des Abfahrtslaufs im Schwarzwald geworden (Werbung: "Alpines Fahren"). Es sind aber auch die Grenzen der Belastbarkeit erreicht. Eine weitere Konzentration des winterlichen Massentourismus – für den die Parkplätze in Fahl, auf der breit ausgebauten Feldbergstrasse, am Zeiger usw. (und die Restaurationsbetriebe!) oft kaum ausreichen, während sie in den anderen Jahreszeiten zumeist leerstehen – kann nicht erwünscht sein. Durch den neuerlichen Aufschwung des Skilang- und Tourenlaufs auch abseits des Feldbergs bahnt sich indessen bereits eine Entzerrung an.

Die Strasse erreicht die Passhöhe am **Feldberg** (1230 m) mit dem Ortsteilzentrum der neuen Grossgemeinde Feldberg am "Zeiger" (wiederum mit grossen Parkplätzen. Näheres zum Feldberggebiet siehe Hauptroute II, 1 und II, 2). Rechts liegen die altbekannten Skihänge der Grafenmatt und des "Zeller Hangs" mit ihren Liftanlagen. Nach 1 km folgt die Abzweigung zum Feldberger Hof. Von dort kann man mit dem Sessellift den Seebuck und den nahegelegenen Fernsehturm (hervorragende Rundsicht) erreichen. Bis zum Caritas-Haus windet sich die Strasse oberhalb des Menzenschwander Albtals am Hang entlang. Links liegt das Dienstgehöft der Strassenbauverwaltung mit den grossen Hallen für den Maschinenpark für die winterliche Strassenräumung. In dem glazial überschliffenen schmalen Sattel zwischen Alb- und Seebachtal sieht man rechts etwas abseits der Strasse das Caritas-Haus. Dieses Heim wurde 1925 als Kinderheilstätte erbaut und ist heute mit jeweils 200 Kindern (sechs Wochen Aufenthalt) ganzjährig belegt. Wie beim angeschlossenen Landschulheim (50 Plätze) erstreckt sich der Einzugsbereich auf die ganze Bundesrepublik. In der Kapelle des Caritas-Hauses fanden bis zur Errichtung der Pfarrkirche der Gottesdienste für Bewohner und Gäste des Feldbergs statt. Die Rückwand der Kapelle schmückt ein Gemälde ("Feldbergmadonna") von Hans Franke aus dem Jahre 1930.

Die Strasse senkt sich nun ins Seebachtal. Sie zieht um den Hochkopf herum (Aufschlüsse im "Bärhaldegranit") in das ihm in NE-Exposition vorgelagerte Wannekar, dessen Boden in 1 100 m Höhe links sichtbar ist. Da die Route ständig durch Hochwald (fürstenbergischer Besitz) verläuft, hat man erst kurz vor Bärental-Ort wieder freien Ausblick nach links: auf das Feldbergmassiv mit dem Seebuck (Steilhänge des Feldseekessels) und dem Mittelbuck (Nato-Funkanlagen), in das mittlere Seebachtal mit grossen – bereits auf Gemarkung Hinterzarten gelegenen – Einzelhöfen und auf den Titisee. Die Strasse führt durch die sehr locker gebaute Siedlung **Bärental** (s.u. S. 54), nimmt von rechts die B 500 aus Richtung Schluchsee auf, quert die Linie der Dreiseenbahn und zieht dann oberhalb der Bahntrasse am steilen rechten Talhang des Seebachtals abwärts. Der Wald – ein Wirtschaftswald mit fast reinen Fichtenbeständen (ebenfalls fürstenbergischer Besitz) – gestattet kaum Ausblicke. Rechts liegt ein grosser Amphibolit-Steinbruch (Schottergewinnung). Weiter abwärts zweigt die B 315 in Richtung Schaffhausen ab. Ihre Trasse ist wie die Feldbergstrasse in diesem Abschnitt erst in der 2. Hälfte des vergangenen Jahrhunderts angelegt worden, also verhältnismässig jung. Die alte Verbindung lief von Titisee über die heute als Rodelbahn genutzte Seesteige nach Saig und von dort nach Lenzkirch. Wo die Gefällsstrecke ausläuft, hat man einen kurzen Blick auf den Titisee (keine Parkmöglichkeit, vom Parkplatz weiter unterhalb nur schlechte Sicht).

4.1.3 Titisee

Titisee ist vor rund 10 Jahren vom Durchgangsverkehr entlastet worden, die Umgehungsstrasse führt aussen an der Bahnschleife entlang. Vorbei an der (seit 1981 freien) Südumgehung von Neustadt wechselt die Route an der nächsten Kreuzung auf die alte B 31 nach Titisee. Auf der Höhe des Bahnhofs zweigt man dann links ab und gelangt durch die Unterführung in das Ortszentrum und zu den grossen Parkplätzen (gebührenpflichtig) auf der flachen Endmoräne des Titisee-Stadiums.
Wie der Feldberg Zentrum des winterlichen Ausflugsverkehrs im Hochschwarzwald ist, so darf Titisee als Schwerpunkt des sommerlichen Naherholungsverkehrs angesprochen werden. Der idyllisch gelegene See lockt Touristenströme aus allen Richtungen, besonders aus den Verdichtungsräumen der Oberrheinebene (das Elsass eingeschlossen) und der Nordschweiz. Auffällig ist das hohe Aufkommen an Reisebussen, zumal aus anderen Schwarzwälder Fremdenverkehrsgebieten. Unter dem international gemischten Publikum sind alle Altersklassen vertreten, auch die im Urlauberspektrum des Gebirges sonst nahezu fehlenden jungen Leute. Bis zu 10 000 Besucher kommen an wetterbegünstigten Wochenendtagen der Saison (Ostern bis Spätherbst), bis zu 100 Busse fahren den Ort zu einem Kurzbesuch an, so dass die Menschenfülle im Uferbereich bedrückend werden kann.
Entsprechend zugeschnitten ist die infrastrukturelle Ausstattung: grosse Parkflächen entlang der Seestrasse (zu Stosszeiten gleichwohl Platzmangel); unmittelbar daneben Kunstgewerbe- und Andenkenläden, die an der Kreuzung mit der Strandbadstrasse in eine Geschäftszeile übergehen, in die auch leistungsfähige Gastronomiebetriebe (teilweise mit Selbstbedienung) eingebunden sind; am Strand Bootsverleih und Gelegenheit zu Seerundfahrten mit einem der drei grösseren Ausflugsboote (Elektroantrieb, um Wasserverschmutzung zu vermeiden). Wie an keiner anderen Stelle im ganzen Hochschwarzwald ergibt sich so auf nur 500 m Distanz (zwischen Kurhaus und Titisee-Hotel) ein geschlossener, hochspezialisierter Funktionalbereich.
Obwohl der Tagesausflugsverkehr in Titisee die am stärksten hervortretende Reiseart ist, hat der weniger auffällige Urlaubsreiseverkehr dennoch nachhaltige wirtschaftliche Bedeutung (ca. 350 000 Übernachtungen/Jahr). Zur Verfügung stehen Beherbergungsbetriebe aller Art: von traditionsreichen, renommierten Hotels bis zu

den Bauernhöfen in den abseits gelegenen "Viertälern", die erst jüngst in den Fremdenverkehrsprozess einbezogen worden sind (etwa ein Dutzend Angebote "Ferien auf dem Bauernhof"). Störende Überlagerungen der verschiedenen Reisearten sind zwar nicht zu vermeiden, vor allem was die Verkehrsbelastung an Wochenenden betrifft (es ist kaum noch vorstellbar, dass bis Ende der 60er Jahre der gesamte Durchgangsverkehr zum Feldberg und zum Schluchsee mitverkraftet werden musste!). Sie verlieren aber in den der See- und Strandbadstrasse benachbarten Strassenzügen schnell an Intensität, und selbst am See bilden die grossen Hotels durch ihre ausgedehnten Grundstücke (mit Privatstränden!) Inseln der Ruhe.

Titisee als einer der international bekanntesten Luftkurorte des Schwarzwaldes ist eine junge Siedlung, zumindest hinsichtlich der Verdichtung am See. Vor rund 110 Jahren lag unmittelbar am Ufer nur der Seebauernhof (auf Saiger Gemarkung). Ein kurzer Uferstreifen war im Besitz der damaligen Gemeinde Viertäler, die sich mit Altenweg, Spriegelsbach, Schildwende und Jostal im Norden weit in das Höfgütergebiet des mittleren Schwarzwaldes erstreckte; der grösste Teil des Nordufers gehörte − wie noch heute − zu Hinterzarten. Der Siedlungsentwicklung zwischen See und Hirschbühl kam neben der Fremdenbeherbergung (erste bescheidene Ansätze 1868) die günstige Verkehrslage zugute, denn nach dem Bau der Höllentalbahn (1886/1901) wurde die Station Titisee zum grossen Umschlagplatz für den Hochschwarzwald. So wuchs die Siedlung zugleich als kleiner Verkehrsknoten (seit 1926 auch Umsteigebahnhof für die Dreiseenbahn) wie als Fremdenverkehrsort, hatte 1905 187 Einwohner und war bis 1929 so erstarkt, dass der Sitz der Gemeindeverwaltung aus den "Viertälern" hierher verlegt und die Namensänderung in "Titisee" durchgesetzt werden konnte. 1936 wurde die auf einer kleinen Felskuppe gelegene Christkönigskirche (barocker Altar, wohl aus fürstenbergischen Beständen) erbaut, eine eigene Pfarrei aber erst 1960 errichtet (die Viertäler waren von Neustadt aus betreut worden). Wichtige Veränderungen brachte der 1971 vollzogene Zusammenschluss mit Neustadt (und weiteren vier Gemeinden). Innerhalb der Grossgemeinde (1980: 11 000 Einwohner, davon 2 000 in Titisee) besteht seitdem eine klare Funktionsteilung: Neustadt, das seinen Kreissitz verlor, aber als Mittelzentrum Versorgungsaufgaben für einen grossen Teil des Hochschwarzwalds erfüllt, soll seine Stellung als Einkaufsstadt und als gewerblich-industrieller Standort, Titisee den Sektor Fremdenverkehr und Wohnen ausbauen. Die unterschiedlichen Erholungsarten (neben den genannten auch "Sportliche Erholungsaktivitäten") wurden in einem Kurentwicklungsplan räumlich festgelegt, doch zeigt die Durchführung manche Abweichungen: so ist etwa das neue Kurhaus von Titisee nicht am Gutachufer (bevorzugte Ruhezone), sondern im Ortszentrum entstanden.

Empfehlenswert ist eine Fahrt mit den Ausflugsbooten auf dem See. Der Titisee hat eine Fläche von 1,08 km² und ist 38 m tief. Er liegt in einer durch den kaltzeitlichen Bärentalgletscher übertieften Felswanne und wird zusätzlich durch die Endmoränen des Titisee-Stadiums gestaut. Ursprünglich war er fast doppelt so gross, nach dem Abschmelzen des Gletschers lag sein oberes Ende am Behabühl. Noch während des Spätglazials hat jedoch der Seebach ein Delta in den See vorgeschüttet, das die Wasserfläche auf den heutigen Umfang reduzierte. Die Eutrophierung des Seewassers hatte in den 60er Jahren zeitweise einen beängstigenden Grad erreicht. Seitdem jedoch eine Ringleitung die Abwässer aus dem Bärental und von den fünf Campingplätzen in unmittelbarer Seenähe aufnimmt, darf die Wasserqualität wieder als gut bezeichnet werden. Der Blick auf die Ufer zeigt, dass die Bebauung auch heute noch auf die Ost- und Nordostseite beschränkt ist: Süd- und Westufer bieten ungünstigen

Baugrund, das Nordufer auf Hinterzartener Gemarkung befindet sich in Privatbesitz. Eine Zersiedlung konnte daher bislang verhindert werden, andererseits ist der Zugang zum Ufer nicht überall möglich. Selbst der Anlage eines durchgehenden "Seerundweges" stellen sich fast unüberwindbare Hindernisse entgegen.

Die Route verlässt den Ort auf der Ausfallstrasse Richtung Freiburg. Rechts erheben sich die steilen Hänge des Hirschbühls, eines während des Hochstandes der letzten Eiszeit noch eisüberschliffenen Felsrückens. Auf seinem Südhang und um die evangelische Kapelle deuten Neubaugebiete mit Einfamilienhäusern darauf hin, dass Titisee für die Grossgemeinde Titisee-Neustadt auch die Funktion des gehobenen Wohnstandorts erfüllt.

4.1.4 Hinterzarten

Die stark befahrene **B 31,** der die Route bis zur Abzweigung nach Hinterzarten folgt, ist die wichtigste Verbindung von Freiburg ins obere Donau- und Neckar- sowie ins Bodenseegebiet, gleichzeitig aber auch der Hauptzubringer aus der Oberrheinebene in den Hochschwarzwald; sie nutzt die Dreisam-Wutach-Linie als tiefste Einsattelung zwischen Süd- und Mittelschwarzwald. Die Strasse zieht sich an einem Moränenrücken des Titisee-Stadiums entlang, der längs in der Mulde von Hinterzarten liegt. Nördlich davon verläuft das Altenweg-Tal, das die aus N kommenden Bäche sammelt und nach Osten zur Gutach/Wutach weiterleitet. Die Mächtigkeit der Moräne wächst nach Westen zu (Grafenwäldele – Lafette), ein Hinweis darauf, dass der Eisstrom, der sich von Süden in die Breitnauer Mulde schob, in starkem Mass über das Zartenbach-Tälchen (d.h. über eine Transfluenz am Silberberg) ernährt worden ist. Links der Strasse überblickt man die **Hinterzartener Mulde:** ein breites, tektonisch angelegtes, aber im wesentlichen fluvial geformtes, von den kaltzeitlichen Gletschern lediglich überprägtes Tal. Es kann als Prototyp eines "danubischen" Tales gelten, der hier deswegen so besonders sinnfällig ist, weil sein Oberlauf durch die rückschreitende Erosion vom "rheinischen" Höllental her weggeschnitten wurde. Infolge des geringen Gefälles und der dadurch bedingten schlechten Drainage hat sich auf dem Boden der Senke ein Hochmoor gebildet (Naturschutzgebiet).

Nach **Hinterzarten** (s. Abb. 14) gelangt man auf einer Stichstrasse, die beim Hotel "Weisses Rössle" von der B 31 abzweigt. Dieses schon 1347 erstmals erwähnte alte Gasthaus hat jahrhundertelang seinen Anteil am Strassendurchgangsverkehr durch das Höllental genommen. Nachdem 1887 die Höllentalbahn eröffnet worden war, wurde es auf der Strasse zunächst ruhiger, doch ging die Gästeherbergung im "Rössle" weiter. Sie steigerte sich wieder mit dem aufkommenden Kraftfahrzeugverkehr, insbesondere aber, als nach einem Brand 1925 der bis dahin unter dem gleichen Dach geführte landwirtschaftliche vom Gasthausbetrieb getrennt wurde: westlich der Strasse entstand der neue Rösslehof, am alten Standort das Hotel, das sich nach und nach mit einem Komplex von Erholungseinrichtungen umgab (120 Betten).

Die Route quert die Hinterzartener Mulde. Vor der Bahnunterführung trifft man auf eine erste Konzentration von Beherbergungsbetrieben und Geschäften, dahinter links dann eine bis zum Bahnhof durchgehend mit Ladengeschäften besetzte Strassenzeile. Parkmöglichkeiten am Bahnhof, am Kurhaus oder an der Kirche.

Hinterzarten ist eine der bedeutendsten Fremdenverkehrsgemeinden des Schwarzwaldes überhaupt (1979: 96 000 Gästeankünfte, 687 000 Übernachtungen) mit einer sehr hohen Fremdenverkehrsintensität (mehr als 30 000 Übernachtungen/100 Einwohner). Der Kurbetrieb bildet für den grössten Teil der Bevölkerung die Existenzgrundlage, auf ihn ist die infrastrukturelle Ausstattung zugeschnitten, er prägt das Siedlungsbild. Im engeren Feldberggebiet besitzt Hinterzarten als einziger Ort das Prädikat "heilklimatischer Kurort" und damit die höchste Qualifikationsstufe (günstige klimatische Voraussetzungen wie strahlungsreiche Winter, keine Wärmebelastung im Sommerhalbjahr, ausserdem hohe Luftreinheit: Staubniederschlag unter 1 g/m^2/30 Tage).

Dass etwa ein Drittel der Übernachtungen auf das Winterhalbjahr entfällt, zeigt die Bedeutung von Hinterzarten auch als Winterkurort und Wintersportplatz (bei einer Höhenlage von 900 m und 1227 mm Jahresniederschlag durchschnittlich 90 Tage mit geschlossener Schneedecke). Im Gegensatz zu Titisee gibt es hier im Sommer keine, im Winter nur hin und wieder Störungen durch den Tagesausflugsverkehr: die Lage abseits der Bundesstrasse (an der einzigen Auffahrt gelegentlich Verkehrsstau) und Durchfahrverbote durch den Ort halten den Autoverkehr ebenso in Schranken wie die Tatsache, dass rund die Hälfte der Langzeitgäste mit der Bahn anreisen (im Winterhalbjahr mehr als im Sommerhalbjahr). Der Charakter des ruhigen, auf Urlaubserholung ausgerichteten Kurorts bleibt so gesichert.

Im vergangenen Jahrzehnt war die Entwicklung des Kurbetriebs trotz Wirtschaftsrezession bemerkenswert stabil. Die Steigerungsraten der Übernachtungszahlen haben sich allerdings wie im gesamten Hochschwarzwald abgeschwächt, die Aufenthaltsdauer der Gäste ist zurückgegangen (1967: 9,8 Tage, 1979: 7,2 Tage), was mit zunehmendem Zweiturlaub im Winter und vermehrten Kurzaufenthalten (Ostern, Pfingsten, Herbstferien) begründet wird. Die Bettenauslastung dürfte trotzdem nicht gesunken sein, zumal auch das Bettenangebot seit Jahren (1979: 3 270) unverändert geblieben ist. Man sieht die Grenzen der Nachfrage und der Aufnahmefähigkeit und lehnt deshalb neue Grossbauvorhaben ab.

In der 800jährigen Geschichte Hinterzartens spielt der Fremdenverkehr seit etwa 100 Jahren — vor allem nach Eröffnung der Höllentalbahn — eine bedeutende, seit über 50 Jahren die beherrschende Rolle. Im 18. und frühen 19. Jahrhundert waren neben der Landwirtschaft Hausgewerbe und Handel massgebliche Erwerbszweige gewesen; Glashandel, Uhrenherstellung und Löffelmacherei brachten Wohlstand, weckten Unternehmergeist und schufen die finanzielle Basis für die spätere Umstellung. In den ersten 500 Jahren seiner Geschichte freilich war der Ort ausschliesslich landwirtschaftlich geprägt.

Die Hochflächen von Hinterzarten ("Hinter der Strass") und Breitnau ("Vor der Strass") wurden aus dem Höllental heraus besiedelt, wo die Falkensteiner 1148 die Kapelle St.Oswald als erste Pfarrkirche errichtet hatten. "Hinter der Strass" bestanden bereits 1446 alle uns bekannten Hofgüter, seit dem 16. Jahrhundert ist das Minorat in der Erbfolge belegt. Tiefgreifende strukturelle Veränderungen in der Landwirtschaft vollzogen sich im 19. und 20. Jahrhundert durch die Intensivierung der Viehhaltung (verstärkte Stallfütterung und Übergang zur Milchwirtschaft, infolgedessen Aufforstung von nicht mehr benötigten Weideflächen, in den höheren Lagen auch Aufgabe von Höfen), wodurch sich das heutige Verteilungsmuster von Wald und Offenlandflächen herausbildete. Unter dem Einfluss des Fremdenverkehrs verringerte sich die Zahl der landwirtschaftlichen Betriebe, insbesondere nach dem 2. Weltkrieg (1949: 127, 1978: 45 Betriebe, darunter 26 mit Vollerwerb). Aufgegeben wurden freilich fast nur Nebenerwerbsstellen, die stets geringen Viehbestand hatten, während viele Hofgüter am Rande und ausserhalb des Ortskerns aufstockten, ausserdem die Gästebeherbergung (Privatzimmer, "Ferien auf dem Bauernhof") als zusätzlichen Erwerbszweig aufnahmen. Aus dieser

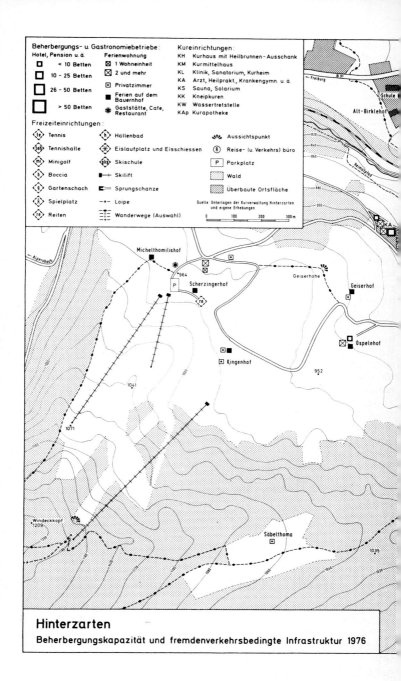

Hinterzarten
Beherbergungskapazität und fremdenverkehrsbedingte Infrastruktur 1976

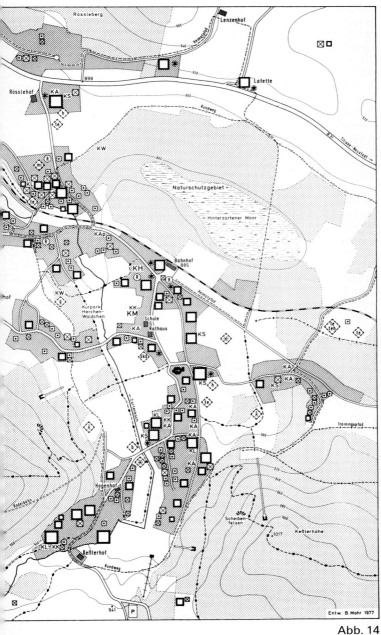

Abb. 14

Entwicklung dürfte wohl zu erklären sein, dass die Viehzahlen in Hinterzarten seit 30 Jahren etwa gleich geblieben sind (ca. 600 Rinder, ca. 350 Milchkühe), während sie in dem benachbarten, als Fremdenverkehrsort jüngeren, im übrigen aber noch stärker landwirtschaftlich orientierten Breitnau sich verdoppelten.

Wie die meisten Siedlungen im Hofgütergebiet des mittleren Schwarzwalds hatte Hinterzarten ursprünglich keinen Siedlungskern, — auch nicht um die alte Wallfahrtskirche "Maria in der Zarten". Dort lag lediglich der Adlerhof mit seiner alten Gastwirtsgerechtigkeit ("Zartenwirtshaus"). Das aufblühende Heimgewerbe verursachte zwar eine Vermehrung des Häuserbestandes ("Häusle"), die Verdichtung des Ortskerns ist aber erst dem Fremdenverkehr und — diesen verstärkend — der Verkehrserschliessung durch die Höllentalbahn zu verdanken. Noch vor dem 1. Weltkrieg traten neben die alteingesessenen Gasthäuser ("Adler" und "Rössle" als Bauernwirtschaften, "Linde" und "Schwarzwaldhof" in Bahnhofsnähe) neue Fremdenverkehrsbetriebe und einige Geschäfte entlang der Bahnlinie nördlich und südlich der Unterführung. In den 30er Jahren kamen periphere Erweiterungen hinzu (vielfach Wohnbauten mit Privatzimmervermietung), nach dem 2. Weltkrieg verdichtete sich dieses Siedlungsgerüst, ohne dass der Charakter des offenen Siedlungskernes verlorengegangen wäre: jeder noch so kurze Spaziergang führt alsbald in unbebautes Gelände (vgl. Abb. 14, aus der das Verteilungsmuster der überbauten Ortsfläche sowie der Fremdenverkehrsbetriebe und der infrastrukturellen Einrichtungen zu ersehen ist). Behutsames Vorgehen hinsichtlich Baufreigaben auch in jüngster Zeit hat eine Massierung und Überhöhung des Gebäudebestandes verhindert.

Bei einem Rundgang kann man das dichte Netz der Spazierwege in und um den Ort nutzen, auf dessen Pflege in Hinterzarten besonderer Wert gelegt wird und das verknüpft ist mit dem hier gleichfalls eng gebündelten Wanderwegnetz des Schwarzwaldvereins. Man beginnt zweckmässigerweise im Zentrum des Kurbereichs, beim 1963 fertiggestellten Kurhaus. Dieses umfasst neben Tagungsräumen (Grosser Saal mit 420 Plätzen) Lese- und Ausstellungszimmer (darin u.a. Vitrinen mit Pokalen und Siegerurkunden des Hinterzartener Olympiasiegers und mehrfachen Weltmeisters in der Nordischen Kombination Georg Thoma), ausserdem ist ein Kurbrunnenausschank angeschlossen. Hinter dem Kurhaus liegt das im Winter stark frequentierte Loipenzentrum mit der ortsnahen, nachts beleuchteten Zartenbachloipe (deshalb die im Sommer funktionslosen Brückchen über den Bach). Man folgt dem Rundweg (grüner Ring), der hier zugleich Teil des "Heimatpfades" ist, längs dem Hinweistafeln über die Landschaftsgeschichte des Hochschwarzwaldes und die Entwicklung Hinterzartens informieren. Einige grosse glaziale Geschiebe, die bei den Bauarbeiten für das Kurhaus zutage kamen, erinnern daran, dass die ganze Hinterzartener Mulde mit Grundmoräne ausgekleidet ist. Das vermoorte Gebiet beiderseits des Zartenbachs war noch im 18. Jahrhundert von kaum genutztem Bruchwald bedeckt. Reststücke wie das Herchenwäldchen (benannt nach dem Herchenhof, auf dessen Grundstück es liegt) sind bei der Meliorierung ausgespart worden und dienen heute als Naturparks.

Im nächsten Waldstück nach links zur Kirche "Maria in der Zarten". Als Wallfahrtskirche im 14. Jahrhundert entstanden, ist sie erst 1799 zur Pfarrkirche erhoben worden (Hinterzarten gehörte ursprünglich zu St. Oswald im Höllental, dann lange zur Pfarrei Breitnau). Ihr Zwiebelturm, das Wahrzeichen von Hinterzarten, stammt aus dem Jahre 1732. Der Neubau des Kirchenschiffs von 1962/63 darf als ein besonders geglücktes Beispiel modernen Sakralbaus gelten.

An der Kirche vorbei zum Park-Hotel "Adler". Der Doppeladler des Wirtshausschildes erinnert an die jahrhundertelange Zugehörigkeit Hinterzartens zu Österreich (Standesherren des landständisch-breisgauischen Ortes waren bis 1808 die Freiherren von Sickingen, deren Wappen mit den fünf silbernen Kugeln auf blauem Grund in das Ortswappen eingegangen ist). Der alte, wenn auch stark veränderte Adlergasthof steht noch, daneben der Hotelbau aus der Zeit kurz nach 1900, beide durch einen Tunnel miteinander verbunden und zusammen sowohl Besitz- wie Bewirtschaftungseinheit. Weitläufige Parkanlagen mit Sport- und Erholungseinrichtungen umgeben das altberühmte Haus, das allen Ansprüchen gerecht werden kann (Viersternehotel, 150 Beschäftigte, 155 Betten). Vom Adlerplatz mit seinen alten — heute unter Denkmalschutz stehenden — Devotionalienläden über den Adlerweg zum Ausgangspunkt zurück. Links die für die Ortsmitte Hinterzartens so bezeichnende Wiesenfläche des Kirchenfelds; sie gehört zum Pfarrwittum und blieb deshalb unbebaut. Um das Kirchenfeld gruppieren sich katholisches Gemeindezentrum, Schul- und Rathaus sowie Wohnungen und Pensionen, zum Bahnhof hin wie auch in der Freiburger Strasse bestimmen Ladengeschäfte das Strassenbild.

Weiterfahrt auf der Erlenbrucker Strasse, die bei der Kirche beginnt (Anlieger frei). Inmitten der grossenteils jungen (Hotel-)Bebauung liegt der seit langem in Gemeindebesitz befindliche Hugenhof, der heute in Wohnungen für Sozialrentner unterteilt ist, dessen Bausubstanz jedoch gut erhalten blieb. Am Ortsende dann der Kesslerhof, der nach wie vor bewirtschaftet wird (83 ha, seit 300 Jahren im Besitz der gleichen Familie). Die Strasse steigt nun steil an. Das Zartenbachtal weist hier einen der für Glazialtäler typischen Gefällsbrüche auf (ähnlich etwa beim Menzenschwander Albtal). Er hat Anlass zur Anlage einer kleinen Skipiste gegeben. Von der Höhe schöner Rückblick auf Hinterzarten; die glaziale Formung des Zartenbachtals und der Zusammenhang mit den Endmoränen bei der Lafette werden von diesem Standpunkt aus besonders deutlich. Oberhalb der Talstufe ist das Zartenbachtal sehr flach, das "danubische" Relief erscheint nur wenig verändert. Rechts folgen das Naturschutzgebiet Kesslermoos und das ehemalige Gasthaus Erlenbruck (ursprünglich Jagdschlösschen der Sickinger, heute Erholungsheim der Rhodia AG, Freiburg); hier gelangt man über die Wasserscheide in das **Seebachtal**. Im Hinterzartener Ortsteil Bruderhalde liegen — verbunden durch die "alte Feldbergstrasse" — die Hofgüter an der Grenze von Wiesen und Feldgrasland aufgereiht; ihre Grundstücke ziehen sich bis auf die Winterhalde hinüber. Unterhalb der Strasse der Henslerhof, ein Heidenhaus jüngerer Bauart i.S.v. Schilli (mit talwärts gekehrtem Wohnteil) mit all den Nebengebäuden, die bei den wohlhabenden Höfen des Mittelschwarzwalds im 18. Jahrhundert so oft entstanden: Kapelle, Austragshäusle, Säge, Schopf. Dahinter das ausgedehnte Delta des Seebachs, der den oberen Teil des spätglazialen, bis zum Behabühl reichenden Titisees zugeschüttet hat. Es wird mit Ausnahme des vermoorten Bruchwaldes in Seenähe als Grünland genutzt. Die Talhänge sind bewaldet, der hohe Nadelholzanteil ist durch Aufforstung bedingt.

4.1.5 Zwischen Seebach und Alb

Jenseits des Bartleshofes verengt sich das Tal am Behabühl zu einer schmalen Kerbe mit steilem Gefälle. Der Behabühl ist eine durch die kaltzeitliche glaziale Erosion herausgearbeitete Felsschwelle, die das Becken des oberen Seebachtales ("Rotwasser") vom Titiseebecken trennt. Sie ist freilich infolge der starken Wasserführung des Seebachs durch spät- und postglaziale fluviale Erosion stark überformt worden. Hier — und nicht an der Typlokalität — endete vermutlich der Bärentalgletscher des sog. Zipfelhofstadiums. Von der Strasse, die den Westhang des Behabühls hinaufsteigt, Blick in das flache obere Seebachtal und auf die Hinterzartener Höfe im Rotwasser. Im Vordergrund der Michelhof, ein Heidenhaus älterer Bauart (mit gegen den Hang gekehrtem Wohnteil, der Hof hat noch das ursprüngliche Vollwalmdach). Bis auf Zipfel- und Raimartihof sind die Höfe im Rotwasser heute in nichtbäuerlichem Besitz, ihre Wirtschaftsflächen sind grossenteils aufgeforstet worden.

Die orographisch rechte Seite des Seebachtals (und die südlich anschliessenden Gebirgsteile) waren bis in das 16. Jhdt. hinein unberührtes Waldland. Erst damals begannen die Grafen von Fürstenberg als Grundherren das Gebiet zu nutzen, und zwar von vornherein gewerblich, nicht landwirtschaftlich: durch die Holzhauersiedlungen Bärental und Falkau und die Glasmachersiedlungen Alt- und (später) Neuglashütten. Landwirtschaft wurde nur nebenher betrieben und konnte deshalb nach dem Auslaufen der gewerblichen Nutzung den Lebensunterhalt der Siedler nicht sichern; ein Teil der Bevölkerung war daher zur Abwanderung gezwungen.

Die Strasse, der wir folgen, ist der alte Verbindungsweg zwischen dem Titisee- und dem Schluchseegebiet (und weiter bis nach St. Blasien); er entstand wohl zur gleichen Zeit wie die Hangsiedlung **Bärental**, wurde aber erst 1869 fahrbar gemacht. Bärental war bis 1939 selbständige Gemeinde, dann Verwaltungsmittelpunkt von Feldberg-Bärental, heute gehört es zur Grossgemeinde Feldberg und wird stark vom Fremdenverkehr bestimmt. Seit der Eröffnung der Dreiseenbahn (1926; Bärental besitzt damit den in 967 m höchstgelegenen Bahnhof der Deutschen Bundesbahn) und dem Ausbau der Schwarzwaldhochstrasse (B 500) sowie der mehrfachen Verbesserung der Feldbergstrasse (B 317) ist vor allem die Bedeutung als Verkehrsknoten gewachsen.

Die Weiterfahrt Richtung Schluchsee führt zunächst durch Wald, dann öffnet sich der Blick auf das oberste Haslachtal: rechts Weidfeld von Neuglashütten, links frisch drainierte Wiesen; die ackerbauliche Nutzung ist weitgehend eingestellt. **Altglashütten** wird auf der B 500 umfahren, deren Ausbau die Verkehrsverhältnisse im obersten Haslachtal verändert hat: das ursprünglich besser an das Verkehrsnetz angeschlossene Falkau geriet dadurch in den Verkehrsschatten, während das früher abseits gelegene Altglashütten begünstigt wurde. Nicht zuletzt aus diesem Grunde, vornehmlich aber wegen seiner Einwohnerzahl, ist der Ort durch die Kommunalreform zum Verwaltungsmittelpunkt der Grossgemeinde Feldberg geworden. In der ziemlich eng verbauten, haufendorf-ähnlichen Siedlung mit kleinen Anwesen spielt die Landwirtschaft als Erwerbszweig heute nur noch eine untergeordnete Rolle, es dominiert vielmehr auch hier der Fremdenverkehr. Auf die ursprüngliche Funktion des Ortes deutet ausser dem Namen wenig hin: die "Altrothwasser-Glashütte" wurde 1634 von den Fürstenbergern gegründet, 1706 wegen Erschöpfung der Holzreserven nach Neuglashütten, schliesslich 1723 nach Herzogenweiler (bei Villingen) verlegt.

Hinter Altglashütten kann man links Richtung Raitenbuch-Lenzkirch zum **Windgfällweiher** abzweigen. Die Strasse führt über eine Endmoräne, die man für die Wasserversorgung einer Falkauer Fabrik um 1850 und in unserem Jahrhundert für das Schluchseewerk künstlich erhöht hat. Die ehemals zur Haslach gerichtete Entwässerung geht jetzt über einen Stichkanal zum Schluchsee. Dem Windgfällweiher wird aus dem Seebachtal (und aus dem Haslachquellgebiet) durch einen 10 km langen, verdeckten Hangkanal Wasser zugeführt, so dass der vor dem Bau des Schluchseewerks langsam verlandende Weiher nun einen gleichmässigen Wasserstand aufweist. In bescheidenerem Ausmass als bei den beiden grossen Seen wird der etwas abseits und sehr hoch (966 m), aber reizvoll gelegene Windgfällweiher als Ausflugsziel (Gaststätte, Bootsverleih, Bademöglichkeiten) aufgesucht.

Die Schwarzwaldhochstrasse führt weiter zum **Schluchsee**, die Route folgt ihr bis Oberaha und biegt dann Richtung Menzenschwand ab. Die Strasse entlang des Sees wird von Parkplätzen gesäumt – ein Hinweis darauf, dass der westliche Schluchsee neben Titisee ein weiterer Schwerpunkt des Tagesausflugsverkehrs im südlichen Schwarzwald ist: hier werden an schönen Sommerwochenenden bis zu 15 000 Tagesbesucher gezählt.

Wie der Titisee liegt der Schluchsee in einem glazial übertieften Bekken, das durch einen Doppelmoränenwall des Titisee-Stadiums bei Seebrugg zusätzlich abgedämmt wurde. Auch die Wasserfläche des Schluchsees war vor Errichtung der Staumauer durch Verlandungsvorgänge um die Hälfte reduziert. Das Seetal weist noch den im Miozän angelegte danubische Abflussrichtung nach Südosten auf, ist aber wohl schon seit dem ausgehenden Tertiär an das nach Westen entwässernde rheinische Flusssystem angeschlossen. Infolgedessen hat sich die rückschreitende Erosion vom Hochrhein her im Laufe des Pleistozäns bis an den Seeausfluss zurücktasten können. Die Schwarza, die den See entwässert, fliesst deshalb in einem Engtal. So war es ohne allzu grosse technische Schwierigkeiten schon 1929 möglich, den See durch eine 270 m lange und 35 m hohe Sperrmauer für die Stromgewinnung aufzustauen. Dadurch wurde der Seespiegel um 29 m gehoben und die Seefläche um das Vierfache auf 5,13 km^2 vergrössert. Wenn in den Wintermonaten der Wasserspiegel abgesenkt wird, kommen auch heute noch alte Strassen zum Vorschein, ebenso Siedlungsplätze wie bei Oberaha, wo die Höfe aus dem tieferen Talgrund an den Hang oberhalb der Strasse verlegt werden mussten.

Der Aufstau des Sees zu einem Jahresspeicher mit 110 Mill. cbm Inhalt war das Kernstück der ersten Werksgruppe der Schluchseewerk AG (gegründet 1928), die heute mit den drei Stufen Häusern, Witznau und Waldshut bei 460 MW installierter Leistung im Jahresmittel über 600 Millionen kWh elektrische Energie erzeugt. Der hier gewonnene Strom dient zur Deckung des Spitzenbedarfs am Tage, während nachts und an Wochenenden mit Hilfe überschüssiger Energie aus dem Grundlastbereich (über das Verbundsystem mit thermischen und Laufkraftwerken) Wasser aus den Stauräumen zweier Hochrhein-Laufkraftwerke über die Zwischenspeicherbecken Witznau und Häusern bis in den Schluchsee zurückgepumpt wird. Das Schluchseewerk (und das jüngere Hotzenwaldwerk) nutzen die im südlichen Schwarzwald für den Bau von Wasserkraftanlagen idealen natürlichen Voraussetzungen: eine Gesamtfallhöhe von über 600 m, standfestes Grundgebirge, hohe Niederschläge (etwa 25% natürlicher Zufluss) in einem waldreichen Einzugsgebiet (Geröllzuführung gering), unterschiedliche Abflussregime der Schwarzwald- und der Alpenflüsse (Wasserverbund über die Stauhaltung im Hochrhein).

Die Strasse überquert den Ahamer Bach und steigt dann rasch an, um den – wiederum durch glaziale Erosion betonten – Gefällssprung vom Schluchseetal ins Hochtal von Äule zu überwinden. Der in einer jungen Rodungsinsel rund 1 030 m hoch gelegene Ort **Äule** ("die kleine Au") ist – wie Alt- und Neuglashütten – als Glasmachersiedlung entstanden. 1716 hatte das Stift St. Blasien seine Glashütte von Blasiwald-Muchenland hierher in die unberührten Wälder an der Schnepfhalde verlegt. Den Aufbau der alten Siedlung kann man im Orts- und Flurbild noch ziemlich unverfälscht erkennen: rechts vor der Kapelle stand der Glasofen, der erst vor rund 100 Jahren stillgelegt und 1893 abgebrochen wurde. Eng um den Hüttenplatz scharen sich die Glasmacherhäuser, die kleineren der Hintersassen im Kern, die grösseren der Meister am Rande, wohl um vor den Rauchschwaden der Hütte geschützt zu sein. Die Häuser zeigen trotz späterer Umgestaltung zu landwirtschaftlichen Betriebsgebäuden (neuerdings mit Fremdenbeherbergung, Skilift) den gewerblichen Charakter ihrer Entstehung. In der Flur der sehr kleinen Ortsgemarkung fallen die regelmässig gestalteten Gewanne auf (so hat das "Alte Feld" in Ortsnähe zwölf Gewanne, die wiederum in neun bis elf quer zur Talrichtung verlaufende Riemenparzellen unterteilt sind). In dieser Miniaturgewannflur ist das Bodennutzungssystem der Feldgraswirtschaft schon seit langem von reiner Grünlandnutzung abgelöst worden. Landwirtschaft wurde freilich immer nur im Nebenerwerb betrieben, den Haupterwerb stellt heute die Forstarbeit dar, soweit nicht ausgependelt wird.

Oberhalb Äule sind durch die Verbreiterung der Strasse Aufschlüsse im Bärhaldegranit freigelegt worden, die von Grundmoräne überlagert werden. Jenseits des Passes am Äulemer Kreuz (Parkplätze) führt die Strasse in grossen Serpentinen durch Weidfeld ins Menzenschwander Tal hinunter. Vor der letzten Strassenkehre (Parkplätze) kann man Menzenschwand-Vorderdorf und dessen Flur gut übersehen. Auf dem Gegenhang zieht eine Viehauftriebsschneise ins Gemeindeweidfeld, der Wald darüber zeigt den kleinflächigen Wechsel der Altersklassen und Baumartenzusammensetzung des Kleinprivatwalds. Kurz vor der Abzweigung ins Hinterdorf liegen rechts der Strasse wieder Aufschlüsse im Bärhaldegranit mit z. T. tiefgründiger Vergrusung (Abbau von "Sand").

Menzenschwand, das 1974 nach St. Blasien eingemeindet wurde, besteht aus zwei Siedlungsteilen, dem Vorder- und dem Hinterdorf. Im Hinterdorf liegt mit Rathaus, Kirche und Kurverwaltung das Ortszentrum; hier ist auch der Ansatzpunkt der Besiedlung zu suchen: ein Bruderhof des Klosters St. Blasien, zu dessen "Zwing und Bann" Menzenschwand bis zur Säkularisation gehörte.

Kurz vor seiner Auflösung übergab das Stift die Wälder der Gemarkung an die Gemeinde. Sie wurden im Vorderdorf in viele kleine Parzellen zerstückelt, während im Hinterdorf — wo man sich bis zum Übergang an Baden nicht einig werden konnte und wo die Grundstücke ausserdem eine Mindestgrösse haben sollten — lediglich die Hälfte des Waldes zur Verteilung gelangte. Durch Verkauf von Waldparzellen und durch Aufforstung auf Allmendweiden verschoben sich die Besitzverhältnisse, so dass derzeit von den 1503 ha Wald auf Gemarkung Menzenschwand 925 ha auf die Gemeinde, 519 ha auf Privatbesitz entfallen, 59 ha sind Staatswald. Der Bewaldungsgrad der Gemarkung erreicht 72%, die Offenhaltung der verbliebenen Freiflächen ist problematisch geworden.

Viehhaltung und geringer Ackerbau im zahmen Feld sowie Waldnutzung (insbesondere durch die Holzschneflerei) bildeten jahrhundertelang eine schmale Existenzgrundlage, die immer wieder zur Abwanderung zwang (zur Flurverfassung und Bodennutzung s. Hauptroute II, 2). Die wirtschaftliche Situation der Bevölkerung besserte sich erst mit dem Aufkommen des Fremdenverkehrs (frühe Aktivitäten am Feldberg s. Hauptroute II, 1), dem sich Menzenschwand vor allem nach dem 2. Weltkrieg voll erschloss: 1953 wurden 98 000, 1971 200 000, 1979 knapp 270 000 Übernachtungen registriert. Bei einer Einwohnerzahl von rund 600 entspricht dies einer Fremdenverkehrsintensität von 45 000 Übernachtungen/100 Einwohner, d. h. dass sogar die Vergleichszahl von Hinterzarten erheblich übertroffen wird. Bezeichnend ist die Verdoppelung der Bettenkapazität zwischen 1958 und 1972 auf über 1200 (1979: 1 488). Von den 25 400 Gästen kamen im Jahre 1979 36% im Winterhalbjahr, so dass der Luftkurort und Wintersportplatz (7 Skilifte, davon 4 am Feldberg) eine recht zufriedenstellende Auslastung verzeichnet (die durchschnittliche Aufenthaltsdauer von 10,5 Tagen und die Fremdenverkehrsintensität sind stark durch die Belegung von Versicherungsheimen beeinflusst).

Einen entscheidenden Einschnitt in der Entwicklung des Fremdenverkehrs sollte die Nutzung der Radonwasservorkommen bringen (zur Uranschürfung im Krunkelbachtal s. Hauptroute II, 2), doch haben sich die Pläne der 1971 gegründeten "Kurbetrieb Menzenschwand G.m.b.H." (Gesellschafter: die Gemeinde und Dr. Franz Burda/Offenburg) auf halbem "Weg zum Radon-Heilbad" zerschlagen. Beabsichtigt war, auf der westlichen Talseite zwischen den alten Siedlungskernen – die am östlichen Hangfuss liegen – einen Kurbereich mit Hotels (1 500 Betten) zu schaffen. Die Einwohnerzahl sollte auf 1 400 steigen. Trotz gegenteiliger Prognosen hat sich inzwischen Menzenschwand auch ohne Heilbad günstig weiterentwickelt. Die Infrastruktur wurde verbessert; im Hinterdorf ist das alte Schulgebäude zum Kurhaus umgebaut worden. Heute hängt die Mehrzahl der Bewohner direkt oder indirekt vom Fremdenverkehr ab, selbst in den verbliebenen landwirtschaftlichen Nebenerwerbsstellen werden Gäste aufgenommen. Die räumliche Verteilung der Beherbergungsbetriebe zeigt bei den Privatquartieren keine Konzentration, Kurheime (und die in einem alten Hofgebäude untergebrachte Jugendherberge) liegen hingegen vornehmlich im Vorderdorf, während im Hinterdorf grosse Hotels und Pensionen stärker vertreten sind.

Die Route verläuft talaus über offene Grünlandflächen, die von der **Menzenschwander Alb** in schönen Wiesenmäandern durchzogen werden. Die weite Aufschüttungsfläche ist im Stau von Moränen des Titisee-Stadiums (bei der Strassengabel am Ankenbühl) entstanden. Ähnlich wie am Titisee liegt hier eine glaziale Erosionswanne vor, die jedoch weniger stark eingetieft war, wie mehrere – lehrbuchmässig geformte – Rundhöcker zeigen. Wo das Grünland von Wald abgelöst wird, beginnt das Moränengelände, wie in Titisee flachhügelig und ohne scharfe Wälle, aber weniger geschlossen.

Bei der Strassengabel am Ankenbühl kann man links nach **St. Blasien** abzweigen, der Abstecher lohnt sich. St. Blasien ist im 9. Jahrhundert als "Albzelle" vom Kloster Rheinau bei Schaffhausen aus gegründet worden, von wo es auch die Benediktinerregel übernahm. 1065 wurde sein Besitzanspruch auf das Gebiet zwischen Feldberg, Schluchsee und Hochkopf von Heinrich IV. bestätigt. Es entwickelte sich zum bedeutendsten Kloster des Schwarzwalds und erwarb im Laufe der Jahrhunderte ein umfangreiches Territorium (1746 Fürstabtei). Die Klosterbauten – die heutige Anlage stammt im wesentlichen aus dem 18. Jahrhundert – hatten eine wechselvolle Geschichte. Die das Albtal beherrschende Kuppelkirche war nach einem verheerenden Brand 1768 nach Plänen von Michel d'Ixnard errichtet, 1783 von Fürstabt Martin Gerbert geweiht worden, brannte aber 1874 erneut aus und wurde erst kurz vor dem 1. Weltkrieg wieder restauriert. Die Klostergebäude erwiesen sich nach der Säkularisation 1806 – der Konvent übersiedelte damals nach St. Paul im Lavanttal (Kärnten) – als wichtiger Standortfaktor für die einsetzende Industrialisierung: einer Gewehrfabrik folgte hier eine Spinnmaschinenfabrik sowie eine Baumwollspinnerei (bis 1931). 1933 ging die Anlage in den Besitz der Gesellschaft Jesu über, die hier ein Gymnasium (derzeit ca. 800 Schüler) mit Internat eröffnete.

Die lange Zeit im Schatten des Klosters stehende Siedlung gewann seit Mitte des 19. Jahrhunderts als Fremdenverkehrsort mehr und mehr an Bedeutung: zunächst durch seine Lungenheilsanatorien (1882 erstes Kurhaus), heute als wichtiger heilklimatischer und Kneippkurort. Dass sich Fremdenverkehr und Industrie gegenseitig nicht ausschliessen, beweisen die hier ansässigen Sparten des Gerätebaus und der Kunststoffverarbeitung mit 500 Arbeitsplätzen. Als Unterzentrum bedient St. Blasien weite Teile des Hotzenwaldes; den eigenen Verwaltungsbereich hat es durch die Eingemeindung von Albtal und Menzenschwand vergrössert.

Eine Typlokalität für den Konflikt zwischen Landschaftsschutz und Tourismusinteressen: der Nonnenmattweiher, gesehen vom Weiherfelsen.

4.1.6 Von der Alb zur Grossen Wiese

Die Hauptroute zweigt am Ankenbühl rechts, Richtung **Bernau**, ab. Das Bernauer Tal ist breiter und flachhängiger als das Menzenschwander Tal, ausserdem ist die Grundmoränendecke der Unterhänge mächtiger und weiter verbreitet. Im unteren Talabschnitt steht bis auf die Höhe von Riggenbach der "St. Blasier Granit" an, dann folgen – auf der Südseite bei Innerlehen – Vulkanite, schliesslich bis hinter Hof Grauwacken des Oberdevon der Zone Badenweiler-Lenzkirch. Typisch für Bernau ist die Siedlungsweise in kleinen Hofgruppen und Weilern, die in zwei Reihen an beiden Talhängen aufgereiht liegen. Die Durchgangsstrasse berührt die Ortsteile am südexponierten Talhang, die wie Kaiserhaus, Altenrond und Riggenbach noch stärker landwirtschaftlich orientiert sind (Nebenerwerbsbetriebe). Die Route wechselt jedoch vor dem Ortsteil Weierle auf die orographisch rechte Talseite, die die jüngere Entwicklung Bernaus deutlicher zeigt.

Beim Austritt aus dem Wald hat man rechts Weidfeld, links – im Stau der Moränen am Ankenbühl – das Feuchtgelände "Moos", in das von Weierle her gewerbliche Nutzung vordringt. Bernau hat hier ein Gewerbeareal erschlossen, auf dem sich aussiedlungswillige Betriebe aus dem ganzen Hochtal niedergelassen haben, zumeist holzverarbeitendes Gewerbe handwerklichen und kleinindustriellen Zuschnitts. Dieser ehemals zusätzlich zur Landwirtschaft betriebene Erwerbszweig hat sich in Bernau im Gegensatz zu anderen Siedlungen im Feldbergbereich gehalten und weiterentwickelt – ähnlich wie die Bürstenfabrikation im Raum Todtnau. In 26 Betrieben stehen rund 70, zumeist von Familienangehörigen belegte Arbeitsplätze zur Ver-

fügung. Produziert werden die schon traditionell gefertigten Haus-
und Küchengeräte (Kübel, Blasebälge usw.), aber auch Spielwaren,
Bauernmöbel, kunstgewerbliche Artikel. Alle Werkstätten haben
sich auf wenige Produkte spezialisiert. Die Reichweite des Absatzes
ist je nach Erzeugnis verschieden: Bauernmöbel etwa werden in die
ganze Bundesrepublik geliefert, Spielzeug geht zu einem Drittel ins
Ausland. Seit Jahren wird die Entwicklung begünstigt einerseits
durch Modeströmungen ("rustikale Welle"), andererseits durch die
Nachfrage nach Artikeln aus natürlichen Rohstoffen. In Bernau ver-
wendet man überwiegend Buchen-, Ahorn- und Tannenholz aus den
eigenen Waldungen, etwa 30% des Bedarfs — darunter Edelhölzer —
werden importiert.

Holzverarbeitende Betriebe finden sich ausser im Gewerbegebiet
Weierle in allen Ortsteilen; sie zeichnen noch heute die traditionellen
hausgewerblichen Standorte nach, in denen von den "Schneflern"
fast ausschliesslich Gebrauchswaren hergestellt wurden — zunächst
für den eigenen Bedarf, seit dem beginnenden 18. Jahrhundert auch
zum Verkauf. Für 1866 verzeichnet eine Aufstellung des Forstamtes
St. Blasien die Produktion in Bernau und Menzenschwand: 8 600 Kübel, 300 Zuber, 1 200 Tragbretter, . . . 9 700 Blasebälge, 12 000 Mau-
sefallen, 30 000 Kochlöffel, 90 000 Apotheker- und Pillenschachteln
(Behringer 1960). Einen guten Einblick in die Arbeitsweise des alten
Handwerks und der Landwirtschaft bietet der Resenhof, den wir auf
der Weiterfahrt über Unterlehen und Gass in Oberlehen passieren.
Dieses etwa 200 Jahre alte Haus ist in seinem ursprünglichen Zustand fast völlig erhalten (seit 1977 heimatkundliches Museum).

Oberhalb von **Oberlehen** ist an der Ausfallstrasse nach Todtmoos
Anfang der 70er Jahre das Feriendorf "Rechbergblick" (36 Bunga-
lows) entstanden. In Oberlehen wie insbesondere in dem nun folgenden **Innerlehen** deuten Gasthöfe, Pensionen und Hotels auf die
zweite wichtige Wirtschaftsgrundlage Bernaus hin, den Fremdenverkehr (1979: 26 700 Gästeankünfte, 215 600 Übernachtungen,
1 100 Fremdenbetten). Er erreicht in der 1 540 Einwohner zählenden
Gemeinde (dazu fast 700 Personen mit Zweitwohnsitz) nicht die her-
ausragende Stellung wie im Nachbardorf Menzenschwand, doch
bringt der Tagesausflugsverkehr (u. a. zum Hans-Thoma-Museum in
Innerlehen) zusätzliche Besucher. Im Ortszentrum von Innerlehen
gruppieren sich um den neuangelegten Kurgarten alte dörfliche wie
neue Fremdenverkehrs-Einrichtungen: die Kirche aus dem Jahre
1738 mit Gemälden von Hans Thoma (die älteste Kapelle stand bei
dem von St. Blasien zuerst errichteten Bruderhof in Bernau-Hof),
das alte "Rössle"-Wirtshaus, das Rathaus mit der Kurverwaltung sowie dem Hans-Thoma-Museum und das Kurhaus (mit Restaurant).
Zusammen mit der Poststelle, mehreren Geschäften und den Zweig-
stellen von Geldinstituten machen sie Innerlehen zum zentralen
Ortsteil innerhalb der Gemeinde.

Die Route quert über die Alb hinüber auf die andere Talseite nach
Bernau-Dorf. Hier lohnt der Aufstieg zum Scheibenfelsen, er bietet
den besten Überblick über das Tal. An den Hängen kann man oft
noch die halbverbrannten Reste der Scheiben vom letzten Scheiben-
schlagen finden, das hier alljährlich an Fastnacht veranstaltet wird.
Bei der Auffahrt zum Sattel "Auf der Wacht" erkennt man an den jungen Fichtenaufforstungen links unterhalb des Waldrandes und an
der unterschiedlichen Pflege der Wiesenparzellen im zahmen Feld
die fortschreitende Extensivierung der Landwirtschaft. Ähnliche Erscheinungen bis hin zu überwachsenen Ackerterrassen — etwa oberhalb von Riggenbach — treten im ganzen Tal auf und zeigen die Ver-
schiebung der Existenzbasis von der Landwirtschaft weg. Im Jahre
1977 zählte man noch 128 viehhaltende Betriebe, alle als Nebenerwerbsstellen (1925: 274; 1970: 204, davon fast 90% unter 5 ha) mit

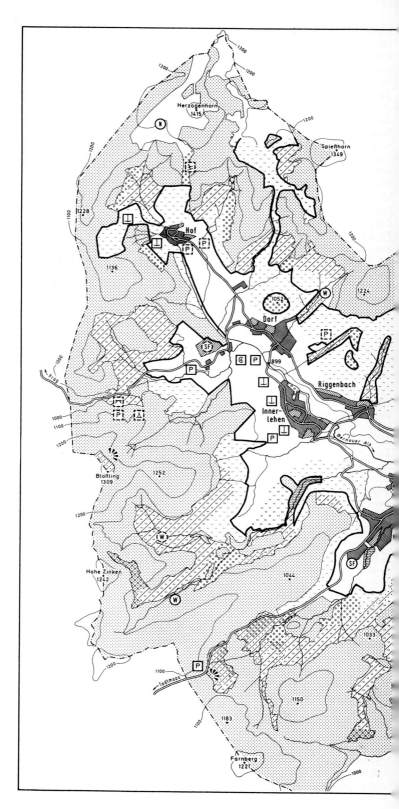

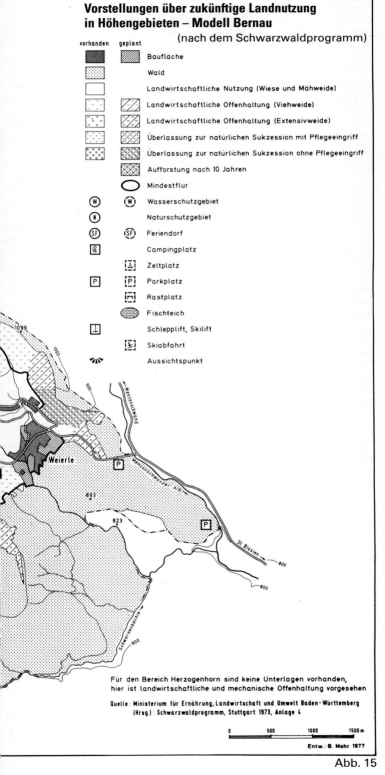

Vorstellungen über zukünftige Landnutzung in Höhengebieten – Modell Bernau

(nach dem Schwarzwaldprogramm)

vorhanden	geplant	
		Baufläche
		Wald
		Landwirtschaftliche Nutzung (Wiese und Mähweide)
		Landwirtschaftliche Offenhaltung (Viehweide)
		Landwirtschaftliche Offenhaltung (Extensivweide)
		Überlassung zur natürlichen Sukzession mit Pflegeeingriff
		Überlassung zur natürlichen Sukzession ohne Pflegeeingriff
		Aufforstung nach 10 Jahren
		Mindestflur
(W)	(W)	Wasserschutzgebiet
(N)		Naturschutzgebiet
(SF)	(SF)	Feriendorf
(C)		Campingplatz
	(A)	Zeltplatz
(P)	(P)	Parkplatz
		Rastplatz
		Fischteich
		Schlepplift, Skilift
		Skiabfahrt
		Aussichtspunkt

Für den Bereich Herzogenhorn sind keine Unterlagen vorhanden, hier ist landwirtschaftliche und mechanische Offenhaltung vorgesehen

Quelle: Ministerium für Ernährung, Landwirtschaft und Umwelt Baden-Württemberg (Hrsg.): Schwarzwaldprogramm, Stuttgart 1973, Anlage 4

0   500   1000   1500 m

Entw.: B. Mohr 1977

Abb. 15

970 Stück Vieh (1925: 1 316, dazu fast 400 Ziegen; 1970: 1 078). Der Ackerbau ist ganz verschwunden, obwohl er ausgangs des 19. Jahrhunderts noch 184 ha Fläche einnahm (v. a. Kartoffeln und Sommergetreide). Infolge des Rückgangs der Landwirtschaft werden die Weidfelder nicht mehr voll genutzt, im zahmen Feld bleiben Parzellen ungemäht, andere dienen als Koppelweiden. Jährlich müssen von der Gemeinde etwa 20 ha Wiesen auf Kosten der Eigentümer gemäht werden, um einer Verwilderung des Talgrundes vorzubeugen. Auf entlegenen Weidarealen schreitet die Verhurstung allerdings voran. Man hat deshalb in einem Agrar- und Landschaftsplan (s. Abb. 15) die zukünftige Landnutzung festgelegt, als deren Kernstück eine Mindestflur von jeglicher Bebauung und von Wald freizuhalten ist.

Auf der Wasserscheide gegen das **Präger Tal** wird in einem grossen Steinbruch Devon-Grauwacke für die Schottergewinnung abgebaut. Jenseits des Passes "Auf der Wacht" führt die Strasse rasch abwärts ins Prägtal, meist durch Wald. Auffallend ist hier der hohe Laubholzanteil (vor allem Buche) und das geringe Bestandsalter. Es handelt sich bei diesem Mischwald um den natürlichen, vom wirtschaftenden Menschen kaum beeinflussten Aufwuchs auf ehemaligem Weidfeld, der den klimatischen (das nach Südwesten geöffnete Tal ist stärker ozeanisch geprägt als die nach Osten orientierten und höher gelegenen Albtäler) und gesteinsmässigen (Wechsel von Vulkaniten und Sedimenten der Zone Badenweiler-Lenzkirch) Gegebenheiten weitgehend entspricht. Der Prägbach hat sich hier kräftig eingeschnitten und ein Kerbtal geformt, dem eine Sohle fehlt. Wo sich das Tal kurz oberhalb des Felsriegels "Ellbogen" etwas weitet, beginnt das zahme Feld von Präg. Das Weidfeld darüber wird kaum noch genutzt, auch hier wächst Laub- und Nadelholz auf. Vor dem Ellbogen liegen an der Strasse rechts zwei Parknischen. Von dort aus kann man auf den Ellbogen hinaufsteigen, um sich einen Überblick über den Talkessel von Präg und dessen Entstehungsgeschichte zu verschaffen.

Der spitze Winkel, mit dem das Prägbachtal hier nach Westen abknickt, ist durch Anzapfung des ursprünglich geradeaus über die Herrenschwander Sättel gegen die Kasteler Enge fliessenden Wasserlaufs infolge rückschreitender Erosion in den leicht ausräumbaren Devonschiefern − vermutlich im älteren Pleistozän − zustandegekommen. Seine heutige Gestalt hat der Kessel aber erst durch die glaziale Formung während der letzten Eiszeit erhalten, ihr vor allem ist der scheinbar widersinnige Bachlauf um den Ellbogen herum zuzuschreiben. Der mächtige Eisstrom von der Grafenmatt her wurde im Präger Kessel durch die Talenge unterhalb des Orts zwischen Staldenkopf und Sengalenkopf (und den Wiesetalgletscher bei Geschwend) derart gestaut, dass sich während des Würmhochstandes eine Eismächtigkeit von etwa 450 m ergab. Das führte im Spätglazial zur Ausbildung einer riesigen Toteismasse, die nur langsam abtaute. Das sommerliche Schmelzwasser des noch aktiven Gletschers im oberen Prägtal war infolgedessen gezwungen, das Toteis an dessen Aussenrand zu umfliessen und sich in einem teilweise in das anstehende Gestein eingeschnittenen Flankengerinne den Weg talaus zu suchen. Dadurch wurde nicht nur der Ellbogen von seinem Rückgehänge getrennt, sondern auch die auf der anderen Seite des Kessels gelegenen Felsrücken "Auf dem Schloss" (P. 735,4) − P. 719,4, hinter denen eine Folge von drei kleinen Weihern den Verlauf des heute nicht mehr durchflossenen Flankengerinnes nachzeichnet (die Deutung dieses Flankengerinnes als Erosionsform eines hypothetischen Eulenbächle-Gletschers durch Pfannenstiel/Rahm 1964 ist aus mehreren Gründen unwahrscheinlich). In einer späteren Phase bildete sich − immer noch im Stau von austauendem Toteis − im Präger

Kessel ein See, in den der Prägbach ein Delta vorschüttete, auf dessen ebener Oberfläche heute der Ostteil von Präg liegt. Am Rande dieses Deltas gegen den Ellbogen hat sich schliesslich nach dem endgültigen Abschmelzen der letzten Toteisreste und dem dadurch bedingten Auslaufen des Eisstausees der Prägbach sein heutiges Bett geschaffen.

Mit dem PKW kann man dem alten, schmalen und windungsreichen Strässchen östlich um den Ellbogen herum nach **Präg** folgen (nicht ausgeschildert), Omnibusse müssen sich an die Umgehungsstrasse westlich des Ellbogens halten, die den Ort nicht berührt. Die alte Strasse führt unterhalb der südexponierten, nicht mehr genutzten Weidberge von Präg entlang. Wegen des Wassermangels macht die Wiederbewaldung hier kaum Fortschritte. Vor der Brücke über das Wildbodenbächle kann man Präg und seine Lage auf dem alten Deltaschwemmkegel gut überblicken. Im locker bebauten Ort fallen die recht zahlreichen älteren Häuser auf, die von mehreren Familien bewohnt werden. Ein anschauliches Beispiel dieser — als "Archen" bezeichneten — Schwarzwaldhäuser mit drei Wohneinheiten und zwei Stallungen liegt im Winkel zwischen den alten Strassen nach Bernau und Todtmoos.

Im Präger Talkessel hatte die Landwirtschaft von jeher mit schwierigen Standortbedingungen zu kämpfen, dazu kam eine weit fortgeschrittene Flurzersplitterung. Da auch lohnende andere Verdienstmöglichkeiten fehlten, war die Bevölkerung immer arm, viele wanderten ab. Als durch die Motorisierung nach dem 2. Weltkrieg die Möglichkeit geschaffen wurde, in die Industriebetriebe von Todtnau und Schönau einzupendeln oder bei der Fremdenbeherbergung (in Privatquartieren) zuzuverdienen, ging die Landbewirtschaftung alsbald zurück. Schon Anfang der 70er Jahre wurden deshalb Bewirtschaftungszuschüsse gezalt, um einen Mindestbesatz an Betrieben zu sichern. Darüberhinaus verbesserte eine jüngst durchgeführte freiwillige Zusammenlegung von Flurstücken die Situation der Nebenerwerbslandwirte. Infolgedessen ist Präg auch heute noch — trotz der an sich ungünstigen Voraussetzungen — der am stärksten von der Landwirtschaft bestimmte Ortsteil der Grossgemeinde Todtnau.

Auf der Strasse Richtung Geschwend hat man links die oben erwähnten Felsrücken "Auf dem Schloss" — P. 719,4, dann folgt die Ausmündung des Flankengerinnes. Strasse und Bach zwängen sich nun durch die Enge zwischen Staldenkopf und Sengalenkopf hindurch. Die steilen, gelegentlich sogar felsigen Hänge sind teils bewaldet, teils tragen sie verwildertes Weidfeld, dazwischen rechts ein Hang mit schmalen Wiesenparzellen. Wo von Norden her der Gisibodenbach einmündet, tritt der Prägbach in die Talweitung von Geschwend ein. Er hat hier einen flachen Schwemmkegel gegen das Wiesetal vorgeschüttet, der heute fast ausschliesslich als Grünland genutzt wird, früher aber Äcker trug. Hier, auf dem "Dürrenacker", trafen sich bis zum Ende des 18. Jahrhunderts die Bauern der Vogteien Todtnau und Schönau alljährlich zur Landsgemeinde.

Es lohnt sich, in **Geschwend** auf der Höhe der Kirche in den Ort hinein abzubiegen. Hinter der Bachbrücke zieht rechts die Strasse zur Jungviehweide Gisiboden durch die Furche eines beispielhaft ausgebildeten Flankengerinnes. Im Unterdorf scharen sich um einen Brunnen (daneben die Bushaltestelle) mehrere locker gestellte, auffallend gut gepflegte Schwarzwaldhäuser. Ihre landwirtschaftliche Funktion haben sie zumeist eingebüsst, erhalten blieb aber die überkommene besitzmässige Unterteilung. So sind die beiden Häuser hinter dem Brunnen (Nr. 4/8a und 5/6) längsgeteilt und von zwei Familien bewohnt; die Hocheinfahrt in den gemeinsamen Dachboden erfolgt über eine einzige Rampe. Haus Nr. 2/3 ist quergeteilt; die Auffahrt in den vorderen Dachraum ist funktionslos geworden. Beim Haus am Ende der kurzen Stichstrasse links wurde die Hocheinfahrt als Aufgang in eine Einliegerwohnung umgestaltet. Weitere Beispiele von derart besitzrechtlich geteilten Schwarzwaldhäusern finden sich auf der gegenüberliegenden Strassenseite und an der Brücke über den Prägbach.

Geschwend gehört seit der Gemeindereform der 70er Jahre zu Todtnau. Infolge der günstigen Verkehrslage ist es von der wirtschaftlichen Entwicklung nach dem Kriege früher und stärker erfasst worden als das abseits gelegene Präg. Die Landwirtschaft spielt − trotz topographisch günstigerer Verhältnisse als in den Nachbarorten − nur noch eine Nebenrolle, der Fremdenverkehr hält sich ebenfalls in Grenzen, entscheidend ist der Verdienst in den Industriebetrieben von Todtnau und Schönau geworden: etwa zwei Drittel der Erwerbspersonen dieses noch so ländlich erscheinenden Ortes haben dort ihre Arbeitsplätze.

Von Geschwend führt die Route auf der B 317 zurück über Schönau (s. Hauptroute IV, 2) nach **Wembach** und zweigt dort rechts in das Böllenbachtal ab. Wembach liegt am Rande des Böllenbach-Schwemmkegels, der vom Wiesetal durch einen waldbestandenen Rundhöcker fast völlig getrennt ist. Der Bach benutzt ein tiefgelegenes Flankengerinne, um 500 m weiter südlich den Vorfluter zu erreichen. Der alte Ortskern von Wembach mit gut erhaltenen − auch hier meist geteilten − Schwarzwaldhäusern (landwirtschaftliche Nebenerwerbsbetriebe) zieht sich bis in die talauf folgende Enge, während auf dem ebenen Bachschwemmkegel ein kleines Gewerbegebiet und auf den südexponierten Hängen oberhalb des alten Siedlungskernes neue Wohnhäuser entstanden sind.

Die **Böllentalstrasse** ist Teil einer alten Querverbindung von der Rheinebene ins Wiesetal; ihre einzelnen Abschnitte wurden allerdings zu verschiedenen Zeiten fahrbar gemacht, so die durchgehende Trasse auf der Nordseite des Tales unterhalb Wildböllen erst Anfang dieses Jahrhunderts. Die anfänglich schmale und kurvenreiche Strasse ist etwa 1 km oberhalb Wembach bis Niederböllen verbreitert worden (dadurch zahlreiche Aufschlüsse in wechselnden Gesteinen, auffällig sind insbesondere Granitporphyrgänge mit grossen Feldspäten), danach wird sie erneut schmal bei zum Teil unübersichtlicher Streckenführung. Da sich der Böllenbach tief eingeschnitten hat, muss sie jede Krümmung des Tales mitmachen. Über den waldbestandenen Unterhängen dehnt sich auf den sanfteren Oberhängen auch heute noch Weidfeld aus. Dies gilt insbesondere für den Abschnitt westlich der Einmündung des Lehbächle, wo rechts die Rimshalde (mit Schönenberger Weidfeld) dicht an das Tal herantritt. Die offenen Grünlandflächen links gehören zum Hofe Haidflüh, dem untersten Ortsteil von Böllen. Erst bei **Nieder-**, dann wieder bei **Oberböllen** (vgl. Hauptroute III) weicht der Wald stärker zurück.

Steil und gewunden zieht die Strasse durch Oberböllen, das über einem Steilhang am Ausgang eines Hochtaltorsos liegt. In dessen Hintergrund setzt der Aufschwung zum Belchengipfel an. Das hängige Gelände zwingt wie in Niederböllen zu überwiegender Grünlandwirtschaft, − alte übergraste Ackerterrassen zeigen freilich, dass der Feldbau früher auch hier stärker verbreitet war. Die für die Selbstversorgung heute noch nötigen Ackerflächen liegen auf flacherem Gelände 100 m über dem Ort am "Hau". Böllen ist mit nur 100 Einwohnern derzeit die kleinste Gemeinde Baden-Württembergs.

Rufenholzplatz auf Gem. Hinterzarten. Das gut ausgebaute und ausgeschilderte Wegenetz des Schwarzwaldvereins erleichtert eine individuelle Tourenplanung, – auch im Winter. Aufnahme Anfang Februar 1982.

4.1.7 Das Kleine Wiesetal

Auf dem Hau-Sattel (Parkplatz) empfiehlt sich ein Besuch der Viereckschanze links oder der Sternschanze rechts der Strasse, beide mit gutem Blick auf **Neuenweg** (s. Hauptroute III). Vom Hau-Sattel führt die Route hinunter in den Talkessel von Neuenweg und folgt dann der Belchenwiese Richtung Schopfheim. Die Strasse ist – um die verkehrsmässige Benachteiligung des Kleinen Wiesetals zu mildern – aufgrund einer Erschliessungsmassnahme des Landes Baden-Württemberg gut ausgebaut worden; als Nebenfolge der Strassenverbreiterung sind zahlreiche Aufschlüsse im anstehenden Gestein entstanden. Unmittelbar unterhalb von Neuenweg wird das Tal – mit dem Eintritt in die Kulm-Vulkanite der Zone Badenweiler-Lenzkirch – eng, die Talsohle schmal. Auch die letzten Reste von Grünlandflächen drohen hier durch wilde Aufforstungen zu verschwinden. Fichtenjungkulturen unterschiedlicher Wuchshöhe auf kleinen Parzellen reichen stellenweise bis zum Bach hinunter. Von rechts mündet (von Heubronn her) das völlig bewaldete Klemmbachtal ein. Es trägt seinen Namen nach der oberhalb gelegenen Talenge (und muss von dem von der Sirnitz gegen Müllheim westwärts ziehenden bekannteren Tal gleichen Namens unterschieden werden). Knapp unterhalb der Klemmbachmündung liegt auf dem schmalen Sägemättle eine aufgelassene Brettersäge.

Gegen **Bürchau** weitet sich das Tal etwas. Die wichtigsten Nutzflächen dieser Siedlung liegen oberhalb des Talgrundes bei den Weilern Rütte und Oberbürchau (rechts) sowie Sonnhalden (links). Talboden und Unterhänge des Haupttals werden von Grünland eingenommen, am Hang rechts deuten Wassergräben auf die – früher viel intensiver betriebene – Wiesenbewässerung hin. Die talständigen Höfe sind klein und baulich stark verändert, einige haben sich auf Fremdenbeherbergung umgestellt (1979: 12 000 Übernachtungen, v.a. in Privatzimmern, "Ferien auf dem Bauernhof"). Bürchau ist wie Neuenweg staatlich anerkannter Erholungsort. Die Talweitung von Bürchau schliesst sich bei den Kastelhöfen. In der folgenden Engstrecke – hier erneut eine ehemalige Mühle – reicht der Wald wieder bis auf den Talboden: ein Mischwald, in dem – den natürlichen Gegebenheiten dieser Höhenlage (600–800 m) entsprechend – die Buche dominiert, die wenigen Fichtenparzellen treten demgegenüber zurück.

Lohnend ist ein Abstecher nach **Elbenschwand**, das als Höhensiedlung einen kleinen Hangsporn 150 m über dem Talboden krönt. Zu der kleinen Gemeinde mit insgesamt ca. 200 Einwohnern gehören noch einige Weiler, von denen Langensee und Holl ebenso wie das neue Rat- und Schulhaus im Tal liegen. Die Erwerbstätigen des Ortes pendeln zumeist nach Zell und ins untere Wiesetal aus. Landwirtschaft mit dem Schwerpunkt Milcherzeugung wird im Zu- und Nebenerwerb weiterbetrieben. Trotz starker Parzellierung des Grundbesitzes, trotz Extensivierung der Landbewirtschaftung (viele der hangparallelen schmalen Ackerstreifen liegen heute unter Grünland), trotz Hanglagen, wo Maschinen nicht oder zumindest nur schwer eingesetzt werden können, wirkt die Flur gut gepflegt.

Von Standpunkten östlich und nördlich des Ortes aus kann man nahezu das ganze **Kleine Wiesetal** überblicken, dessen morphologische und siedlungsgeographische Struktur dem Parallelabschnitt im Grossen Wiesetal (s. Hauptroute IV, 2) gleicht. Verebnungsreste zeichnen einen ehemaligen breiten Talboden nach, in den sich Hauptfluss und Nebenbäche in scharfen Kerben eingetieft haben. Die Verebnungen dienen der landwirtschaftlichen Nutzung (Grünland mit wenigen kleinen Ackerparzellen) und sind bevorzugte Ansatzpunkte für die charakteristischen Weilersiedlungen geworden. Letztere haben gegenüber den verkehrsgünstiger, aber beengt liegenden talständigen Ortsteilen, wo ehemals nur Mühlen und Sägen die Gefällsverteilungen in den Talengen nutzten, an Bedeutung eingebüsst, doch besitzen sie durch ihre ruhige und sonnenreiche Lage die bessere Ausgangsposition im Hinblick auf die angestrebte stärkere Fremdenverkehrserschliessung.

Der Wiesetalstrasse abwärts folgend berührt die Route das in einer kleinen Talweitung gelegene **Langensee**, darauf das etwas zurückgesetzte Elbenschwander Rat- und Schulhaus (dieses derzeit ohne Schüler), dann − wiederum in einer kleinen Weitung − den Weiler **Holl**. Die im Talverlauf jetzt immer häufiger zwischengeschalteten und auch breiteren Aufschüttungsflächen erklären sich aus dem geringer werdenden Gefälle des Flusses. Von etwa Langensee an sind aber auch die Höhen rechts des Tales niedriger, da vermutlich tektonisch etwas tiefer geschaltet: in diesem Zwickel zwischen Belchen- und Köhlgartenwiese werden 700 m nicht überschritten, während auf den Wasserscheiden gegen die Grosse Wiese und gegen die Kander Hochblauen und Hohwildsberg die 1000-m-Höhenlinie überragen. Infolgedessen gehen hier die Siedlungen bis auf die Höhen hinauf, jede Gehängeverflachung wird landwirtschaftlich genutzt. An den Gehängeversteilungen stockt dagegen nach wie vor der Wald.

Die Strasse tritt nun in die langgestreckte Talweitung von **Tegernau** ein, die freilich zwischen den Anlagen der neuen Hauptschule (mit Sportplätzen) und dem Ortskern noch einmal durch einen Sporn − Grund für die Talaufschüttung oberhalb − eingeschnürt ist. Bei Tegernau mündet von rechts her die Köhlgartenwiese ein. Damit ist hier eine Verkehrsleitlinie nach Nordwesten ins obere Kandertal und weiter in den Raum Badenweiler−Müllheim vorgezeichnet; nach Osten findet diese Querverbindung eine Fortsetzung über Gresgen nach Zell i.W. Tegernau ist deshalb seit alters Verkehrsknoten und Verwaltungsmittelpunkt (ehemals Sitz der Talvogtei). In der hochmittelalterlichen Rodungsperiode war es Ur-Pfarrei für das Kleine und für das obere Grosse Wiesetal um Schönau (der Turmunterbau der grossen, 1756 neu errichteten Pfarrkirche stammt aus dem 13. Jahrhundert). Zum Kirchspiel gehören heute noch die Nachbargemeinden Elbenschwand, Raich und Sallneck. Als Zentralgemeinde des Gemeindeverwaltungsverbandes "Kleines Wiesental" erfüllt der Ort Versorgungsaufgaben im schulischen und im Verwaltungsbereich (Standort der Grund- und Hauptschule für das ganze Kleine Wiesetal mit Ausnahme von Wieslet, Sitz der Verbandsgemeinde mit acht selbständigen Orten und etwa 3 000 Bewohnern). Die Ausstattung mit weiteren Dienstleistungseinrichtungen wie Arztpraxis, Sparkassen-Filiale, Lebensmittelgeschäften, Reparaturwerkstätte für Kraftfahrzeuge und landwirtschaftliche Maschinen, Tankstelle, Gastwirtschaften rechtfertigt die Einstufung Tegernaus als hilfszentralen Ort.

Die Landwirtschaft tritt deutlich zurück (Höfe am nördlichen Ortsende und in den umliegenden Weilern), dafür steht hier mehr als die Hälfte der in dem gewerbeschwachen Tal vorhandenen industriellen Arbeitsplätze zur Verfügung: in einem Sägewerk und – vor allem – in einem unterhalb des Ortes gelegenen Textilbetrieb. Hier befindet sich das Stammwerk der 1952 gegründeten Firma Medima ("Medizin in Maschen"), die aus einem Hobby des Gründers Karl Scheurer, nämlich der Aufzucht von Angorakaninchen, heraus entstanden ist. Die Wolle der Tiere – jetzt zu 95% aus China importiert – wird mit Schafwolle und wenig Kunstwolle gemischt und zu Angora-Gesundheitswäsche verarbeitet. Das Unternehmen beschäftigt in Tegernau ca. 60 Mitarbeiter, in weiteren Zweigwerken (Hauingen, Steinen, Kandern) sowie in dem jüngst erweiterten Hauptbetrieb in Maulburg (dort auch die Verwaltung) zusammen etwa 1000 Leute. Dem alten Fabrikgebäude (einer ehemaligen Reissverschlussfabrik) ist Ende der 50er Jahre eine neue Produktionshalle mit Sheddächern angegliedert worden. Weitere Ausbaupläne in Tegernau scheiterten zum Nachteil des Kleinen Wiesetals an Grundstücksfragen; ab 1962 expandierte deshalb das Unternehmen in das vordere Grosse Wiesetal.

Bis **Niedertegernau** bleibt das Tal der Kleinen Wiese offen (Grünlandnutzung). Einige Höfe und zahlreiche jüngere Wohnbauten bestimmen das Bild des abseits der Hauptstrasse gelegenen Weilers. Ihm gegenüber auf der anderen Talseite und unterhalb der folgenden Talenge wird in grossen Gruben Sand aus dem tiefgründig verwitterten Malsburg-Granit gewonnen. Kurz vor Wieslet passiert man einen weiteren, auf die Herstellung von Gesundheitswäsche spezialisierten Textilbetrieb ("Schenk Angora Industrie"). Die Gesamtanlage zeigt noch die aus dem 19. Jahrhundert überkommene räumliche Verbindung der Fabrikgebäude mit der – in einem Park gelegenen – Fabrikantenvilla, obwohl sie vor der Übernahme durch das heutige Unternehmen mehrfach Besitzer und Nutzung gewechselt hat.

Der dicht verbaute Ort **Wieslet** liegt in der letzten Talenge vor dem Austritt des Flusses in das Weitenauer Bergland. Kleine landwirtschaftliche Anwesen (Nebenerwerbsbetriebe) im Kern, grössere Höfe an der Strasse nach Weitenau weisen auf die Bedeutung der Landwirtschaft hin, die hier auf Grund der schwächer geneigten Hänge und ausgedehnter ebener Grünlandflächen auf der breiten Talsohle bei niedriger Höhenlage (380 m) die vergleichsweise günstigsten Produktionsbedingungen im gesamten Exkursionsgebiet hat (neben der vorherrschenden Grünlandnutzung auch Getreide- und Maisanbau).

Südlich Wieslet wird die Verwerfung Kandern-Hausen überschritten, vor der die kaltzeitliche periglaziale Abtragung eine Folge von Sätteln zwischen den der Grossen Wiese zustrebenden Bachtälern ausgeräumt hat, die die Verkehrsführung von West nach Ost erleichtern. Hier tritt die Route aus dem Grundgebirge des Schwarzwaldes in das Weitenauer Bergland ein und verlässt damit das Exkursionsgebiet. Genau wie das Grosse Wiesetal bei Hausen verbreitert sich das Kleine Wiesetal fast schlagartig zu einem stellenweise fast 1 km breiten offenen Kastental, dessen im Buntsandstein angelegte bewaldete Hänge die Höhe der Schwarzwaldberge nicht mehr erreichen, sie erscheinen − als Folge der Schichtlagerung − bei 500 m wie abgeschnitten.

Die Route folgt der Kleinen Wiese über Langenau bis zur Mündung in die Grosse Wiese und erreicht bei Gündenhausen unterhalb Schopfheim die nach Basel führende Bundesstrasse 317.

Nutzungswandel im Gemeindeweidfeld: Ferienhaussiedlung "Rechbergblick" auf Gem. Bernau. Im Hintergrund Bernau-Kaisershaus und -Altenrond.

4.2   Hauptroute II (Feldberg-Gebiet)

4.2.1 Zentrales Feldberg-Gebiet (II,1):

Fusswanderung, ca. 20 km, Höhenunterschiede bis 400 m, ca. 6−7 Std., Wanderausrüstung. Zeigersattel, 1231 m − Feldberger Hof, 1280 m − Feldsee, 1109 m − Rinken, 1196 m − Zastlerhütte, 1256 m − Hüttenwasen, 1230 m − Alpiner Steig, 1187 bis 1255 m − St. Wilhelmer Hütte, 1376 m − Feldberggipfel, 1493 m − Seebuck, 1448 m − Zeigersattel, 1231 m.

Die Route erschliesst das zentrale Feldberggebiet mit der höchsten Erhebung des Schwarzwaldes, das nicht nur in geomorphologischer, klimatologischer und vegetationskundlicher, sondern auch in kulturgeographischer Hinsicht eine Sonderstellung unter den Schwarzwaldhöhen einnimmt (vgl. Liehl 1959 und Landeskundlicher Überblick).

Zur Erhaltung der besonderen Natur des Gebiets ist 1937 das **Naturschutzgebiet** Feldberg (3250 ha) geschaffen worden; noch im gleichen Jahr wurde ein 122 ha grosses Areal zwischen Zeiger, Feldberger Hof und Caritas-Haus zum Landschaftsschutzgebiet zurückgestuft, um Bebauungsareal für Fremdenverkehrsbelange zur Verfügung zu haben. Denn das fast 1500 m hohe Bergmassiv, das seine Umgebung um rund 200 m überragt, bietet ideale Wanderbedingungen und ausserordentlich günstige Wintersportmöglichkeiten. Es erlebt daher vor allem seit dem Zweiten Weltkrieg einen fortwährend anschwellenden Besucherzustrom. Zielkonflikte zwischen Naturschutz und Fremdenverkehrswirtschaft blieben nicht aus, sie wurden verschärft durch weitere Nutzungsansprüche von privater (ungenehmigter Bau von Hütten), militärischer und öffentlicher Seite (Funk- und Radarstationen), während die bereits jahrhundertelang extensiv betriebene Weidewirtschaft eher durch Nutzungsminderung Probleme hervorrief. Seit neuestem erweist aber selbst sie sich — als Folge modernerer Wirtschaftsweise (Verkoppelung, Düngung, schwerere Viehrassen) — zunehmend als Bedrohung des empfindlichen Ökosystems "Hochweiden".

Die Route beginnt beim Parkplatz am **Zeiger** (vgl. Hauptroute II,2). Sie verläuft zunächst im Landschaftsschutzgebiet, am Hotel "Albquelle" und am Sporthaus Messerschmidt vorbei auf dem Eberlin-Weg zur **Feldberg-Kirche**, der — in 1270 m — höchstgelegenen Pfarrkirche Deutschlands, und weiter zum Feldberger Hof. Die Kirche wurde 1962/63 erbaut, als 20 Jahre nach Entstehung der politischen Gemeinde Feldberg (1939) auch eine katholische Pfarrgemeinde gebildet worden war. Sie weist einen über Eck gestellten quadratischen Grundriss auf, dessen Diagonale etwa 10 m tief in den Hang einschneidet: dort — im innersten Winkel — steht der Altar. Nach Süden sind das — von dreieckigen Flächen geprägte — Zeltdach wie auch der an eine stilisierte Fichte erinnernde Glockenturm offen. Nur kargen Schmuck besitzt der weite und hohe Innenraum (Altar aus Schluchsee-Granit, Seitenwände mit Gneisblöcken und Grobschotter aus dem Flussbett der oberen Wiese verblendet).

Die Feldberg-Kirche liegt auf ehemals Menzenschwander Gemarkung. Das umgebende **Weidfeld** wird noch heute genutzt und bildet zusammen mit den offenen Flächen unterhalb der Bundesstrasse und dem gegenüberliegenden "Zeller Hang" das Weideareal der Menzenschwander Hütte (1979: 78 Stück Jungvieh, vgl. Hauptroute II,2). Als letzte noch betriebene Gemeindeweide im zentralen Feldberg-Gebiet steht sie den Genossenschaftsweiden um die Baldenweger und St. Wilhelmer Hütte gegenüber (zusammen rund 180 ha Weidfläche). Alle drei Weiden verzeichnen in jüngster Zeit steigende Auftriebszahlen. Allerdings waren die Gesamtauftriebe im Laufe der letzten Jahrzehnte so weit zurückgegangen, dass mehr als die Hälfte der Weidflächen aufgegeben werden musste. Um einer drohenden Verhurstung und Verwaldung entgegenzuwirken, werden heute rund 200 ha nicht mehr bestossene Weiden am Feldbergsüdhang und am Herzogenhorn von Wanderschafherden aufgesucht. Floristisch besonders wertvolle Areale bleiben von jeder Beweidung ausgenommen (Hinweistafel gegenüber dem Feldberger Hof).

Der **Feldberger Hof** als ältester Hotelbetrieb und erste Dauersiedlung am Feldberg — die Viehhütten waren nur im Sommer bewirtschaftet — geht auf ein einfaches Berggasthaus ("Kurhaus Feldberg") zurück, das eine Gruppe von Menzenschwander Bürgern bei der alten Lenzkircher Hütte auf Bärentaler Gemarkung in den Jahren 1863—65 errichtete. Das Haus hat im Laufe der Jahrzehnte mehrfach Eigentümer (derzeit Gebrüder Reich/Lenzkirch) und Pächter (seit 1974 Dorint-Hotelkette, Mönchengladbach) gewechselt und wurde entsprechend der zunehmenden Bedeutung des Feldberg-Tourismus fortlaufend erweitert, um- und ausgebaut (so 1885, 1904/05, 1936). Die letzte Umgestaltung 1974—78 fügte dem erneuerten traditionellen Haus ein terrassenförmig ansteigendes Apartment-Hotel (73 Ferienwohnungen) und eine dreigeschossige Tiefgarage an, dazu eine Ladenpassage, deren Angebote und Ausstattung Urlaubs- wie Tagesgäste ansprechen sollen (Lebensmittel, Sportartikel, Andenken, Friseur, Skischule). Das 140-Betten-Hotel besitzt alle Möglichkeiten zur Unterbringung und Beköstigung (mehrere Restaurants) von Urlaubern sowie zur Freizeitgestaltung, ist zudem aber auch auf den Ansturm des Ausflugsverkehrs eingerichtet (Selbstbedienungsrestaurant "Schwemme").

Drei grosse (gebührenpflichtige) Parkplätze umgeben den Hotel-komplex, weitere Parkmöglichkeiten bietet die Stichstrasse von der Bundesstrasse her. Die im Sommer selten voll genutzten Parkflä-chen reichen an Winterwochenenden nicht aus, um alle Fahrzeuge — insbesondere die zahlreichen Omnibusse — abstellen zu können, die den Feldberg als wichtigsten Wintersportplatz im deutschen Südwe-sten ansteuern, so dass die Bundesstrasse selbst von der Caritas bis zum Zeiger um einen Parkstreifen verbreitert werden musste (vgl. Hauptroute II,2).

Die Route führt — vorbei an der Schlepplift-Doppelanlage **Seebuck I** und **II** — zur Talstation der Sesselbahn (zum Bismarckdenkmal). Der Osthang des Seebucks ist an vielen Stellen durch Erosionsschäden gezeichnet; er muss durch Abzäunungen geschützt werden, der Be-sucherstrom wird dadurch kanalisiert. Denn verursacht wurden die-se Schäden durch die grosse Zahl der Besucher, die die bestehenden Wege verliessen und mit immer neuen Trampelpfaden die Grasnar-be zerstörten. Sanierungsarbeiten wurden hier wie an weiteren Be-sucherschwerpunkten (Grüblesattel, Nordseite des Herzogenhorns, Weg zwischen Todtnauer Hütte und Stübenwasen) unumgänglich. Sie werden unter Leitung der Forstlichen Versuchs- und Forschungs-anstalt Baden-Württemberg in Freiburg von der "Interessengemein-schaft zur Pflege von Natur und Landschaft im Feldberggebiet e.V." durchgeführt (Programm 1979–84, Kosten von über DM 550 000).

Bei der Talstation der Sesselbahn zweigt der Weg zum **Feldsee** ab (roter Punkt), dem wir in den Wald hinein folgen. Die Vegetation am nordexponierten oberen Rand des Feldseekessels ist ein weitgehend erhaltener hochmontan-subalpiner Bergwald mit Fichte und Berg-ahorn, die Buche tritt hier zurück, die Tanne fehlt. Erst unterhalb 1200 m Höhe wird die Buche wichtigster Laubholzvertreter, die Tan-ne stellt sich ein. Deutlich ist hier die natürliche Verjüngung des Wal-des, an manchen Stellen fällt eine dichte Strauch- und Krautschicht auf. Der Weg, der in Serpentinen in den Feldseekessel hinunterführt (Abkürzungen vermeiden!), verläuft teilweise durch Felswände im Gneis der Seehalde und mündet schliesslich auf die innere Wallend-moräne des Feldseestands der letzten Vereisung, die den See staut. Steilhängig und mit Blöcken bedeckt, gleicht sie der inneren Endmo-räne im Menzenschwander Tal an der Kluse.

Es lohnt sich, links abzweigend den Weg um den Feldsee herum zu gehen. An der Westseite des Sees hat der wichtigste Zufluss, das Seebächle, einen kleinen Schwemmfächer aufgeschüttet. Der untere Teil des Verlandungsstreifens — die einzige flache Uferstelle — ist versumpft. Auf dem trockenen oberen Teil des Schwemmkegels liegt ein gern aufgesuchter Rastplatz (Grillstellen). Von hier über-blickt man die als Klettergarten beliebten Feldseewände und — jen-seits des Sees — den stauenden Endmoränenwall. Nördlich des Schwemmkegels treten die Schutthalden an den See heran, die den Fuss der Felswände bis zu 100 m hoch verhüllen. Die Tatsache, dass Jungwuchs hier nur schwer aufkommt und die Bäume ein Stamm-knie gebildet haben, zeigt, dass der Schutt — vor allem im Frühjahr — noch in schwacher Bewegung ist. Der Schuttstau hinter starken alten Stämmen und das Schuttdefizit darunter geben einen Begriff von der Grössenordnung des Vorgangs.

Der Normalspiegelstand des Sees (1109 m; Wasserfläche 9,15 ha) macht sich durch die Ausbildung eines kleinen Uferkliffs bemerkbar. Vom Seeauslauf, also von der Nordostseite des Sees her, hat man die beste Übersicht über die Gesamtkonfiguration des Feldseekes-sels, seine übersteilte, vielfach felsige Umrahmung und die darüber-hinausragende waldfreie Kuppe des Seebucks mit dem Bismarck-denkmal (Höhenunterschied 335 m auf 570 m Distanz). Unterhalb des Denkmals ist die — vermutlich spätglaziale — Nivationsmulde des "Seekars" erkennbar. An dessen Oberkante bildet sich in jedem Winter eine mächtige Wächte, die beim Abbruch als Lawine abgeht und gelegentlich – durch die "Tauernrinne" abfahrend – bis auf den Grund des Kessels durchbricht (vgl. Abb. 16).

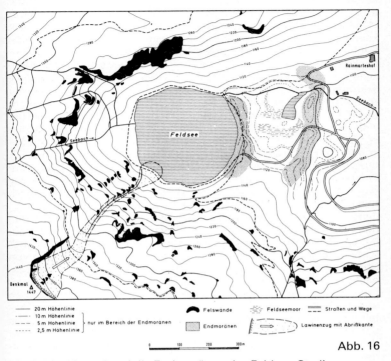

Abb. 16

Der Feldseekessel und die Endmoränen des Feldsee-Stadiums

Der Endmoränenwall, der vom Seeausfluss durchschnitten wird, ist scharf konturiert und trägt noch die für junge Moränen typische Blockstreu, die sonst meist der Baustein- und Wegschottergewinnung zum Opfer gefallen ist. Für die Erhaltung haben hier neben der abseitigen Lage auch die Besitzverhältnisse gesorgt: der Seebach trennt bäuerlichen Besitz auf der ehemaligen Gemarkung Hinterzarten (links) von grundherrlichem Wald auf der ehemals fürstenbergischen Seite. Es ist wohl anzunehmen, dass unter dem Moränenschutt eine Felsschwelle liegt, – das Becken des Feldsees, der eine grösste Tiefe von 35 m hat, wäre demnach übertieft. Der Bacheinschnitt erreicht jedoch das Anstehende nicht.

Der Feldseekessel vereint alle typischen Merkmale eines Kars: die versteilte "lehnsesselartige" Umrahmung und den übertieften, seeerfüllten Boden mit nach aussen abschliessender, moränenüberdeckter Felsschwelle. Er ist jedoch gleichzeitig – das unterscheidet ihn von den anderen Karen des Feldberggebiets und erklärt auch seine idealtypische Form – Talschluss des Seebachtals. Dessen stets mit einem Hauptfluss besetzte danubische Talrinne hat eine über Jahrhunderttausende gleichbleibende und gleichmässige Eintiefung erfahren, so dass Reste älterer Talböden auch im Talhintergrund nicht erhalten geblieben sind. Infolgedessen fehlt hier der sonst übliche Steilanstieg vom heutigen Talboden zum Karboden hinauf.

Der Feldseestand des Seebachgletschers gehört wohl dem älteren Spätglazial der letzten Eiszeit vor dem Alleröd-Interstadial an (Lang 1975, Schreiner 1977). Die − im Vergleich mit den gleichaltrigen Waldhofmoränen − ungewöhnlich hohe Lage in 1100−1120 m Höhe erklärt sich aus dem zur Zeit der Entstehung wohl auf den Feldseekessel beschränkten Einzugsgebiet des Gletschers (vgl. Hauptroute II, 2). Die beiden Moränenwälle schliessen das Feldsee-Moor (1101 m) ein. Das Moor ist nicht durch einen Weg erschlossen. Man kann es vom Wanderweg her nur randlich − einige Meter über den Seebach hinaus − betreten, gewinnt jedoch hier bereits einen Einblick. Das Feldsee-Moor ist durch Eingriffe des wirtschaftenden Menschen erheblich verändert worden, in Teilen hat es sich erst durch die Begradigung und den Aufstau des Seebaches für den Betrieb der Raimarti-Säge ausgebildet. Ursprünglich floss der Seebach in einem nach Süden ausbiegenden Mäander durch das heutige Moor, die Besitzgrenze zeichnet den Verlauf noch heute nach. Gerade wegen dieser frühen Eingriffe ist das Feldseemoor jedoch botanisch von besonderem Interesse (Müller 1948a). Bülten und Schlenken sind z.T. typisch ausgebildet, ebenso die Vegetation mit dicken Sphagnum-Polstern und reichen Beständen verschiedener Seggenarten sowie des Wollgrases, mit Rauschbeeren-Horsten und − randlich − einzelnen Exemplaren der Moorbirke und der Spirke.

Jenseits des äusseren Moränenwalls des Feldseestands, über den das Seesträssle zum Caritas-Haus abzweigt, betritt man die Offenlandinsel um den **Raimartihof**. Sie ist der äusserste Ausläufer landwirtschaftlicher Nutzflächen, die ehemals ohne Unterbrechung von Hinterzarten und vom Titisee bis hierher gereicht haben, − im Seebachtal allerdings nur nördlich des Bachs, an dem die alte Territorialgrenze gegen den fürstenbergischen Besitz verlief. Das Höfesterben und die Aufforstungen im 19. Jahrhundert haben zum heutigen Verteilungsmuster von Wald und Feld auf der Nordseite des Seebachs geführt. Nach siedlungs- und agrargeographischen Merkmalen zählt dieser Raum bereits zum Hofgütergebiet des mittleren Schwarzwaldes.

Der Raimartihof ist ein Heidenhaus jüngerer Bauart (Schilli 1977) mit dem in typischer Weise zum Tal hin gekehrten Wohnteil, freilich mit Ausbauten aus unserem Jahrhundert (zuletzt Dachversteilung und Einbau von Gauben). Er hat schon sehr lange eine Gastwirtschaft (derzeit auch zwei Gästezimmer) und ist ein Stützpunkt für die Wanderer, die von Hinterzarten, Titisee oder Bärental in das Feldberggebiet kommen. Der Passantenstrom ruht lediglich im Spätherbst von November bis Mitte Dezember. Der Hof betreibt Landwirtschaft nur noch im Nebenerwerb. Seine auf einem Grundmoränenschleier liegenden Nutzflächen wurden voll auf Grünlandwirtschaft umgestellt (1980: 9 Milchkühe und 9 Stück Jungvieh), die bis Mitte der sechziger Jahre vorhandenen Ackerschläge (Getreide und Kartoffeln) sind verschwunden. Die anfallende Milch wird an Ort und Stelle verbraucht bzw. weiterverarbeitet. Der Hof verfügt über sehr viel Wald und besitzt eine eigene Jagd (u.a. mit der Berechtigung zum Abschuss von Gemsen aus dem inzwischen auf über 1000 Stück angewachsenen Bestand an Gemsen aus der Steiermark, die 1935−39 im Südschwarzwald ausgesetzt worden sind).

Vom Raimartihof verläuft die Route nordwärts zum **Rinken** (blauer Punkt). Der Weg hält sich zunächst am Waldrand und tritt dann in den Wald ein, er folgt in etwa der NE-Grenze des Naturschutzgebietes Feldberg. Der Gegensatz von Bauern- und Staatswald (mit Fichten aufgeforsteter ehemaliger bäuerlicher Besitz) macht sich hier am Baumbestand und am Wegzustand bemerkbar. Auf halber Strecke kreuzt der Emil-Thoma-Weg, der von Hinterzarten kommend zum Grüblesattel führt. Das Relief zeigt ein generelles Nordfallen, gelegentliche Aufschlüsse überwiegend geringmächtige Schuttbedekkung, – ein Hinweis darauf, dass die kaltzeitliche Eisbedeckung am gleichförmigen Nordabfall des Feldbergmassivs zwar abtragend, aber nicht ausgeprägt formenbildend wirksam war. Am Rinken Parkplatz und Orientierungstafel für den Naturpfad Feldberg.

Der Rinken ist bis in die letzte Eiszeit hinein Wasserscheide zwischen dem danubischen und dem rheinischen Einzugsgebiet gewesen. Noch heute wird das in der Reliefgestaltung deutlich: gegen Osten senkt sich das flache Muldental des Sägenbachs langsam gegen das Seebachtal ab, nach Nordwesten geht es dagegen durch den Rinkendobel steil 300 m tief hinunter in das Zastler Tal. Das ungleiche Gefälle wirkte sich naturgemäss auch auf den Abfluss des im Sägenbachtal hochaufgestauten Eises der letzten Kaltzeit aus, während des Würm-Maximums dürfte der Unterschied in der Eishöhe gegenüber dem Zastler Tal auf 1 km Horizontaldistanz etwa 200 m betragen haben. Der Rinken ist also auch einer der bemerkenswertesten Transfluenzpässe des Hochschwarzwaldes. Beim Rückschmelzen des Eises bildeten sich am Gegenhang gegen den Batzenwald temporäre Schmelzwassertümpel, deren Abfluss gegen das Zastler Tal ein Flankengerinne schuf, dessen Verlauf der Weg oberhalb des Dr.-Ganter-Weges nachzeichnet (Liehl 1975). Auf den landwirtschaftlichen Nutzflächen am Rinken wurde noch längere Zeit nach dem 2. Weltkrieg Ackerbau betrieben (höchstgelegene Roggenäcker des Schwarzwaldes in fast 1200 m Höhe). Das heute als Grünland bewirtschaftete Areal ist an ein nahes Hofgut verpachtet (Jungvieh- und Ponyhaltung).

Vom Parkplatz Rinken weiter Richtung Zastler Hütte (rotes Kreuz auf weissem Grund). Die Wegstrecke bildet das erste Teilstück des **Naturpfads Feldberg,** der durch Hinweistafeln und in einer Broschüre (Liehl 1971; erhältlich u. a. an der Talstation der Seebuck-Sesselbahn) ausgezeichnet beschrieben ist. Hingewiesen wird u. a. auf die Auseinandersetzung der Waldvegetation mit den ökologischen Bedingungen an den nord- (und west-)exponierten Steilhängen dieser Höhenlage (Wanderschutt, langdauernde Schneedecke und Schneebruch) und die daraus folgende Zusammensetzung des hochmontan-subalpinen Bergmischwaldes mit seinem hohen Laubholzanteil (besonders Bergahorn und Buche). Tafel 13 weist auf einen Felssturz im Februar 1966 hin, als die Frostsprengung riesige Gneisblöcke soweit aus ihrem Verband gelöst hatte, dass sie durch den Wald einige 100 m talwärts stürzten, – ein Beispiel für die auch heute noch ablaufenden Formungsvorgänge im Steilrelief.

Wegverlauf und Waldzustand gestatten immer wieder freien Ausblick in das tiefeingeschnittene Zastler Tal, auf den kahlen Hinterwaldkopf mit der Weilersbacher Viehhütte und auf das Roteck, dahinter das Zartener Becken – wo am Fuss des Rosskopfes der Freiburger Stadtteil Ebnet zu erkennen ist – und am Horizont den Kandel.

Die Gemarkung des heute nach Oberried eingemeindeten Ortes **Zastler** weist einen Waldanteil von 87% auf. Lediglich ein schmaler Saum beiderseits des Baches, die Hochweiden am Hinterwaldkopf und bei der Stollenbacher Hütte sowie die Schutthalden unter den Scheibenfelsen sind waldfrei. Dieses Nutzungsgefüge spiegelt den sozioökonomischen Wandel wider, den Zastler seit Mitte des letzten Jahrhunderts durchmachte. Nachdem der badische Staat bereits 1809 die Waldungen des Freiherrn von Neveu übernommen hatte, gelangten von 1842 bis 1927 – z. T. über Zwischenbesitzer – alle landwirtschaftlichen Anwesen mitsamt dem Bauernwald in seine Hand. Aus dem ehemals bäuerlich bestimmten Tal mit Hofgütern, Berghäusln und Tagelöhnergütchen wurde so nach und nach eine forstwirtschaftlich geprägte Waldarbeitersiedlung. Heute pendelt al-

lerdings der Hauptteil der Erwerbstätigen nach Freiburg und Kirch-
zarten aus, die verbliebenen zwölf landwirtschaftlichen Pachtbetrie-
be werden im Nebenerwerb geführt.

Der Naturpfad mündet auf den Fahrweg zur **Zastlerhütte** (Zufahrt
nur mit Sondererlaubnis, Waldparkplatz an der Rinkenstrasse). Der
Weidebetrieb auf der sehr unwirtlichen Zastlerweide – die ursprünglich von den vier höchstgelegenen Höfen im Zastler genutzt
wurde – ging schon im vorigen Jahrhundert zurück, vor dem letzten
Krieg wurde er ganz aufgegeben (in der Nachkriegszeit kurzfristig
Schafweide). Das alte Herderhaus dient heute als Gastwirtschaft
(ganzjährig geöffnet; ausserdem Vermietung von zwei Gastzimmern
durch den Pächter). Am ehemaligen Stallgebäude ist die Bohlen-
Ständer-Konstruktion sehr schön erkennbar, das Vollwalmdach ist
auf der Südseite nach Zerstörung durch eine Lawine 1942 durch ein
Satteldach ersetzt worden. Der Dachbalken trägt die Inschrift: "Dise
Hite steht in Gotes Hand. Beware si Gott vor Feuer und Brand. Die
G.Z. durch Z.M. L. Lanz 1869".

1939 kam die gesamte Zastlerweide zur neuen Gemeinde Feldberg.
Die Hütte wurde 1950 vom Land Baden an die Gemeinde Zastler verkauft, in deren Gemarkung sie 1964 wieder zurückkehrte.

Die 1262 m hoch gelegene Hütte steht auf dem untersten Boden des
"Zastler Lochs". Das **Zastler Loch** (s. Abb. 17) ist – im Gegensatz
zum Feldseekessel – ein echtes Kar; der Talschluss des Zastler Tals
liegt 200 m tiefer, unterhalb der Abzweigung der Rinkenstrasse (hier
in 1035 m auch eine Endmoräne, die wohl dem Feldseestand ent-

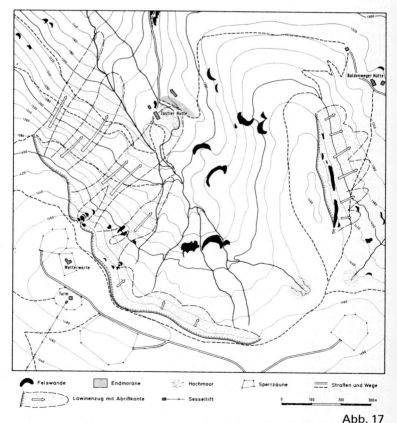

Abb. 17

Das Zastlerloch und seine Umgebung (Lawinenzüge nach Liehl 1966)

spricht). Die viel stärkere Eintiefung der Rheinzubringer — Folge der Rheingrabentektonik und der raschen und sicher nicht gleichmässigen Heraushebung des Schwarzwaldes an seiner Westflanke seit dem Jungtertiär — hat hier die Erhaltung von Resten älterer fluvialer Erosionsphasen relativ begünstigt. Die gleichfalls sehr viel stärkere glaziale Erosion hat die dadurch gegebenen Niveauunterschiede eher betont als ausgeglichen. Damit wird nicht nur der deutliche Karboden in 1255 m erklärt, sondern auch die Reste höhergelegener Böden in 1310 und 1355 m und die Hangverflachung um 1390—1410 m, die das Zastler Loch zu einem Treppenkar machen. Der untere Karboden ist deutlich übertieft, daher das Moor östlich der Hütte. Die begrenzende Schwelle ist vom Eis zu Rundhöckern geformt und mit einer kleinen Endmoräne gekrönt worden (die jünger sein muss als der Feldseestand). Westlich der Hütte hat die postglaziale fluviale Erosion den Karriegel bereits wieder zerschnitten und arbeitet sich gegen das Rückgehänge vor. Oberhalb der Hütte ein schöner Gletscherschliff (Hinweistafel).

Am oberen Rand der Westflanke des Zastler Lochs, des "Osterrains", sind regelmässig bis weit in den Sommer hinein die Reste der mächtigen Wächten zu sehen, die sich dort allwinterlich bilden. Der Osterrain ist gefurcht von Lawinenzügen, durch welche die von den Wächten niederbrechenden Lawinen zu Tal fahren, oft bis zum Bach und darüberhinaus. An ihrem Fuss wurde der mitgeführte Schutt zu steilen Kegeln aufgeschüttet. Bezeichnend ist der Bewuchs. In den Lawinenbahnen halten sich — abgesehen von einer Hochstaudenflur an bodenfrischen Stellen — nur Laubhölzer, die den niederfahrenden Lawinen und dem Druck der oft meterhohen Schneemassen durch Niederlegen ausweichen können: Schluchtweide, Eberesche, Mehlbeere, weiter unten auch einzelne Ahorne und Buchen. Fichten werden dagegen durch die Lawinen immer wieder geköpft und wachsen daher nur auf den felsigen Rippen zwischen den Lawinenzügen auf. Wir folgen zunächst dem Naturpfad und wechseln dann auf den Weg zum Hüttenwasen (rotes Andreaskreuz auf gelbem Grund). Beiderseits des leicht abfallenden Weges stehen in dem überalterten Baumbestand gewaltige Bergahorne, alle mit starkem Flechtenbewuchs (der auf die hier besonders hohe Luftfeuchtigkeit hindeutet). Die sehr steilen Hänge werden von Schutthalden — unter Felswänden mit ausgeprägt grobem Schutt — gebildet.

Der **Hüttenwasen** (1233 m) ist eine Einsattelung zwischen Feldberg und Totem Mann. Er liegt in direkter westlicher Fortsetzung des Rinkensattels, jedoch 35 m höher, und stellt vermutlich eine alte Fortsetzung des danubischen Sägenbachtales nach W dar. Genutzt wird der Hüttenwasen als Hochweide von der St. Wilhelmer Hütte aus (deren ursprünglicher Standort hier war), die Weide ist neuerdings durch Elektrozäune eingefasst.

Man quert den Zaun und geht dann auf einer Fahrwegspur leicht abwärts nach Westen bis zum Waldrand. Hier zweigt hinter dem Durchlass durch den Weidezaun ein Pfad zur St. Wilhelmer Hütte ab, wir folgen jedoch noch knapp 100 m dem Weg in Richtung Kammeneck und Napf (blauer Punkt) bis zu einer kleinen Unterstandshütte und zweigen dort nach links auf den (nicht gekennzeichneten) "Alpinen Steig" ab (der Weg wird unterhalten, ist aber schmal und nicht immer in gutem Zustand; Trittsicherheit unbedingt erforderlich!).

Nach etwa 200 m hat man von einem Kahlschlag aus freien Blick auf das **St. Wilhelmer Tal** und den dahinterliegenden Schauinsland mit Hofsgrund. Das St. Wilhelmer Tal ist das am schönsten ausgebildete Trogtal des ganzen Schwarzwaldes: 400—500 m tief in das Gebirge eingeschnitten, mit einem an der Basis aufgeweiteten ("U-förmigen") Querprofil — also breiter Talsohle und übersteilen Talhängen —, mit gestrecktem Verlauf und unausgeglichenem, doch relativ flachem Längsprofil. An seiner nordexponierten (linken) Flanke münden das Katzensteig- und das Wittenbach-Kar mit hohen Stufen über dem Haupttal aus. Gleiche Exposition besitzt auch der Talschluss, der "Napf", durch dessen östlichen Steilhang der "Alpine Steig" verläuft. Beim Napf haben – anders als beim Zastler Loch – fluviale und glaziale Erosion gemeinsam alle älteren Talbodenreste fast völlig ausgeräumt, vermutlich eine Folge des grösseren Wasserreichtums der Quellbäche. Umso schöner sind sie dafür in den beiden benachbarten Karen erhalten. Welch grosse Rolle für die glaziale Formung die Exposition spielte, erkennt man daran, dass die den beiden Karen gegenüberliegende südexponierte Hochmulde der Erlenbacher Weide zwar ebenfalls über einen Gefällssprung gegen das Wilhelmer Tal mündet, jedoch kein versteiltes Rückgehänge und keinen verflachten Boden aufweist. Das Trogtal-Profil des Wilhelmer Tales ist – ähnlich wie beim Zastler- und beim Höllental – wohl vor allem deshalb so ausgeprägt, weil die nach Nordwesten abfliessenden Talgletscher des Würm-Hochstandes rasch unter die Schneegrenze absanken, so dass die Talhänge nicht mehr – wie bei den nach Süden und Osten führenden Tälern – vom Eis überschliffen wurden und die glaziale Erosion sich auf den unteren Teil des Talquerschnitts konzentrierte.

Wie die Glazialerscheinungen hier lehrbuchmässig ausgebildet sind, so zeigt auch die siedlungsräumliche Ausstattung bei diesem Vorposten des mittleren Schwarzwaldes die für das Hofgütergebiet typische Struktur, nämlich gereihte Einzelhöfe mit weitgehend arrondiertem Besitz. Anders jedoch als im eigentlichen Mittelschwarzwald (auch noch in Hinterzarten und Zastler), wo schon in der frühen Neuzeit der bäuerliche Eigenbesitz – meist in Form breiter Besitzstreifen – auf die ganze Gemarkung ausgedehnt wurde, fand dieser Vorgang in **St.Wilhelm** erst in den letzten 200 Jahren statt. Noch bei der ersten Katasteraufnahme 1773 zeigte das Flurbild hier – wie übrigens auch bei den Höfen auf den "Rotten" des südlich benachbarten Münstertales – inselartig in der ausgedehnten Weideallmende liegende Einöden geringer Grösse. Änderungen hat es im Verlauf der letzten 200 Jahre auch im Nutzungsgefüge gegeben: die Hänge, die – wie heute noch in Hofsgrund – ziemlich waldfrei waren, sind zugewachsen (80% Waldanteil an der Gemarkungsfläche). Offen blieben der jetzt als Grünland genutzte Talboden (1972: nur noch 2 ha Ackerland), die Karböden und die drei hochgelegenen Genossenschaftsweiden, von denen die Erlenbacher und die Feldbergweide (seit 1939 Gemarkung Feldberg) vom Zartener Becken, die Katzensteigweide von St.Wilhelm aus bestossen werden. 1980 waren in St.Wilhelm noch ein Voll- und sieben Nebenerwerbsbetriebe vorhanden. Die Mehrzahl der Erwerbstätigen pendelt wie in Zastler aus, doch hat hier der Fremdenverkehr (1980: 11 Privatzimmer und 16 Ferienwohnungen) stärker Fuss gefasst, vor allem in einer kleinen Neubausiedlung am Gasthaus Maierhof.

Jenseits des Kahlschlages kommt man in steileres Gelände, zugleich in ein Bannwald-Gebiet (Hinweistafel). Bannwälder sind Totalreservate, in denen jede forstliche Bewirtschaftung ruht, so dass sich die Waldvegetation ungestört entwickeln kann. Lediglich die Anlage und Unterhaltung von Fusspfaden ist erlaubt. Den Wissenschaften dienen die Bannwälder als Freilandlaboratorien, doch sollen sie auch dem interessierten Laien einen Eindruck von der urwüchsigen, vom Menschen kaum mehr beeinflussten Natur vermitteln. Der Wald ist hier wiederum ein hochmontan-subalpiner Bergmischwald mit Tannen, Fichten, Buchen und Bergahorn, stellenweise modellhaft ausgebildet.

Der **"Alpine Steig"** zeigt wie kaum ein anderer Wanderweg im Schwarzwald rezente Abtragungsvorgänge, die man sonst nur nahe der Waldgrenze in den Alpen findet. Viele Bäume haben auf den sehr steilen Hängen ein Stammknie ausgebildet, gelegentlich erfolgt der Schuttabtrag so rasch, dass die Stämme ihre Unterlage verlieren und umstürzen. Hin und wieder quert man aktive Schuttreissen, in denen sich Pflanzen kaum halten können. Im Einschnitt des Kammentobel-Baches unterhalb der Feldberghalde ist die rezente rückschreitende Erosion besonders gut zu beobachten: der Bach schneidet sich hier laufend kräftig ein, begünstigt durch das sehr steile Gefälle, die Auskleidung des Hanges mit Grundmoräne, auch wohl durch das Fehlen einer Strauchschicht. Er reisst immer wieder die Bachverbauungen weg, ebenso – gelegentlich – den soliden Steg (bei normaler Wasserführung kann der Bach auch ohne Brücke gequert werden). Streckenweise ist der Weg in die Gneisfelsen eingesprengt worden (Stufen und Geländer). Die technisch aufwendige Weganlage ist schon recht alt, wahrscheinlich handelt es sich – zumindest in Teilen – um einen Bergknappenpfad aus der Zeit, als die Stollen unterhalb der St.Wilhelmer Hütte noch in Betrieb waren (zuletzt der 1770 wiedereröffnete Maria-Theresia-Stollen im Kammentobel; das Bergbaugelände oberhalb des Weges – mit verfallenen Stollenmundlöchern und Abraumhalden – ist über einen Verbindungspfad zur St.Wilhelmer Hütte zu erreichen. Die Bergbautätigkeit ist kurz nach 1800 endgültig erloschen).

Der "Alpine Steig" verläuft in leichtem Auf und Ab um den Napf herum und endet schliesslich im Wittenbachkar. Wir verlassen ihn dort, wo er die Gemarkungsgrenze Feldberg/St.Wilhelm (Grenzstein, Bannwaldschild) berührt, wo auch zwei kleine Bäche aus einer nahegelegenen vermoorten und daher waldfreien Verebnung in etwa 1260 m Höhe kommen. Sie gehört bereits zur St.Wilhelmer Weide. Das Moor bildet den Boden einer jener hochgelegenen, in das Rückgehänge eingetieften Mulden ohne fluviale Vorform, die für die höchsten Teile des Feldbergmassivs so typisch sind und in der Literatur als Karoide, karartige Nischen oder Firnmulden bezeichnet werden. Sie sind wohl als Nivationsmulden zu deuten, die sich in den Früh- und vor allem den Spätphasen der kaltzeitlichen Vergletscherungen gebildet haben, mithin die jüngste Generation glazialer Erosionsformen darstellen. Ein gut sichtbarer Pfad verläuft zunächst am linken Rand der Verebnung bis zu einem Zaundurchlass, dann quer hinüber und auf der anderen Seite hangaufwärts (auf der Karte nicht verzeichnet!) bis zur Weggabel zwischen St.Wilhelmer und Todtnauer Hütte (hier Abzweigmöglichkeit zum Zeiger oder über die Hüttenzufahrt direkt hinunter zur Rotenbachkurve der B 317).

Weiter zur **St.Wilhelmer Viehhütte** (1376 m). Die Anlagen dieser heute grössten Viehhütte am Feldberg bestehen aus Herderhaus mit Gastwirtschaft, einem modernen Stall und – zusätzlich – einem Schopf. Hütte und Weide sind Genossenschaftseigentum, der Herder ist Angestellter der Genossenschaft. Von den insgesamt 108 Genossenschaftsanteilen (= 108 Tiere) gehören 54 verschiedenen Landwirten im Zartener Becken (Geroldstal, Oberried, Ibental u.a.), 10 der Stadt Todtnau; sie werden alle genutzt. Die Gemeinde Feldberg mit 24, der Landkreis Breisgau-Hochschwarzwald mit 14 und der Feldberger Hof mit sechs Anteilen lassen kein Vieh mehr auftreiben (Roether 1976). Die gut gepflegte Weide umfasst 113 ha, von denen 91 ha (einschliesslich eines Teiles der ehemaligen Weide um die Todtnauer Hütte) in fünf Koppeln bestossen werden. Die Düngung – mit Phosphat vor dem Viehauftrieb Mitte Juni, mit gebranntem Kalk nach dem Abtrieb Mitte bis Ende September – wird unter Anleitung der Weideinspektion Schönau vorgenommen. Das Unkraut hält man kurz, v.a. der Alpenampfer wird regelmässig gemäht. Die Intensivierung der Pflegearbeiten hat zu Ertragssteigerungen, freilich auch zu Veränderungen im Pflanzenbestand geführt (der unter Naturschutz stehende Gelbe Enzian – ein vom Vieh gemiedenes, hier besonders häufiges Weideunkraut – gedeiht jedoch weiterhin gut). Nach einem allgemeinen Rückgang in den 50er und 60er Jahren sind die Auftriebszahlen in letzter Zeit wieder angestiegen. Mit 102 Stück Jungvieh wurde 1979 nahezu die Grenze der Aufnahmefähigkeit erreicht. Diese Entwicklung dürfte nicht nur als Folge der Hilfsmassnahmen nach Schwarzwaldweideplan und Schwarzwaldplan (Einkoppelung mit rund 10 km Weidezaun, Quellfassung, Ausbau der Viehhütte, Bezuschussung der Düngemassnahmen), sondern auch aus der neuerlichen Wertschätzung des Jungviehs von den Hochweiden zu erklären sein, das gute Gewichtszunahmen bringt (vgl. Landeskundlicher Überblick).

Von der St.Wilhelmer Hütte direkt hinauf zum **Feldberg-Gipfel** (1493 m). Das Areal um den alten Feldbergturm, den der Schwarzwaldverein anstelle eines älteren Vorgängers 1912 errichten liess, ist gesperrt (Funkstation der französischen Streitkräfte). Neben dem Turm sind die Fundamentreste des 1899 erbauten Turmhotels zu sehen, das vom Feldberger Hof aus betrieben wurde, einmal als das höchstgelegene ganzjährig bewirtschaftete Hotel Deutschlands galt, nach einem Brand Anfang der 50er Jahre jedoch aus Rentabilitätsgründen abgerissen wurde: ein Beispiel für eine ganz junge Siedlungswüstung, das zeigt, wie empfindlich der Fremdenverkehr auf veränderte Kundenwünsche reagiert. Das nordwestlich des Turms gelegene Observatorium des Deutschen Wetterdienstes ist eine der zehn Klimahauptstationen in der Bundesrepublik, deren tägliche Messwerte in extenso veröffentlicht werden ("Extenso-Station"). Die regelmässigen Wetterbeobachtungen auf dem Feldberg wurden im ersten Weltkrieg aufgenommen, das heutige Gebäude ist 1937 errichtet und 1951 erneuert worden. Südlich unterhalb des Gipfels liegt die Todtnauer Hütte, die vor dem letzten Krieg die grösste Viehhütte am Feldberg war, jedoch als Folge des wirtschaftlichen Wandels im Talort ihre Bedeutung verlor; heute treibt man dort kein Vieh mehr auf, die Weide wird durch Wanderschafherden nur noch extensiv genutzt. Das mit der Hütte verbundene Gasthaus dient seit 1976 der Sportfördergruppe (nordisch) der Bundeswehr als Unterkunft (Kantine allgemein zugänglich).

Der Feldberg-Gipfel bietet wegen seiner freien Lage eine weite Fernsicht nach allen Richtungen, vor allem aber gegen Westen. Hier blickt man über die 150–200 m niedrigeren Kämme des Hinterwaldkopfes, des Toten Manns und Stübenwasens auf Kandel, Schauinsland und Belchen, auf die Oberrheinebene mit der Freiburger Bucht und dem Kaiserstuhl und – bei klarer Sicht – die Vogesen. Unter optimalen Bedingungen – insbesondere bei Hochdruckwetterlagen im Winter – ist im Süden die Alpenkette bis zum 250 km entfernten Montblanc zu sehen.

Die schwach konvexe Wölbung des Feldbergrückens verhindert den unmittelbaren Einblick vom Gipfel in die Täler, man hält sich deshalb auf dem Weiterweg nördlich des Höchsten am Rand des Steilabfalls zum Zastler Loch, wo der Naturpfad Feldberg verläuft. Hier liegen bis weit in den Sommer hinein die Reste der hochwinterlichen Schneewächten; die Abrisskante der Lawinen und die Lawinenzüge sind deutlich erkennbar. Besser als von der Zastlerhütte aus ist von hier oben auch die Gesamtform des Zastler Lochs zu überblicken, insbesondere die Kartreppe mit ihren verschiedenen Böden. Man erkennt, dass die obersten Hangverflachungen aus zusammengewachsenen Nivationsmulden hervorgegangen sind. Hier bilden sich noch heute aufgrund der intensiven Durchfeuchtung durch schmelzenden Wächtenschnee Solifluktionszungen.

Die Route folgt dem Naturpfad am Rande des Steilabfalls und quert dann den Sattel zwischen dem Mittelbuck – mit den beiden Parabolantennen der NATO-Funkstation – und dem Baldenweger Buck. Die vor der Abzweigung zum Baldenweger Buck höchstgelegene Vereb-nung (1440 m) ist ebenso wie die oberste Quellmulde des Seebaches jenseits des Rückens von einem kleinen Hochmoor besetzt. Das Bal-denweger Moor (auf der Sägenbach-Seite) wurde näher untersucht (Lang 1973), es ist nur wenig über 1 m mächtig und hat sich erst seit dem Ende der postglazialen Wärmezeit (ausgehendes Subboreal, et-wa 1700 v. Chr.) gebildet.

Lohnend ist ein Abstecher zum Nordabfall des **Baldenweger Bucks.** Er gewährt freie Aussicht nach Norden auf die Hochflächen des mitt-leren Schwarzwaldes, in die sich von W her die Täler der rheinischen Zuflüsse tief eingeschnitten haben; besonders breit greift das Zarte-ner Becken in den Gebirgskörper ein. Auch der Osthang des Balden-weger Bucks ist durch Lawinenzüge gefurcht, der Winterschnee bleibt lange liegen. Aber im Gegensatz zum Zastler Loch und zum Feldseekessel ist hier in der Quellmulde des Sägenbachs trotz glei-cher Exposition kein Kar entstanden, die Versteilung des Rückgehän-ges nur angedeutet. Den Grund dafür wird man im Fehlen einer flu-vialen Vorform suchen müssen.

Dem Naturpfad um den Mittelbuck herum folgend sieht man alsbald die **Baldenweger Hütte** mit Stall und Herderhaus unter sich (Gast-stätte, 1976/77 ausgebaut). Die Baldenweger Weide ist wie die St.Wilhelmer Weide eine Genossenschaftsweide (76 Anteile, davon 42 bei Landwirten aus Hinterzarten, Breitnau, Oberried u.a.). Auch hier sind die Auftriebszahlen in den letzten Jahren sprunghaft ange-stiegen (1974: 12; 1979: 63 Stück Jungvieh). Das Weideareal wurde über die im Landschaftsplan Feldberg II (Roether 1976) vorgesehene Intensivzone hinaus ausgedehnt und in Koppeln unterteilt. Dabei sind auch floristisch wertvolle Standorte mit einbezogen worden, die jetzt wieder ausgespart werden. Am Beispiel der Baldenweger Wei-de werden die Zielkonflikte zwischen rationellem Weidegang und Naturschutz besonders deutlich (vgl. Landeskundlicher Überblick).

Der Weg führt am oberen Rand des "Tännelefriedhofs" entlang. Die niedrigen Fichten zeigen die für die natürliche obere Waldgrenze ty-pische Windfahnen-Form, die dadurch entsteht, dass Rauhfrostan-satz auf der windzugekehrten Seite die jungen Triebe absterben lässt. Exponierte Stellen sind ganz ohne Baumwuchs, es fehlt an sol-chen "Windecken" stellenweise sogar jegliche Vegetation als Folge von Schneefegen und Frosteinwirkung. An diesen Standorten hat die glaziale Reliktflora des Feldberggebiets die Waldphase der post-glazialen Wärmezeit überdauert. In den flachen Quellmulden am Ostrand des Mittelbucks macht sich rezente Solifluktion durch hohe Rasenwülste ("gebundene Solifluktion") bemerkbar.

Am Grüblesattel (1419 m), wo bis 1939 die Grenzen von vier Gemar-kungen zusammenliefen, zweigt der Naturpfad links ab zum Felsen-weg unterhalb des Seebucks, nach rechts besteht wieder eine Ab-gangsmöglichkeit zum Zeiger, – wir halten uns geradeaus Richtung Bismarckdenkmal. Hier erkennt man – wie am Osthang des See-bucks – die Schäden an der Rasendecke, die infolge der starken Be-gehung, der Frosteinwirkung, der Ausspülung und der Windausbla-sung des Feinbodens entstanden sind. Durch Wiederberasungs-massnahmen (Auffüllen mit Humusboden, Besprühen mit Grassa-men) versucht man, die Schäden zu beheben.

Vom **Bismarckdenkmal** (1448 m) guter Ausblick nach Osten ins See-bachtal bis zum Titisee und zum Hochfirst, über die Ostabdachung des Gebirges und – an klaren Tagen – bis zur Südwest-Alb mit der Blumberger Pforte und zu den Hegau-Vulkanen. Wegen der Wäch-tenbildung im Winter ist der Steilabfall zum Feldseekessel durch eine Absperrung gesichert, um Unfälle – und daraus entstehende Re-gressansprüche – unvorsichtiger Touristen zu verhindern, die mit der Sesselbahn in Scharen hier heraufgelangen: der Bereich um das Bismarckdenkmal ist der am meisten begangene Teil des Feldbergmassivs mit allen nachteiligen Erscheinungen des Massenausflugverkehrs. Von einer Felsnase dicht nördlich des Gipfels überblickt man den Feldseekessel und die anschliessenden, wie eine Rodungsinsel erscheinenden Grünlandflächen des Raimartihofes. Deutlich wird von hier oben insbesondere, dass der Feldseekessel kein normales Kar ist, sondern auch und vor allem den Talschluss des Seebachtals bildet. Man erkennt ausserdem den Unterschied zwischen Seebach- und St.Wilhelmer Tal: die danubische fluviale Vorform prägt das Seebachtal stärker als die jüngere glaziale Überformung. Das Eis hat während des Würmhochstandes die Flanken des viel flacheren, nur etwa 250 m in seine Umgebung eingetieften Tals bis gegen den Hochfirst hin überfahren, sie gleichmässig überschliffen und ausgeweitet und so einen eher muldenartigen Talquerschnitt geschaffen. Unterhalb unseres Standortes führt der auch vom Feldsee aus sichtbare Leinenhang bis auf eine Verebnung bei 1350 m. Verebnung und Rückhang zusammen bilden die Nivationsmulde des "Seekars". An deren unterem Rand verläuft der Felsenweg. Mehrere Lawinenbahnen ziehen in die "Tauernrinne" hinab gegen den See zu.

Vom Bismarckdenkmal in wenigen Minuten zum **Sendeturm des Südwestfunks** (erbaut 1955; Turm 43 m, Antenne 32 m hoch), dessen Verschindelung den modernen Betonbau an Schwarzwälder Bautraditionen anpasst. Von der Aussichtsplattform des Turms (zugänglich nur im Sommerhalbjahr, Eintritt; Öffnungszeiten an der Talstation des Sessellifts erfragen!) hat man einen hervorragenden Überblick über den gesamten Hohen Schwarzwald und — bei entsprechender Wetterlage — auf die benachbarten Gebirge bis zu den Alpen. Die oro- und hydrographische Sonderstellung des **Feldbergmassivs** wird von hier aus besonders deutlich. Rund 200 m erhebt es sich horstartig über seine Umgebung. Im Norden wie im Süden wird es durch tektonische Senken begrenzt: im Norden durch den Bonndorfer Graben (dahinter Weisstannenhöhe und Kandel), im Süden durch den Münstertal-Albtal-Graben (dahinter der Belchen). Das relativ wenig zerschnittene Relief der Ostabdachung ist durch weite Hochflächen, das Tälerrelief der rheinischen Seite im Westen durch verhältnismässig schmale, wenn auch gerundete Kämme und Rükken geprägt. Der Einblick in die Oberläufe der vom Feldberg ausstrahlenden Täler vermittelt aber auch einen Eindruck von der wirtschaftlichen Nutzung des Gebiets: von den Hochweiden und dem Fremdenverkehr auf den Höhen (einschliesslich der Erosionsschäden und der Versuche zur Wiederbegrünung), von der Waldnutzung der Talhänge und von der bäuerlichen Dauersiedlung, die an die Täler gebunden bleibt (vgl. Landeskundlicher Überblick). Schliesslich erkennt man von hier oben am besten, dass das obere Wiesetal — geomorphologisch gesehen — einen wiederum anderen Charakter hat als das St.Wilhelmer- und das Seebachtal. Ähnlich tief eingeschnitten wie das St.Wilhelmer Tal, fehlt ihm die breite Sohle und der gestreckte Verlauf. Hier hat die kräftige fluviale Erosion auch im Pleistozän dafür gesorgt, dass die fluviale Formung gegenüber der glazialen die Oberhand behielt.

Vom Fernsehturm folgt man den Wegmarkierungen entweder zum Feldberger Hof (rote Raute) und von dort zum Zeiger oder direkt zum Zeiger (grüner Punkt). Man passiert dabei die zur Zeit durch Drahtzäune abgesperrten Sanierungsflächen am Osthang des Seebucks. Der Weg zum Zeiger verläuft stets rechts der obersten Alb. Er führt durch das ehemalige Todtnauer Weidfeld, das nach unten in den natürlichen Waldaufwuchs des Feldberg-Südhangs übergeht, an dem die Buche einen auffallend hohen Anteil hat. Der Wald regeneriert sich hier nur langsam: das zeigt der aufgelöste Aussenrand des Waldes ebenso wie der oft krüppelhafte Wuchs einzelner Bäume. Neben den natürlichen Bedingungen — unter denen die Trockenheit dieser Südhänge im Sommer eine besondere Rolle spielt — wirkt sich dabei auch die Nutzung durch Wanderschafherden aus (Verbiss der Jungtriebe, auch an Fichten). Der Weg gabelt sich oberhalb des Zeigers, man kann entweder zum Hotel Albquelle oder zum Hallenbad am Hebelhof absteigen.

4.2.2 Südliches Feldberg-Gebiet (II, 2)

Fusswanderung, ca. 18 km, Höhenunterschiede bis über 500 m, ca. 6 Std., Wanderausrüstung. Zeigersattel, 1230 m — Grafenmatt, 1353 m — Herzogenhorn, 1415 m — Krunkelbachhütte, 1260 m — Spiesshorn, 1349 m — Schutzhütte Finsterbühl, 1180 m — Krunkelbachtal (Uranerzgrube, 960 m) — Menzenschwander Wasserfall, 890 m — Menzenschwander Moränen, 980 m — Zeigersattel, 1230 m.

Die Route führt in das Herzogenhorn-Gebiet und in das Hochtal von Menzenschwand. Sie ergänzt damit die Hauptroute II, 1 durch einen Einblick in die regionalen Besonderheiten der weniger begangenen Südseite des Feldberg-Massivs.

Ausgangspunkt der Wanderung ist der an der Feldbergstrasse (B 317) gelegene Parkplatz (Omnibushaltestelle) am "Zeiger". Der Flurname rührt von dem Wegweiser her, der hier am Kreuzungspunkt einer ganzen Reihe alter Wege von jeher stand (heute Höhenwegweiser des Schwarzwaldvereins).

Der **Zeigersattel** liegt auf der Wasserscheide zwischen Wiese- und Albtal, die im Zuge der südlichen Randverwerfung des Feldberghorstes (Hüttner 1977) stark erniedrigt ist. Ähnlich wie am Rinken (vgl. Hauptroute II, 1) wird am Zeiger der Unterschied von jungem rheinischen und älterem "danubischen" Zertalungsstil deutlich: zwischen dem steil geböschten Talschluss des Wiesetals im Westen und der flachen Mulde des obersten Menzenschwander Albtals im Osten. Denn obwohl die Alb schon seit dem Jungtertiär zum rheinischen Flusssystem entwässert, hat sich die rückschreitende Erosion noch nicht bis in den Quellbereich vorgearbeitet; die ältere Talform ist daher fast unverändert erhalten geblieben. Diese Situation hat für die kaltzeitliche Formung nicht nur des engeren Feldberg-Gebietes eine wichtige Rolle gespielt: zwischen Feldberg und Grafenmatt kam es schon in den Frühphasen der letzten Eiszeit zu einer Eisakkumulation, die schliesslich zu einem der Vereisungszentren des Südschwarzwaldes wurde und noch im Spätglazial die Ablagerung der Menzenschwander Endmoränen in ungewöhnlich tief erscheinender Lage bedingte. Wegen des unterschiedlichen Gefälles floss das Eis stets rascher zum Wiesetal hin ab, einige Rundhöcker zeugen noch heute von der Wirkung der schleifenden glazialen Erosion.

Die Passlage hat im Zuge der Entfaltung des **Feldberg-Tourismus** zur Ansiedlung von Fremdenverkehrseinrichtungen geführt. In der oberhalb der Feldbergstrasse (1847 durch Verbindung bestehender Holzabfuhrwege angelegt, 1885 ausgebaut) gelegenen Alten Menzenschwander Viehhütte fanden Wanderer bereits ausgangs des letzten Jahrhunderts Unterkunft und Verpflegung; ihre Tradition hat mit dem Abbruch der alten Hütte die Neue Menzenschwander Viehhütte unterhalb der Strasse weitergeführt. Den Hotelbetrieb am Zeiger leitete jedoch erst der 1908 erbaute Hebelhof (seit 1955 Jugendherberge mit derzeit 250 Betten, rd. 70 000 Übernachtungen/Jahr) ein. Neben ihn traten später weitere Beherbergungsbetriebe von der einfachen Vereinsberghütte bis zum renommierten Hotel, nach dem 2. Weltkrieg auch kommunale und fremdenverkehrsbedingte Versorgungseinrichtungen (Rathaus, Kurverwaltung, Hallenbad, Gaststätten, Ladengeschäfte, Kioske). In die weitabständige Bebauung fügen sich die Talstationen der Skilifte und eine kleine Gruppe von Zweitwohnsitzen in Reihenbauweise noch nahtlos ein. Die talab in beiden Richtungen (bis Fahl und Bärental) verbreiterte Strasse bietet zusätzliche Parkmöglichkeiten für den an Winterwochenenden zu bewältigenden Ansturm von Tausenden von Skiläufern in Bussen und PKWs (3000−4000 Fahrzeuge, bis zu 100 Omnibusse, annähernd 20 000 Besucher/Wintersonntag am Feldberg).

Das Ortszentrum der ehemaligen **Gemeinde Feldberg,** die selbst erst 1939 durch Zusammenlegung der Gemarkung Bärental mit den Feldberganteilen von Bernau, Menzenschwand, Hinterzarten, Zastler, St.Wilhelm und Todtnau mit Brandenberg entstanden war, lag in dem älteren und verkehrsgünstigeren Bärental (Dreiseenbahn, Strassenknoten), wurde dann aber nach dem 2. Weltkrieg aus Fremdenverkehrsgründen an den Zeiger verlegt. Bezeichnenderweise hat man auch die neue Pfarrkirche 1963 am Feldberg errichtet (am Weg zwischen Zeiger und Feldberger Hof, vgl. Hauptroute II,1). Als sich Feldberg, Altglashütten und Falkau im Zuge der Kommunalreform 1971 zu einer Einheitsgemeinde zusammenschlossen, rückte das Gemeindezentrum wieder talwärts in den Bevölkerungsschwerpunkt Altglashütten; am Zeiger blieben jedoch Verwaltungsaussenstellen erhalten.

Der Weg vom Zeiger zur Grafenmatt folgt der Hauptroute des Schwarzwaldvereins von Pforzheim nach Basel (Ostzweig des Westweges, rote Raute). Er führt in einer breiten Waldschneise aufwärts, die ursprünglich dem Viehauftrieb auf die südlich des Wiesetals gelegenen Hochweiden der Gemeinde Brandenberg diente. Ihre Ostgrenze fällt mit der alten Gemarkungsgrenze zusammen, etwa auf halber Höhe lag die ehemalige (nach einem Brand nicht wiederaufgebaute) Brandenberger Viehhütte. Die alte Auftriebsschneise ist im Winter eine beliebte und lange befahrbare, da nordexponierte Skipiste. Durch den Hang zieht eine asphaltierte Strasse, die die Gasthäuser und Skiclubhütten (bis zum Gasthaus "Grafenmatt") an die Feldbergstrasse anschliesst.

Die Waldvegetation ist hier − anders als am gegenüberliegenden Feldbergsüdhang − dicht, die Waldgrenze deutlich. Wichtigster Waldbaum ist die Fichte, doch kommt auch die Buche vor, daneben die üblichen Waldrandbegleiter wie Bergahorn und Eberesche. Der stark begangene Pfad wies unterhalb der Grafenmattkuppe − ebenso wie der Weg zum Leistungszentrum Herzogenhorn − Erosionskerben auf, die im Sommer 1979 verfüllt, mit einer Bodendecke versehen und begrünt worden sind (vgl. Landeskundlicher Überblick). Bei etwa 1340 m erreicht man mit dem Waldrand eine Verebnung, wenig weiter südlich öffnet sich der Blick auf Herzogenhorn und Spiesshorn. Hier trafen früher die Gemarkungsgrenzen von Brandenberg, Menzenschwand und Bernau zusammen (Grenzstein). In unmittelbarer Nähe enden die Skilifte vom Zeiger, aus dem Fahler Loch und von Fahl her. Während die älteren Liftanlagen auf ehemals Menzenschwander Gemarkung stehen, wurden die neuen Lifte des Skizirkus Fahl in der ersten Hälfte der 70er Jahre auf Todtnauer Gemarkung gebaut; sie erschliessen für Mittelgebirgsverhältnisse ungewöhnlich lange und steile Abfahrten auf sechs Pisten (bis zu 3 km Länge, bis zu 430 m Höhenunterschied).

Dem Skilanglauf vorbehalten ist das von der Grafenmatt nach Süden bis zur "Glockenführe" leicht abfallende Gelände. In seiner Mitte liegt das **Leistungszentrum Herzogenhorn,** dessen 1956 errichteter und bis 1974 mehrfach erweiterter Gebäudekomplex anstelle des alten Gasthauses "Herzogenhorn" steht. Dem Skiverband Schwarzwald gehörend, dient es als Bundesleistungszentrum dem nordischen Skisport, kann aber auch von anderen Sportarten für das Höhentraining genutzt werden (der angegliederte Restaurationsbetrieb ist für jedermann zugänglich).

Die rechts sichtbare Hochmulde des obersten Prägbachtales zwischen Herzogenhorn und Silberberg bildete in der letzten Eiszeit ein ähnlich bedeutendes Vereisungszentrum wie das oberste Menzenschwander Albtal. Von hier erhielt nicht nur der Präger Kessel seine ungewöhnlich mächtige Eisfüllung, sondern auch der Wiesetalgletscher (über den Transfluenzpass am Bernauer Kreuz) und der Gletscher im Bernauer Tal (über den Felsenkopf hinweg) einen Zustrom. Die Mulde des obersten Prägtales wird von der (nicht mehr bestossenen) Hinterwaldweide von Geschwend eingenommen, dessen Gemarkung sich in einer schmalen Zunge über den Gisiboden bis zur Grafenmatt heraufzieht, − ein Hinweis darauf, wie wichtig die Feldbergweiden auch noch für Orte des Wiesetals unterhalb Todtnau waren.

An der Wegespinne Glockenführe (1325 m) überschreitet man die Grenze der Gemarkung Feldberg; das ganze Gebiet südlich von hier − also auch das Herzogenhorn selbst − gehört von jeher zur Gemarkung Bernau. Nach links zweigt der Weg zur Krunkelbachhütte ab, nach rechts geht es zu den Präger Böden und zum Gisiboden, den beiden Jungviehhochweiden von Präg und Geschwend. Geradeaus konnte man früher − der breiten Schneise folgend, die in den 30er Jahren für den alpinen Skilauf geschlagen wurde (ohne Aufstiegshilfe, daher heute funktionslos) − direkt zum Herzogenhorn aufsteigen. Die starke Begehung hat jedoch dazu geführt, dass das bei heftigen Starkregen im Sommer und während der Schneeschmelze oberflächlich abfliessende Wasser sich in flachen Mäandern in den lehmig-schuttigen Untergrund einschnitt. Die Konzentration des Abflusses auf eine einzige Rinne mit grossem Gefälle und ausgedehntem Einzugsgebiet führte schliesslich zu Eintiefungen von stellenweise über 1 m. Im Jahre 1979 wurde diese Rinne aufgefüllt, befestigt und dann angesät. Infolgedessen ist der Durchgang durch die Schneise vorläufig gesperrt. Man geht daher den sanfter zum Gipfel ansteigenden Weg rechts, vorbei an einem schwachwüchsigen, über 120jährigen Fichten- und Ebereschenbestand. Westlich unterhalb des Gipfels passiert man eine − auf einem Hangsporn gelegene − Schanze mit unregelmässig viereckigem Grundriss. Sie stammt vermutlich − wie die Neuenweger Schanzen (vgl. Hauptroute III) − aus dem Beginn des 18. Jahrhunderts und deckte einen alten Weg aus dem Wiesetal über Geschwend und Präg zur Glockenführe, weiter zum Zeiger und auf die Schwarzwald-Ostseite. Ihre Lage ist nur verständlich, wenn man sich klarmacht, dass zur Zeit ihrer Entstehung die Hochweiden eine wesentlich grössere Ausdehnung hatten, das Gelände also besser überblickt werden konnte als heute.

Der waldfreie **Herzogenhorn-Gipfel** bietet wegen seiner weit nach Süden vorgeschobenen Lage und seiner Höhe (1415 m) eine ausgezeichnete Rundsicht auf grosse Teile des Südschwarzwaldes und darüber hinaus. Man erblickt im Südwesten die Höhen beiderseits des Wiesetals mit Belchen und Blauen im Hintergrund, im Norden das Feldberg-Massiv mit seinen drei Kuppen und den westlich daran anschliessenden Stübenwasen-Schauinsland-Kamm. Im Süden und Osten öffnen sich die Quelltäler der Alb (Bernauer und Menzenschwander Tal). Unterhalb des Gipfels dehnen sich die Herzogenhornweide von Bernau-Hof und − gegen das Spiesshorn − die Krunkelbachweide von Bernau-Dorf. In der Ferne sind die Konturen der Südwestalb und des Schweizer Jura auszumachen, an klaren Tagen

— vornehmlich in den Spätherbst- und Wintermonaten — auch die etwa 120 km entfernten Alpen.

Die isolierte Hochlage des Herzogenhorns ist vermutlich — ähnlich wie beim Belchen und beim zentralen Feldberg-Massiv — durch junge Tektonik bedingt (Hüttner 1977). Die sonst allseits von sanft abfallenden Hängen umgebene Gipfelkuppe wird im Osten durch steile Wände begrenzt, die teilweise senkrecht gegen die "Untere Sedell" abstürzen. Wie bei den Karen des engeren Feldberg-Gebiets ist die Versteilung Folge der kaltzeitlichen Überformung einer hochgelegenen Quellmulde. Doch anders als dort hat die fluviale Vorform hier nicht zu einer mit herkömmlichen Begriffen fassbaren Endform geführt. Denn die alte Quellmulde hat sich nicht in der Fortsetzung des Krunkelbachtals gebildet, dessen Talschluss die Kriegshalde markiert, sondern — angelehnt an den nördlichen Rand der Zone Badenweiler-Lenzkirch — etwas weiter südlich, so dass Krunkelbach-Talschluss und Herzogenhorn-"Kar" etwas gegeneinander versetzt erscheinen. Wegen der nur einseitigen Ausbildung der Karumrahmung und des fehlenden Karbodens hat man das Herzogenhorn-Kar als "Kar-Embryo" bezeichnet. An dessen oberem Rand entstehen wie am Feldberg und am Seebuck allwinterlich mächtige Wächten, auf den Schutthalden unterhalb der Wände überdauern Lawinenschneereste bis in den Sommer hinein.

Im Windschutz des Gipfels dringt Buche in krüppelhaften, fast legföhrenartig gestalteten Büschen bis dicht an den höchsten Punkt vor und erreicht damit eine Höhe wie im Schwarzwald sonst nur am Feldberg-Südhang. Sie unterliegt aber hier wesentlich härteren ökologischen Bedingungen. Die Fichte ist nahe dem Gipfel nur im Schutz der Buche zu hinreichenden Wuchsleistungen fähig, alle Jungfichten haben ausgeprägte Windfahnenform. Während die Buche auf der Südseite die Waldgrenze bildet, fehlt sie auf dem Westhang; hier ist lediglich Fichtenanflug zu beobachten. Er macht die Offenhaltung der abgelegenen Weidflächen um den Gipfel problematisch. Seitdem kein Grossvieh mehr aufgetrieben wird, behilft man sich mit dem Einsatz von Wanderschafherden, zusätzlich müssen von Zeit zu Zeit mechanische Rodungen durchgeführt werden.

Zurück zur Glockenführe und weiter Richtung Krunkelbachhütte (blaue Raute mit weissem Balken). Der Weg zur Krunkelbachhütte ist Teil des 5,5 km langen **"Naturlehrpfades Herzogenhorn"**, den die Gemeinde Bernau und das Staatliche Forstamt St. Blasien 1975 angelegt haben (Mutterer 1975). Wie beim Naturpfad Feldberg regen die angebrachten Tafeln zu eigenen Beobachtungen an. Unmittelbar hinter der Glockenführe — der Name dürfte auf den Weidebetrieb zurückgehen — ein Hinweis (Tafel 6) auf die für nährstoffreiche, feuchte Stellen am Rande der Weiden typische Hochstaudenflora. Der Weg führt durch alten Gemeindewald von Bernau, der stark durch die Buche geprägt ist, die Fichte tritt stellenweise auffällig zurück. Die Bäume zeigen vielfach durch ein Stammknie, dass sich der oberflächennahe Schutt hier auch unter heutigen Bedingungen noch bewegt. Beim Grossen Wächtenkessel (Tafel 4) steht man in der karartigen Nische, die vom Herzogenhorn-Gipfel einzusehen war. Wie die Hänge des Zastler Lochs und am Baldenweger Buck ist auch der Nordosthang des Herzogenhorns in Lawinenbahnen und felsige Zwischenrippen gegliedert. Auf den Rippen halten sich Fichten, die Lawinenzüge sind durch strauchartige Laubgehölze wie Schluchtweide, Eberesche und Mehlbeere gekennzeichnet, die den Lawinen und der oft meterhohen Schneeauflage durch Niederlegen ausweichen können. Hier gedeiht auch der Alpenmilchlattich, eine Charakterpflanze solch bodenfrischer natürlicher Lichtungen in den hochmontan-subalpinen Lagen des Hochschwarzwalds (Tafel 3). In noch feuchteren Lagen haben sich auf Hangverflachungen kleine Moore gebildet (Tafel 2). Die schütteren Fichtenbestände am unteren Rand des Wächtenkessels dienen als Lawinenschutzwald und werden nicht bewirtschaftet (Tafel 1a). Die Fichte hat sich hier der Schneebelastung durch eine schmale Kronenform mit nach unten hängenden kurzen Ästen angepasst.

In Serpentinen steigt man zur **Krunkelbachweide** hinunter. Das Weidfeld wurde hier in jüngster Zeit wieder in Gelände hinein ausgedehnt, das bereits der Wiederbewaldung überlassen worden war, bleibt jedoch von Waldinseln durchsetzt. Von den letzten Waldvorposten zieht der Weg quer über die Weideflächen in der Quellmulde des Krunkelbachs leicht ansteigend zur Krunkelbachhütte (1260 m). Der Krunkelbachsattel gegen das Bernauer Albtal liegt im Zuge des Nordrands der Zone Badenweiler-Lenzkirch, dem die Erosion von beiden Albtälern her nachgetastet hat. Das erklärt − neben der jungen Tektonik im Herzogenhorn-Gebiet − seine gegenüber dem Herzogenhorn rund 200 m und gegenüber dem Spiesshorn noch mehr als 100 m tiefere Lage. Die Krunkelbachweide gehört zu den noch intakten Jungviehhochweiden im Bereich des Feldbergs. Gleichwohl erfüllt sie nicht mehr ihre ursprüngliche Aufgabe, nämlich Vieh aus Bernau aufzunehmen, − eine Folge des Rückgangs der Bestände und der Bevorzugung der Talweiden. Hier steht seit 1978 nur noch Gastvieh (1979: 90 Stück, 120.- DM Weidegeld/Tier), das von der Baar kommt und mit Lastkraftwagen Mitte Juni an- und Ende September wieder abtransportiert wird. Die Pflege der Allmendweiden wird unter Mithilfe der Staatlichen Weideinspektion Schönau von Bernau aus durchgeführt (z. B. Kalkdüngung); für einen geregelten Weidegang sorgt der Pächter der Krunkelbachhütte, der zugleich die angeschlossene Gaststätte betreibt. Unterhalb der Hütte wurde ein von Bernau-Dorf erreichbarer Parkplatz angelegt, der auch den Zugang zum Naturlehrpfad Herzogenhorn erleichtert.

Hinter der Krunkelbachhütte führt der Weg vorbei an Sitzbänken schräg am Hang aufwärts bis zum Waldrand (keine Markierung). Von dort Blick durch die alte Auftriebsschneise in das obere − in den "Alten Schiefern" breit angelegte − Bernauer Albtal; darüber die waldbedeckten Rücken von Farnberg (1218 m), Hohe Zinken (1240 m), Blössling (1309 m) bis zum kahlen, alles überragenden Gipfel des Herzogenhorns. Man hat zunächst noch die Krunkelbachweide rechts und biegt dann dem Weg folgend (vor dem Kleinen Spiesshorn) nach links in den Wald hinein ab, muss dort den Weidezaun queren und trifft nach etwa 100 m auf den Weg von St. Blasien zum **Spiesshorn** (blaue Raute mit weissem Balken). Hier ist auf ehemaligem Weidfeld ein junger Mischwald aufgewachsen, in dem die Buche vorherrscht. Im älteren Wald am Grossen Spiesshorn kommen dagegen auch Eberesche, Mehlbeere und Bergahorn häufiger vor. Besonders auf dem Spiesshornkamm − in über 1300 m Höhe − erreichen die Bäume nur mittlere Grösse, sie zeigen z. T. alte Schneebruchschäden. Alle sind stark mit Flechten bewachsen, was auf die hier besonders hohe Luftfeuchtigkeit hindeutet.

Am Spiesshorn (1349 m) stehen Grauwacken des Oberdevons an. Von hier blickt man in das Menzenschwander Albtal bis gegen St. Blasien und auf den östlich anschliessenden bewaldeten Schnepfhaldekamm, der die Wasserscheide zum Schluchsee-Schwarza-Tal markiert. Jenseits St. Blasien beginnt um Häusern und Höchenschwand bereits der Hotzenwald. Dahinter ist an klaren Tagen die Randen-Alb zu erkennen.

Das ganze **Menzenschwander Tal** war während des Hochstandes der letzten Eiszeit von Eis erfüllt; nur die höchsten Gipfel ragten über die Eisoberfläche hinaus, die damals weit über der Schneegrenze lag und damit noch Gletschernährgebiet war. Auf der Höhe von Menzenschwand-Vorderdorf betrug die Eismächtigkeit etwa 350 m, über die

Sättel im Schnepfhaldekamm floss Alb-Eis in das Schluchseebecken hinüber. Von der spätglazialen Vereisung bekommt man einen Eindruck, wenn man vom Spiesshorngipfel wenige Schritte nach Osten abwärts steigt. Man sieht dann von einem Felsvorsprung auf den 250 m tieferliegenden Karboden des Scheibenlechtenmooses mit einem der wenigen noch ungestörten Hochmoore im Südschwarzwald (Naturschutzgebiet). Er wird durch einen − auch von oben deutlich erkennbaren − Wallmoränenbogen begrenzt, der wohl dem Feldseestand zugerechnet werden kann. Davor erstreckt sich die Jungviehhochweide von Menzenschwand-Vorderdorf (1979: 75 Stück Jungvieh). Hier liegen im Winter − in 1000−1200 m Höhe − die schneesichersten Skihänge von Menzenschwand. Sie werden durch den Schwinbachlift und den Möslelift (vom Hinterdorf her) erschlossen.

Die Sohle des Menzenschwander Tales ist nur durch drei künstlich freigehaltene Sichtschneisen zu sehen, die den Blick auf Vorder- und Hinderdorf sowie auf das Landschulheim vor der Albschlucht lenken. Menzenschwand gehört heute verwaltungsmässig wieder zu St. Blasien, von wo aus es − wahrscheinlich bereits um 1100, aber später als Bernau − gegründet wurde.

Das Gebiet gehörte zum "Zwing und Bann" des Klosters, das die Täler der Albquellflüsse durch Laienbrüder roden liess. Klösterliche Eigenwirtschaft dürfte allerdings nicht lange betrieben worden sein, der Besitz wurde später an bäuerliche Siedler zu Lehen ausgegeben (zu Menzenschwand und St. Blasien vgl. Hauptroute I).

Vom Spiesshorn führt der Weg durch schwachwüchsigen Fichten- und Buchenwald auf ehemaligem Weidfeld abwärts Richtung Krunkelbachhütte. 200 m vor der Hütte biegt man nach rechts ab und folgt dem Pfad durch das Weideareal bis zur Wegspinne nahe dem Krunkelbachsattel (Wegweiser), hier wendet man sich wiederum rechts in das **Krunkelbachtal** (roter Punkt). Nach kurzer Wegstrecke über Weidfeld überschreitet man die Gemarkungsgrenze zwischen Bernau und Menzenschwand und tritt zugleich in den Wald ein. Das Übergreifen der Gemarkung Bernau in den Quellbereich des Krunkelbachs − über die sonst streng eingehaltene Wasserscheidegrenze hinaus − weist noch einmal darauf hin, dass das gesamte Herzogenhorngebiet von Bernau aus erschlossen wurde. Im Wald erreicht man alsbald die Schutzhütte am Finsterbühl, unmittelbar danach eine Forststrasse mit dem Menzenschwander Rundweg M 5, dem man nach links bis zum Kriegsbach folgt. Im Baumbestand fällt hier neben Buche und Fichte die Tanne auf. An der neuangelegten Fahrstrasse ist dicht unterhalb des Sattels am Finsterbühl Grundmoräne aufgeschlossen. Sie bietet eine Musterkarte aller Geschiebe, die im Einzugsgebiet des Krunkelbaches vorkommen: Gneise, Granite, Porphyr, Grauwacken. Weiter abwärts an der Strasse verschwindet die Grundmoräne unter Hangschutt, der von den darüberliegenden Felswänden stammt.

Vor der Brücke über den Kriegsbach, der − aus dem Herzogenhorn-Kar kommend und die Felswände der Kriegshalde südlich umgehend − in kleinen Kaskaden seinen Weg in den glazial versteilten Talschluss des Krunkelbachtals sucht, nach rechts weiter auf dem Rundweg M 5, der steil abwärts zum "Brandweg" führt. Der (nicht markierte) Parallelweg links des Kriegsbaches − eine alte Holzschleife − zeichnet das erhöhte Tallängsgefälle noch unmittelbarer nach. Beide Routen treffen auf einem Holzlagerplatz ("Am Brand", 1020 m) zusammen. Von hier geht eine Forststrasse ("Brandhaldenweg" − "Ruckenwaldweg") nordwärts zum Zeiger. Talab führt der "Brandweg" (die Flurnamen mit "Brand-" und "-schwand" deuten auf die Art und Weise früherer Rodungen hin) nach 500 m aus dem Wald heraus in das "wilde Feld" von Menzenschwand-Hinterdorf. Hier hat man die Gesteinsgrenze von den Gneisen des Feldberg-Gebiets zum jungpaläozoischen Bärhalde-Granit überschritten. Der Weg verläuft jedoch nicht im Anstehenden, sondern auf einem flachen Moränenrücken zwischen dem Bach links und einer leicht vermoorten Längsdepression rechts. Es handelt sich dabei um eine Mittelmoräne, die sich hier − wie gelegentliche Aufschlüsse zeigen − als Folge des Zusammenflusses von Eis aus zwei Nährgebieten mit versteiltem Rückgehänge (Kriegshalde und Herzogenhorn-Kar) gebildet hat. Wo der Brandweg auf eine Weggabelung stösst (Beginn der asphaltierten Strasse), geht man links über die Krunkelbachbrücke zum Uranschürfgelände.

Das Krunkelbachtal gilt als bedeutendste **Uranfundstelle** in der Bundesrepublik: Prospektions- und Schürfarbeiten lassen auf ein Vorkommen von 2000−4000 (evtl. 10 000) to des hochwertigen Urans U 308 in Erzgängen und imprägniertem Nebengestein (Urangehalt 0,2−1,2%) schliessen. Nach ersten Funden sekundärer Uranmineralien durch Freiburger Studenten im Jahre 1957 erhielt die in Niedersachsen ansässige "Gewerkschaft Brunhilde" eine Genehmigung zu bergmännischen Untersuchungen, um eine Bestandsaufnahme der Lagerstätte durchzuführen. 1961 fand sie den Ausbiss der erzreichen Gangzone unterhalb des Rabenfelsens. Inzwischen ist ein Schacht bis in eine Tiefe von 97 m abgeteuft worden; auf drei Sohlen (30 m, 60 m, 90 m) führen Stollen in den Bärhalde-Granit nahe seinem Kontakt zum Gneis im Westen. Das von 20 Bergleuten im Zweischichtbetrieb gewonnene Uranerz (25 to/Tag) wird auf Lastwagen zum Bahnhof Seebrugg, von dort zur Aufbereitungsanlage Ellweiler in Rheinland-Pfalz transportiert, wo aus dem Erz Uranoxid gelaugt wird, das als "yellow cake" Grundstoff für Reaktorbrennstäbe ist. Die zwanzigjährige Geschichte der Uranschürfung weist bei wechselnden Fronten zahlreiche Konflikte zwischen Gewerkschaft, Gemeinde, Naturschutzverbänden und einem zeitweise agierenden "Arbeitskreis Strahlenschutz" auf. Insbesondere wurde eine Störung des Fremdenverkehrs befürchtet, doch sind gerade von diesem Wirtschaftszweig Anfang der 70er Jahre Verbindungen zur Bergbaugesellschaft geknüpft worden, die eine Nutzung von medizinisch verwertbarem Radongas und -wasser vorsahen. Die Pläne für ein "Radon-Heilbad Menzenschwand" haben sich allerdings zerschlagen (vgl. Hauptroute I).

Der Zugang zu den in einem Waldstück verborgenen Übertageanlagen der Grube ist "bergaufsichtlich gesperrt", ein Einblick nicht möglich. Man umgeht das Gelände im Norden auf einem Pfad, der parallel zum Absperrzaun verläuft, und folgt dann dem Weg neben einem aus Lesesteinen aufgeschichteten, stellenweise verfallenen und von Büschen überwachsenen Mäuerchen bis zum Wanderparkplatz "Schlucht". In dem Buschwerk längs der Lesesteinmauer finden sich neben den hier zu erwartenden Arten wie Eberesche, Birke oder Hasel auch Fichte und Pappel, Holunder, Bergahorn, Buche und Esche. Von den Sitzbänken entlang dem Rundweg M 4, in den unser Weg einmündet, bieten sich lohnende Ausblicke auf Menzenschwand-Hinterdorf (vgl. Hauptroute I).

Die Lesesteinmauer markiert die Trennungslinie zwischen **"wildem"** und **"zahmem Feld"**: kleinparzelliertem Privatland mit Dauerwiesen am Bachlauf und ehemaliger Feldgraswirtschaft auf den flachen Unterhängen einerseits und dem ungeteilten Gemeindeweidfeld auf den ansteigenden Talhängen andererseits. Über dem Weidfeld, den "Talweiden", folgt auf den steileren Hangpartien Wald, teils ebenfalls gemeindeeigen, teils kleinparzelliert (Waldzuteilungen durch das Kloster St.Blasien vor dessen Säkularisation). Durch den Wald führen Auftriebsschneisen zu den darüber isoliert gelegenen gemeindeeigenen Jungviehhochweiden am Schwinbach unterhalb des Spiesshorns und am Schnepfhaldekamm ("Knöpfle", "Farnwitte"). In den Spätsommer- und Herbstmonaten wird die zonale Gliederung der Nutzflächen noch durch Farbgegensätze betont: unten die Wiesen des zahmen Feldes frischgrün, dann das welke Gras des wilden Feldes gelbbraun und darüber der Wald dunkelgrün.

Diese Flächengliederung – durch Nutzungs- und Besitzverhältnisse zugleich bedingt – ist typisch für grosse Teile des Südschwarzwaldes. Sie ist in Menzenschwand noch recht gut zu beobachten, obwohl auch hier die Konsequenzen aus dem Rückgang der Landwirtschaft unübersehbar sind. So finden sich im zahmen Feld beiderseits des Krunkelbachs kleinere verwilderte Uferstreifen mit Altgras und Unkrautwuchs, teilweise ist neben dem standortgerechten Erlen-Bachauenwald mit Fichte aufgeforstet worden. Deutlich lassen sich intensiv bewirtschaftete von extensiv genutzten, d.h. nur der Offenhaltung wegen abgemähten Parzellen unterscheiden. Der früher übliche Wechsel zwischen Grünlandnutzung und Ackerbestellung ist aufgegeben. Nördlich des Krunkelbachs wird das wilde Feld schon lange nicht mehr beweidet; es ist stark verbuscht und von hohen Fichten, Buchen und Ahornen durchsetzt. Ähnliches trifft für den Gegenhang zu, wo sogar eine Fichtenanpflanzung die Talweiden durchzieht und bis an den Ortsrand heranreicht. Dagegen ist das Gemeindeweidfeld jenseits der Alb am östlichen Talhang noch breit entwickelt, der Waldrand scharf abgesetzt.

Vorbei am Wanderparkplatz "Schlucht" (900 m, Orientierungstafel) und in die **Albschlucht** oberhalb des Landschulheims. Die Alb überwindet hier eine knapp 30 m hohe Felsstufe mit einer Folge von Stromschnellen und Wasserfällen in einer etwa 150 m langen Ausgleichsschlucht, die in den gleichmässig geklüfteten Bärhalde-Granit eingeschnitten ist. Die Bachrichtung folgt den Klüften, die Talform ist also vorgegeben (ebenso die Lösung des Wegproblems, indem nämlich jeweils bis zur nächsten Kluft eine Treppe ausgesprengt wurde). Besonders eindrucksvoll zeigt sich die stets feuchte und daher stark vermooste Schlucht bei hoher Wasserführung, so im Frühjahr während der Schneeschmelze oder nach sommerlichen Starkregen. Die "Hängemündung" des oberen Albtales über dem Krunkelbachtal ist durch selektive glaziale Erosion bedingt: der Gletscher aus dem oberen Albtal wurde durch den gefällsstärkeren Gletscher aus dem Krunkelbachtal gestaut und dadurch in seiner Erosionstätigkeit behindert. Der Bach versucht diese "Konfluenzstufe" auszugleichen. Die Albschlucht bietet so ein anschauliches Beispiel junger glazialer und postglazialer Morphogenese.

Oberhalb der Schlucht auf dem Rundweg M 6 talauf. Die Forststrasse führt an verwildertem Weidfeld (links) vorbei, während auf der gegenüberliegenden Talseite die Grünlandnutzung noch bis zur Kluse reicht; dazwischen erstreckt sich auf der Höhe des alten Sportplatzes jenseits der Alb die Neumatt, ein isoliert liegendes Gewann des zahmen Felds, das offensichtlich auf eine Allmendaufteilung zurückgeht. An der Weggabel rechts über die Alb (die Strasse links führt direkt zum Zeiger).

Hinter der Brücke stösst man auf die **Menzenschwander Endmoränen "in der Kluse"** – den eindrucksvollsten und am besten überschaubaren Endmoränenkomplex des ganzen Schwarzwaldes. Es handelt sich um einen konvex gebogenen Doppelwall, je mit steilen Böschungen und Blockstreu. Der innere Wall setzt sich jenseits der Strasse in einer deutlich vom Hang gegen den Hochkopf abgesetzten Ufermoräne fort. Deren Lage beweist, dass der Gletscher zur Zeit der Bildung nicht mehr das ganze Tal ausfüllte und – expositionsbedingt – unter dem darüberliegenden Südhang früher endete als auf der gegenüberliegenden Seite, wo die Moränenwälle senkrecht auf den Talhang stossen. In der Ufermoräne zeigt ein Aufschluss kantengerundete Geschiebe in typisch ungeregelter Lagerung: überwiegend den örtlich anstehenden Bärhalde-Granit, aber auch kleinstückigen Gneis aus dem oberen Einzugsgebiet des Gletschers. Die Menzenschwander Endmoränen sind — trotz ihrer Lage in nur 985 m Höhe — zum Feldseestand der Würmvereisung zu stellen; das ergibt sich aus den morphologischen Verhältnissen im Seebachtal (Liehl 1975). Zur Zeit ihrer Bildung muss das Eis im oberen Menzenschwander Albtal noch so hoch gestanden haben, dass es über den Caritas-Sattel in das Seebachtal hinüberlappen und dort in 1000—1020 m Höhe den doppelten Moränenwall beim ehemaligen Waldhof ablagern konnte. Auch andere Endmoränen des Feldseestandes liegen um 1000 m hoch (z.B. die Moräne im Talschluss des Zastlertals, vgl. Hauptroute II, 1). So gesehen, muss weniger die tiefe Lage der Menzenschwander Moränen, sondern eher die ungewöhnlich hohe Lage der Endmoränen des Feldseestandes an der Typlokalität (1100—1120 m) erklärt werden. Sie dürfte damit zusammenhängen, dass das Einzugsgebiet des Gletschers im Seebachtal damals bereits auf den Feldseekessel beschränkt war, während das Vereisungszentrum am Zeiger auch für diesen letzten Vorstoss der kaltzeitlichen Gletscher noch relativ grosse Eismengen liefern konnte.

Hinter dem inneren Moränenwall dehnt sich eine Aufschüttungsfläche aus, die aus einem verlandeten alten Seeboden hervorgegangen ist, in den die Alb (an der Vegetation noch erkennbare) Mäander einschnitt, ehe die Tieferlegung des Durchbruchs durch die Moränen den Bachlauf streckte und in der heutigen Lage fixierte.

Auf der Forststrasse nördlich der Alb am Waldrand entlang bis zu einem Holzlagerplatz (1020 m). Hier überschreitet man wieder die Gesteinsgrenze von Bärhalde-Granit zu Gneis und steigt nun über die durch die glaziale Erosion versteilten Hänge des Talschlusses nach Westen hinauf, bis links ein Weg über die Albbrücke zu der südlich des Baches verlaufenden Strasse zum Zeiger hinüberführt (der Weg nach rechts verläuft zum Caritas-Sattel). Auf den südexponierten Hängen nördlich des Baches dominiert Mischwald mit stellenweise auffallend hohem Buchenanteil, südlich des Baches am Nordhang des Ruckenwaldes herrschen dagegen Fichtenbestände vor. Oberhalb des Talschlusses verläuft der Weg in dem flach muldenförmigen obersten Abschnitt des Albtals. Hier lag — zwischen 1140 und 1240 m Höhe — die Sammelmulde für die Eismassen, die noch während des Feldseestandes bis zu den Menzenschwander Endmoränen und über den Caritas-Sattel in das Seebachtal vordrangen.

Kurz nach dem Abzweigung des Ruckenwaldweges tritt die Strasse aus dem Wald heraus auf das Weidfeld der **Menzenschwander Hütte**, deren 63 ha grosses Areal sich über die B 317 bis zu den Parkplätzen am Feldbergerhof (ursprünglich bis zum Gipfel des Seebucks) erstreckt. Nach längerem Rückgang hat sich hier der Weidebetrieb wieder stabilisiert. So wurden im Jahre 1979 fast 80 Stück Jungvieh aufgetrieben, nur sechs davon allerdings aus Menzenschwand; wie auf der Krunkelbachweide dominiert das Gastvieh (von der Baar und aus dem Bodenseeraum).

Vorbei an der Hütte des Skiclubs Zell i.W. mit den beiden Liften am "Zeller Hang" und an der Talstation des Grafenmattliftes zurück zum Zeiger.

4.3 Hauptroute III (Belchen-Gebiet):

Ganztägige Fusswanderung, ca. 23 km, Höhenunterschiede bis nahezu 800 m, ca. 8. Std., Wanderausrüstung. Neuenweg, 741 m — Hau-Sattel, 826 m — Niederböllen, 645 m — Wildböllen, 710 m — (Dossen, 861 m) — Sägeneck, 811 m — (Hagendorn, 1032 m) — Obere Stuhlsebene, 1100 m — Böllenereck, 1115 m — Belchenhaus, 1360 m

– Belchen-Gipfel, 1414 m – Hohkelch, 1264 m – Stuhlseck, 1050 m
– Heubronner Eck, 962 m – Haldenhof, 929 m – Nonnenmattweiher, 915 m – Vorder-Heubronn, 800 m – Eck-Sattel, 847 m – Neuenweg, 741 m.

Diese Route erschliesst mit der Gipfelregion des Belchens und dessen Südabdachung ein Gebiet, das bei mancher Verwandtschaft mit
dem nur wenig höheren Feldberggebiet sowohl physisch- wie kul-
turgeographisch eigenständige Züge aufweist. Wegen der weit nach
Westen vorgeschobenen, isolierten Hochlage des Belchenmassivs
und seiner kräftigen Zertalung sind vergleichsweise grosse Höhenunterschiede zu überwinden. Ständig wechselnde Eindrücke im Verlauf der Route, insbesondere aber die hervorragende Rundsicht vom
Gipfel lohnen jedoch die Mühe des Aufstiegs.

Ausgangspunkt der Wanderung ist **Neuenweg,** das letzte Dorf im Tal
der Kleinen Wiese und mit 415 Einwohnern nach Tegernau auch das
grösste. Schon der Name weist darauf hin, dass Neuenweg ein Verkehrsknoten ist, in dem die Strasse durch das Kleine Wiesetal auf eine alte Querverbindung stösst, die aus der Oberrheinebene über die
Sättel Sirnitz, "Auf der Eck" und Hau ins hintere Grosse Wiesetal bei
Schönau führt. Diese West-Ost-Route war schon früh von regionaler
Bedeutung, u. a. für die Verbindung von St. Blasien mit seinem Besitz im Rebland (erste urkundliche Erwähnung des Ortes 1278: " an
der Belchener Wiese ze dem niuwen wege"). Seit 1316 war Neuenweg wie das ganze Kleine Wiesetal im Besitz der Markgrafen von
Hachberg-Sausenberg, seit 1503 der Markgrafen von Baden-Durlach
und hat daher – im Südschwarzwald eine Besonderheit – mehrheit-
lich protestantische Einwohner. Heute wird durch die günstige Verkehrslage des Ortes der Urlaubs- und Naherholungsverkehr angeregt, ohne dass er zur Massenerscheinung geworden wäre (1979:
31 000 Übernachtungen, ausser in Gasthäusern und Vereinsheimen
v. a. als "Ferien auf dem Bauernhof"). Die Mehrzahl der Erwerbstätigen pendelt in die Industrieorte des Grossen Wiesetals aus, so nach
Zell und Schopfheim und sogar bis Lörrach. Die Landwirtschaft wird
im Nebenerwerb betrieben. Nach einem Grossbrand im Jahre 1903
sind die ehemals strohgedeckten Holzhäuser durch Steinbauten ersetzt worden. Etwas abseits steht auf einem Hangsporn die 1807/08
im Weinbrennerstil errichtete Kirche.

Vom Brunnen in der Ortsmitte (Orientierungstafeln) führt die Route
nach Osten, am Rathaus vorbei und die alte Böllener Strasse hinauf
zum Hau-Sattel ("Zeiger-Weg"). Bis zur Hofgruppe Hau geht man
durch "zahmes Feld", das im unteren Bereich noch von einzelnen
Äckern durchsetzt ist, heute aber zumeist als Grünland (auch als hof-
nahe Weide) genutzt wird. Etwas oberhalb beginnt auf der nordexponierten Seite – klar abgegrenzt – das "wilde Feld", der eigentliche
Weidberg (Neuenweg besitzt als einzige Gemeinde im Kleinen Wiesetal Allmendfeld). Auffallend viele alte Obstbäume (Äpfel, Birnen,
Kirschen) umgeben die Höfe im Aussenbereich ebenso wie die lok-
ker bebaute Kernsiedlung. Die Ackernutzung beschränkt sich heute
auf Kartoffelanbau für den Eigenbedarf, Getreide wird nur noch ausnahmsweise kultiviert, so dass in der Landwirtschaft die Milchviehhaltung dominiert.

Vom **Hausattel** (Parkplatz und Orientierungstafel) ca. 100 m nach
rechts aufwärts zu einer noch gut erhaltenen alten Viereckschanze.
Sie gehört ebenso wie die jenseits des Sattels liegende Sternschanze
in die Kette von Erdbefestigungen, die Markgraf Ludwig Wilhelm
von Baden(-Baden), der "Türkenlouis", als Oberbefehlshaber der
Reichsarmee Ende des 17. Jahrhunderts an allen wichtigen Schwarz-
waldübergängen anlegen liess, um den Einfällen französischer Hee-
re nach Süddeutschland begegnen zu können (Freiburg gehörte da-

mals zum Königreich Frankreich und war durch Vauban gerade zu einer modernen Festung ausgebaut worden). Reste ähnlicher Befestigungen finden sich von der Redoute Rothaus bei Murg im Süden bis weit in den Nordschwarzwald, wo sie an die die Rheinebene sperrenden "Stollhofener Linien" (bei Bühl) anschlossen. An der Lage der beiden Schanzen zeigen sich einmal mehr die räumlichen Auswirkungen alter Territorialgrenzen: sie liegen nämlich nicht genau auf der Wasserscheide, sondern etwas nach Westen versetzt im Weidfeld von Neuenweg auf ehemals markgräflichem Territorium, also nicht auf dem Gelände des früher zu Vorderösterreich gehörenden Nachbarortes Böllen. Die Gemarkungsgrenze wird heute auch in einem anderen Gegensatz deutlich: dem zwischen Weidenutzung auf Neuenweger Seite und Ackernutzung − auf Kleinstparzellen mit Hackfrucht-, Getreide- und Futterbau − jenseits der Wasserscheide auf der Böllener Seite. Anders als in Neuenweg müssen die Bauern von Böllen mit dem Feldbau auf hochgelegene (über 800 m!), aber flachere Hanglagen ausweichen, weil der Ort wenig ebenes Gelände in tieferer Lage besitzt.

Von der Schanze blickt man auf den auffallend breiten obersten Talabschnitt der Belchen-Wiese, der unterhalb Neuenweg unvermittelt von einem Engtalstück abgelöst wird. Hier wirken sich Gesteinsunterschiede aus: die Talweitung von Neuenweg liegt wie die beiden Sättel Hau und "Auf der Eck" − und übrigens auch Heubronn und der Sirnitzsattel − in leichter ausräumbaren unterkarbonen Konglomeraten, während das Steilrelief weiter südlich an gleichaltrige, härtere Vulkanite gebunden ist. Die im Norden − gegen den Belchen zu − anschliessende Zone des Münsterhalden-Granits macht sich dagegen nur in einer Versteilung der Unterhänge bemerkbar, an der aber wohl auch die glaziale Erosion eines letztkaltzeitlichen Belchenwiese-Gletschers beteiligt war (s. u. S. 98). Jenseits des Ecksattels erhebt sich die Sirnitz mit den Skihängen am Weiherkopf, links der Köhlgarten, dem der Spitzkopf als Neuenweger Hausberg vorgelagert ist. Den Norden beherrscht das Belchenmassiv; ein Wanderpfad zieht über den Rücken des Böllenerecks, den Hohfelsen und − in Serpentinen − durch den Südabfall zum Gipfel, teils durch Wald mit hohem Laubholzanteil (v. a. Buche), teils durch aufgegebenes Weidfeld. Im Osten werden das Schönenberger Weidfeld und die Furche des Grossen Wiesetals vom Hochgescheid überragt, nördlich davon ist die Auftriebsschneise der "Tunauer Schweine" erkennbar.

Die Route verläuft vom Hausattel Richtung Niederböllen, vom Hauptwanderweg zweigt sie nach ca. 50 m links ab (Richtung Wembach-Schönau). Hier auf Gemarkung **Böllen** schlägt sich der Rückgang der Landwirtschaft deutlich in der Art der Flächennutzung nieder. Wo noch Bewirtschaftung erfolgt, geschieht dies intensiv, doch gibt es auch im zahmen Feld einzelne Parzellen und grössere Flächen im wilden Feld, die nicht mehr genutzt werden und allmählich zuwachsen. Dabei lassen sich verschiedene Stadien der Verhurstung ausmachen: bereits mit Buschwald überwucherte Flächen neben solchen, wo erster Fichtenanflug hochkommt. Die Stabilisierung der Weidewirtschaft im Allmendgebiet des südlichen Schwarzwaldes (seit Mitte der 70er Jahre) hat indessen bewirkt, dass kaum noch Flächen brachfallen, dass vielmehr − auch auf Gemarkung Böllen − die Sukzessionsvegetation gerodet wird, um die noch vorhandenen Weideflächen offenzuhalten.

Von einer Kirschbaumgruppe (Sitzbank) sieht man auf Oberböllen, den − oberhalb einer Gefällsteile im engen, tief in den Münsterhalden-Granit eingeschnittenen oberen Böllenbachtal gelegenen − Mittelpunkt der aus mehreren Weilern bestehenden, nur 100 Einwohner umfassenden Gemeinde Böllen, die als kleinste Gemeinde Baden-Württembergs heute dem Verwaltungsverband Schönau angeschlossen ist. Wenig weiter unterhalb stösst man auf einen Fahrweg mit altem, von Jahr zu Jahr stärker gelichteten Kirsch- und Apfelbaumbestand, dem man nach rechts folgt. Der Blick in die steilen Quellmulden der Nebentäler des Böllenbaches zeigt die schwierigen Bewirtschaftungsverhältnisse: die Hänge werden in den oberen Partien durch Wiesen, vereinzelt auch ackerbaulich, in höheren Lagen durch Weidfeld genutzt, die steilen unteren Hangteile sind waldbestanden.

Die kleine Talweitung von **Niederböllen,** auf die nun der Blick frei wird, ist an einen schmalen Streifen devonischer Schiefer gebunden. Hier zieht Grünland beiderseits des Hauptbaches die Hänge hoch. Doch besteht bei der nur geringmächtigen Bodenkrume auf den Südhängen Austrocknungsgefahr: deswegen folgt dort auf einen schmalen Streifen Wechselfeld Weide (im obersten Bereich enthurstet), darüber Wald mit hohem Laubholzanteil.

Der Weg läuft um eine Mulde mit intensiver Wiesennutzung bis zu einem Bacheinschnitt; von dort folgen wir der von Niederböllen heraufziehenden, fast durchgängig geteerten Strasse abwärts. Vorbei an senkrecht den Hang hinaufziehenden steilen Kartoffeläckerchen, die auch heute noch mit der Hacke bearbeitet werden, dann in der letzten Haarnadelkurve direkt zur unteren Hofgruppe von Niederböllen. Die Landbewirtschaftung erfolgt hier wie im gesamten Ort nebenberuflich, der Viehbestand ist vergleichsweise gering (maximal sieben Milchkühe) und reicht nicht zur Sicherung der Existenz einer Bauernfamilie aus. Die Gebäude der beiden Hofgruppen sind typische "Schauinslandhäuser" im Sinne Schillis (1977), sie haben die Hocheinfahrt in den Dachraum von der Langseite her. Das unmittelbar an der Landstrasse bachaufwärts gelegene Anwesen besitzt auf der Talseite noch den langen Gang, der von rückwärts zu den Ställen und zum "Abtritt" über dem Dunghaufen führt.

Weiter in Richtung **Wildböllen** die Landstrasse abwärts und nach ca. 100 m links einen steilen Fahrweg hinauf. Am Wegrand gedeiht hier auf südexponiertem Hang neben Bergahorn, Hasel und Buche auch noch die Traubeneiche. Auf der gegenüberliegenden (nordexponierten) Talseite kann man nun gut das Wechselfeld erkennen, das durch hangparallele Wege gegliedert ist, zwischen denen im Abstand von einigen Jahren die Ackerflächen verlegt werden, – heute ist es freilich fast vollständig übergrast. Wir folgen dem Fahrweg auf die Zwischentalwasserscheide zum Wildböllenbach – auf der auch die Gemarkungsgrenze gegen Schönenberg-Wildböllen verläuft – bis zu einer hohen, einzeln stehenden Fichte. Die hier gelegenen, verhältnismässig ebenen Flächen werden auf beiden Seiten der Grenze intensiv als Grünland und z. T. auch ackerbaulich (Kartoffeln, Getreide, Futter) genutzt. An der Waldspitze biegt der Weg halbrechts ab. Er verläuft zunächst durch Offenland, dann durch einen auf ehemaligem Weidfeld aufgewachsenen Niederwald mit Hasel, Buche, Birke, gelegentlich einem Kirschbaum, mit grösseren Exemplaren von Ahorn, randlich auch Fichten. Näher an Wildböllen hat man links ehemaliges Weidegelände im Stadium der Verhurstung mit einigen alten Überhältern, rechts einen wenig gepflegten Weidehang, darunter Wiesennutzung längs des Baches. An einer knorrigen Weidbuche öffnet sich der Blick auf Wildböllen und auf den Talhintergrund unter dem Rabenfelsen – mit Wald an den steilen Unterhängen und der Schönenberger Jungviehweide darüber.

Von den vier Höfen Wildböllens – das zu Schönenberg gehört – werden nur noch zwei im Nebenerwerb bewirtschaftet (Jungviehaufzucht), ein Haus dient als Zweitwohnsitz. Die Wechselfelder oberhalb des Ortes, insbesondere das – von unten nicht einsehbare – isoliert gelegene zahme Feld am Enerberg, werden zur Selbstversorgung genutzt. Die Hofgebäude sind – anders als in Niederböllen –

grossenteils Steinbauten; sie tragen im Türsturz die Jahreszahl 1834 bzw. 1835. Damals hatte ein Brand den Weiler heimgesucht und nur den untersten Hof verschont. Später sind weitere Gebäude abgegangen, der Ort ist also partiell wüstgefallen (1809: 91, 1980: 15 Einwohner).

Man kann nun der talauf ziehenden neuen Forststrasse folgen, die in sanftem Anstieg das Sägeneck oberhalb Schönenberg erreicht. Lohnender ist es jedoch, den kürzeren (und steileren) alten Verbindungsweg zwischen Wildböllen und Schönenberg zu wählen. Dazu zweigt man in der ersten Kurve nach Ende der Asphaltierung von der Forststrasse geradeaus (südwärts) auf einen Holzabfuhrweg ab. Wo dieser oberhalb Wildböllen aus dem Wald heraustritt (Sitzbank), steigen wir links den von dicken Weidbuchen gesäumten alten Schulweg nach Schönenberg zum Sägeneck hinauf. Nach Süden hat man von hier den Blick in das tief eingeschnittene Tal des Wildböllenbachs.

Tritt man unterhalb des Sägenecks aus dem Wald heraus, sieht man sich unvermittelt Geländeformen gegenüber, die sich deutlich von dem Tälerrelief entlang der bisherigen Wegstrecke unterscheiden. Vom nahegelegenen Gipfel des **Dossen** (861 m) sind sie gut zu überblicken. Anstelle des kleinräumigen, durch junge Zerschneidung geprägten Reliefs im Böllenbachtal hat man hier flachhängiges Gelände in mittlerer Höhenlage (um 800 m) vor sich, in das jüngere Talgenerationen bis auf die heutigen Talböden um 520 m eingeschnitten sind, das aber seinerseits überragt wird von höheren Erhebungen: den Steilanstiegen zum Hochgescheid und dessen Vorhöhen im Osten, dem in Ost-West-Richtung auffallend getreppten Kamm vom Ochsenberg gegen den Belchengipfel im Norden, im Westen dem von der Oberen Stuhlsebene deutlich abgesetzten Rücken des Löchlewaldes und im Süden schliesslich dem gebirgsauswärts leicht ansteigenden Kamm Honeck-Zeller Blauen. Insgesamt ergibt sich so das Bild einer weiten, hochgelegenen Hohlform, der "Hochmulde von Schönenberg".

Vom Dossen aus lassen sich sehr schön eine ganze Reihe von Verebnungsniveaus unterscheiden, die von den heutigen Tälern zerschnitten werden. Südlich des Gipfels erkennt man den Stelle-Rücken und den Gipfel des Haselbergs in knapp 800 m Höhe, im Südosten bei 750 m den Gipfel des Birkenbühls und die beiden nach Osten vorspringenden Vorhöhen des Haselbergs, knapp unter 700 m die Haideck über Schönau und die Ebenheiten, auf denen Schönenberg und Entenschwand liegen. Noch tiefer, bei knapp 650 m, erstreckt sich der lange Rücken der Galgenhalde westlich Schönau, der durch das Flankentälchen der "Gurgel" vom Haselberg getrennt ist.

Diese auffälligen Formen lassen sich nicht durch Gesteinsunterschiede erklären. Zwar liegt die Schönenberger Mulde ganz überwiegend in Gesteinen der Oberdevon-Unterkarbon-Zone, doch schneiden deren Gesteinsgrenzen nicht nur die Gesamtform, sondern auch einzelne Verebnungsniveaus, ohne dass sich dies morphologisch bemerkbar machte. Dagegen können die tieferen Niveaus sicher als ältere Talbodenreste der Wiese und ihrer Nebenbäche gedeutet werden. Zweifellos hat auch die kaltzeitliche Vergletscherung mit ihren Flankengerinnen — vom Dossen aus sind die beiden Rinnen beiderseits des Birkenbühls gut zu erkennen — zur endgültigen Ausgestaltung des Reliefs beigetragen. Für die Erklärung der Gesamtform reicht das jedoch nicht aus. Man muss hier wohl junge Krustenbewegungen mit in Rechnung stellen. Hinweise darauf gibt es, wenn auch exakte Nachweise bisher nicht gelungen sind. So ist unbestritten, dass das Belchenmassiv an der südlichen Randverwerfung des Münstertal-Albtal-Grabens — die vom Untermünstertal ins Aiternbachtal hinüberzieht — kräftig herausgehoben wurde und auch im Süden durch eine herzynisch streichende Verwerfung begrenzt ist, so dass hier ein langgestreckter schmaler Horst entstand. Er ist in sich durch rheinische Verwerfungen in mehrere Teilschollen zerlegt, – daraus erklärt sich das Treppenrelief des Belchen-Ochsenberg-Kammes. Es ist zumindest wahrscheinlich, dass diese kleinräumige Tektonik auf die angrenzende Schönenberger Mulde übergreift und ihre Struktur bestimmt.

Noch nicht ausdiskutiert ist auch die Frage, wieweit der **Wiesetal-gletscher** beim Hochstand der letzten Eiszeit das Gelände um den Dossen überfuhr, weil dessen Ablagerungen nur an wenigen Stellen der spätglazialen Abtragung nicht zum Opfer gefallen sind. Immerhin liegt Grundmoräne in 920 m Höhe am Haldenfels hoch über dem gegenüberliegenden Tunau, auf dem Ochsenberg (866 m) sind ebenfalls glaziale Geschiebe gefunden worden. Aber auch auf andere Weise lässt sich nachweisen, dass die vereinigten Gletscher aus dem Wiese- und dem Prägbachtal bei Utzenfeld noch bis etwa 1000 m hinaufgereicht haben, also bis an und über die damalige Schneegrenze. Da auch der Aiternbachgletscher aus dem Vereisungszentrum zwischen Belchen und Heidstein einen kräftigen Eisstrom brachte, kam es bei Aitern/Utzenfeld zu einem Eisstau, der das tiefeingeschnittene Wiedener Tal bis hoch hinauf blockierte, das Eis in breiter Front den Ochsenberg-Belchen-Kamm überschreiten und in die Schönenberger Mulde und weiter bis ins Böllenbachtal übertreten liess. Der Hauptstromstrich des Gletschers verlief freilich über dem heutigen Wiesetal. Hier hatte er seine grösste Mächtigkeit: in der Enge von Schönenbuchen rund 400 m, bei Wembach immer noch etwa 300 m. Die Eismächtigkeit nahm nach Westen rasch ab, – nicht nur wegen des höheren Untergrundreliefs, sondern auch deswegen, weil aus dem Böllenbachtal kein grösserer Gletscher zufloss und daher mit einem nicht unbedeutenden Quergefälle zu rechnen ist. Spätestens beim Rückschmelzen des Eises hat dies zur Bildung von temporären Eisstauseen zuerst im Böllenbachtal, dann in den übrigen rechten Seitentälern der Wiese geführt und damit zur Entstehung der Flankengerinne, die für die Gegend westlich Schönau so charakteristisch sind.

Das Weidfeld um den Dossen gehört zu **Schönenberg**. Es ist von mächtigen Weidebuchen, niederen Fichtengruppen und einzelnen Wacholderbüschen bestanden, aber keineswegs verwildert. Man sieht Schönenberg in der Hochtalmulde des Haldsmattbaches liegen, die nach aussen gegen Schönau steil abbricht. Schönenberg gehört zu den für das Wiesetalgebiet typischen Weilersiedlungen; aus der Ferne kann man locker gestellte grosse Eindachhöfe erkennen, die freilich – im Verbreitungsgebiet des Stockwerkeigentums – vielfach von mehr als einer Familie bewohnt werden. Vom Ort bis auf halbe Höhe der Mulde erstreckt sich das zahme Feld mit einzelnen Äckern auf – im übrigen als Grünland genutzten – Ackerterrassen, nördlich schliesst überwachsenes und heute waldbestandenes, westlich und südlich noch intaktes Weidfeld an. Auch in Schönenberg gibt es keine bäuerlichen Vollerwerbsbetriebe mehr, gleichwohl sind auf der Gemarkung zur Erhaltung und Verbesserung der Weidewirtschaft erhebliche Anstrengungen unternommen worden.

Vom Sägeneck-Kreuz folgt man zunächst dem Schönenberger Rundweg (rote Markierung) zur Wegspinne am Sägplatz, dann geht man – vorbei an einer freistehenden mächtigen Buche – über den Rücken der Unteren Stuhlsebene aufwärts Richtung Belchen bis in den Sattel östlich des Rabenfelsens, wo von rechts der Weg von Schönau zum Belchen heraufkommt (Wegweiser, Sitzbank). Hier befindet man sich oberhalb der **Schönenberger Jungviehweide,** die mit 55 ha recht ausgedehnt ist und in deren Mitte die – früher in Multen gelegene – Viehhütte steht. Weide und Stall sind in der zweiten Hälfte der fünfziger Jahre (z. T. mit Geldern aus dem Schwarzwaldweideplan) instandgesetzt bzw. neu errichtet worden. 70 Stück Jungvieh aus Schönenberg einschliesslich Wildböllen sowie aus dem Kleinen Wiesetal (Gastvieh) standen hier im Jahre 1979 — ein bislang nicht erreichter Höchststand. Die Weide macht einen gepflegten Eindruck: Fichtenanflug wird niedergehalten, alle zwei bis drei Jahre erfolgt eine Meliorationsdüngung.

Über die Schönenberger Mulde geht der Blick bis zu den Höhen, die das mittlere Wiesetal ringsum begrenzen. Wesentlich umfassender noch ist der Ausblick von der nahegelegenen Kuppe des **Hagendorn** (1032 m). Hier sieht man nordwärts in das tiefeingeschnittene Aiternbachtal, in die Talweitung von Utzenfeld-Geschwend und — über das Wiedenbachtal hinweg — zum Knöpflesbrunnen und gegen den Feldberg. Von kaum einem anderen Punkt hat man einen so guten Überblick über das Gebiet des kaltzeitlichen Wiesetalgletschers. Die gegenüberliegenden Hänge des Aiternbachtals sind in den felsigen Partien von Adlerfarn überwuchert, die ortsnahen (Kuh-)Weiden von Aitern dagegen in gutem Zustand.

Wir folgen dem Belchen-Weg (blaue Raute) um den Rabenfelsen herum durch Wald — einen Mischwald mit einigen alten Tannen als Überhältern und verhältnissmässig viel Fichten, bei denen sich die rezente oberflächliche Schuttbewegung in der Ausbildung eines Stammknies bemerkbar macht. Jenseits des Rabenfelsens erreicht man die Obere Stuhlsebene und damit wieder die Schönenberger Jungviehweide. Die — in dieser Höhe (rund 1100 m) — auffallend grosse und fast ebene Fläche der Oberen Stuhlsebene ist eine Teilscholle des Belchenhorstes, die an einer rheinisch streichenden Störung gegenüber der Gipfelfläche des Belchens um 300 m tiefergesetzt wurde.

Die Weidflächen der Oberen Stuhlsebene ziehen sich aus Schönenberger in Böllener Gemarkung hinüber, die von Süden her bis zum oberen Rand des Belchenwalds und zum Böllenereck hinaufreicht. Die Böllener Jungviehweide Breitmoos umfasst 27 ha, die nach dem Kriege neuerrichtete (von Neuenweg erworbene) Viehhütte ist vom Weg aus nicht einsehbar. Wo die Strasse nach Multen abzweigt, erinnert ein Granitkreuz an den Sattlermeister Franz Schlageter aus Schönau, dem die Erschliessung des Belchengebiets für die Wanderbewegung zu einem guten Teil zu danken ist.

Die Route folgt dem Belchen-Weg (blaue Raute) in den **Belchen-Wald** hinein. Am Böllenereck besteht die Möglichkeit einer Abzweigung nach Neuenweg. Über eine Kahlschlagfläche blickt man rechts hinaus auf Untermulten und die Quelläste des Aiternbaches, wo — in 1000 bis 1200 m Höhe — das kaltzeitliche Vereisungszentrum des Belchengebiets lag. Nach Querung einer Forststrasse kommt man zu einer Weggabel, an der rechts der mässig ansteigende Pfad zur Kaltwasserkurve der Belchenstrasse abzweigt (blaue Raute). Wir folgen dem (nicht markierten) steileren, aber gut gangbaren Weg links, der oberhalb des Rosenfelsens auf die Offenlandflächen der Gipfelregion mündet. Man geht hier durch die oberen Partien des Böllener Belchenwaldes, einen hochmontanen Bergmischwald mit Bergahorn und hohem Buchenanteil, der freilich stellenweise von jungen Fichtenreinkulturen durchsetzt ist. Die Bäume tragen hier — in knapp 1300 m Höhe — einen dichten Flechtenbewuchs, der auf die hohe Luftfeuchtigkeit hinweist.

Wo der Weg an der Belchenstrasse aus dem Wald heraustritt, quert man direkt zum **Belchenhaus** hinüber. Man bewegt sich hier wieder auf Schönenberger Gemarkung, die mit ihren äussersten Ausläufern bis auf den Belchengipfel und — im Rübgartenwald — bis in das Quellgebiet der Multener Bäche weit nach Nordwesten ausgreift — ein Hinweis darauf, wie eifersüchtig die Gemeinden zur Zeit der

Grenzfestlegungen Anfang des 19. Jahrhunderts auf die Wahrung ihrer (Gewohnheits)rechte an den ursprünglich gemeinsam genutzten Weide- und Waldflächen achteten.

Das 1866 erbaute Belchenhaus steht an der Grenze gegen Neuenweg auf Schönenberger Gemarkung. Es ist 1977 von den Besitzern des benachbarten Berghotels "Wiedener Eck" erworben und nach gründlicher Renovierung wieder eröffnet worden (45 Betten). Wie der Feldberger Hof hat es aber vor allem den Tagesausflugsverkehr aus den Ballungsräumen der Rheinebene zu bewältigen, dem auch hier grosse, in Stosszeiten nicht ausreichende, sonst nahezu leerstehende Parkflächen zur Verfügung gestellt werden müssen. Den an Ausflugswochenenden anschwellenden Touristenstrom kann die Gaststätte (samt Kiosk) oft kaum fassen. Wie der Feldberger Hof hatte auch das Belchenhaus ursprünglich eine eigene Landwirtschaft, doch haben die Viehställe unter den angegliederten Nebengebäuden heute keine landwirtschaftliche Funktion mehr.

Der **Belchengipfel** steht wie das Feldberggebiet unter Naturschutz (seit 1949); das Naturschutzgebiet umfasst 582 ha. Gleichwohl ist es hier wie dort wegen des starken Besucherandrangs zu Schäden an der Bodenbewachsung gekommen. Sie hatten aber am Belchen noch gravierendere Folgen, weil sich die Ausflügler auf eine kleinere Fläche konzentrierten. Man hat deshalb schon seit Mitte der 60er Jahre den Publikumsverkehr in bestimmte Bahnen, vornehmlich auf Rundwege, zu lenken gesucht und grössere Teile der Kuppe durch Zäune gesichert. Die Erfolge sind sichtbar: die Erosionsnarben sind grossenteils verheilt. An nicht geschützten Stellen können allerdings immer wieder neue Schäden auftreten.

Vom Belchenhaus zum Gipfel folgen wir dem oberen Rundweg (gegen den Uhrzeigersinn). Der Belchengipfel ist altes Schönenberger und Neuenweger Weidegebiet, wurde aber bereits vor dem 2. Weltkrieg nur noch vom Belchenhaus mit Rindern bestossen; seit 25 Jahren übernehmen Wanderschafherden die Landschaftspflege. Rechts kommt der Skilift aus dem Kaltwasser herauf – ein Gegenstück zu den Seebuck-Liften am Feldberg. Die Skihänge am Belchen sind freilich räumlich sehr viel beschränkter. Der Blick schweift im Osten über das Grosse Wiesetal bis auf den begrenzenden, fast durchgehend bewaldeten Kamm von der Hohen Möhr über Hochkopf, Blössling und Herzogenhorn bis zum Feldbergmassiv. Im Tal des tiefeingeschnittenen, gefällsreichen Aiternbaches (600 m Höhenunterschied auf 6 km Entfernung) sind Ortsteile von Multen und Aitern zu erkennen. Oberhalb des Weissen Felsens, wo der Wald bis an die Gipfelfläche heranreicht, zeigen niedrige Fichten durch ausgeprägte Windfahnenform die harten ökologischen Bedingungen der höchsten Lagen an. Unter dem felsigen Belchen-Nordabsturz, wo im Frühjahr mächtige Schneewächten hängen, sind die steilen Hänge wie am Feldberg in Lawinenschneisen mit niedrigen Laubhölzern und Zwischenrippen mit Fichtenbewuchs gegliedert. Nach Norden sieht man über die Scheuermatt mit der am oberen Rand entlangführenden Belchenstrasse auf die Rodungsfläche im Bereich des Wiedener Ecks, das Schauinslandmassiv mit der Rotte Stohren (Obermünstertal) und in der Ferne den Kandel.

Der Belchengipfel (1414 m) schliesslich – die höchstgelegene Teilscholle des schmalen Belchenhorstes, ringsherum von aus Verwerfungen hervorgegangenen Steilhängen begrenzt – bietet wie kein anderer Schwarzwaldberg freie Rundsicht, eindrucksvoll insbesondere nach Westen auf den Steilabfall des Gebirges, auf Teile der Vorbergzone und die Oberrheinebene bis zu den Vogesen. Je nach Sichtverhältnissen sind zahlreiche Siedlungen rechts und links des Rheins auszumachen, auch der Fluss selbst ist streckenweise zu sehen. Unmittelbar unterhalb des Gipfels führt das 1000 m tiefer gelegene Münstertal aus dem Gebirge heraus, am Talausgang ist der Staufener Schlossberg erkennbar. Von der Freiburger Bucht und ihrer Umrahmung heben sich Schönberg und Kaiserstuhl sowie die in den Mooswald ausgreifenden westlichen Stadtteile von Freiburg ab. Im Süden öffnet sich die Burgundische Pforte, der Schweizer Jura ist meistens, die Alpenkette nur bei klarem Wetter zu sehen. Eine bronzene Orientierungstafel (von 1873) erleichtert die Identifizierung der von hier aus sichtbaren Punkte. Nahebei steht ein alter Grenzstein (Gemarkungen Schönenberg, Neuenweg, Untermünstertal).

Man geht den Rundweg bis zu einer Felsnase weiter, von der aus die Südabfälle des Belchen und das Tal von Neuenweg einzusehen sind. Hier auf der sehr steilen Belchensüdseite (Übungsgelände für Drachenflieger!) wird die Waldgrenze vor allem von Laubhölzern — Buchen und auffallend viel Mehrbeere — gebildet. Das sieht man im Detail noch besser, wenn man direkt oder über einen Serpentinenweg zum Hohkelchsattel absteigt: oberste Vorposten des Waldes sind die 2—3 m hohen, meist einzeln stehenden Mehlbeerbüsche, wenig tiefer folgen dann Buche, Bergahorn, Eberesche, an Nadelhölzern die Fichte und — vereinzelt — die Tanne. Die Belchensüdseite war früher Hochweide von Neuenweg. Der Weidebetrieb wurde jedoch schon vor dem 2. Weltkrieg eingestellt, eine erst 1935 errichtete Viehhütte am Hohkelch 1956 (nach Böllen) verkauft und abgebrochen. Eine Nutzung erfolgt nur noch durch Wanderschafherden, deren Einsatz — wie am Feldbergsüdhang — ein Grund für das nur langsame Fortschreiten der Wiederbewaldung ist.

Das breite Tal der Belchenwiese oberhalb Neuenweg mit dem "grossartigsten Talschluss des ganzen Schwarzwaldes" (Schrepfer 1931) ist — morphologisch gesehen — eine Besonderheit: alle anderen Belchentäler sind schmal und zumeist tief eingeschnitten, nur die Multener Quelltäler haben ihren hochgelegenen Talboden behalten und konnten daher zum Vereisungszentrum des Belchengebiets werden. Der besondere Charakter des **Neuenweger Tals** ist z.T. gesteinsbedingt. Es wurde bereits darauf hingewiesen, dass die Talenge unterhalb Neuenweg durch Vulkanite der Oberdevon-Unterkarbon-Zone hervorgerufen wird, die Talweitung um den Ort durch die leichter ausräumbaren Kulm-Konglomerate. Talauf stehen aber wieder härtere Gesteine an: im Gebiet der Belchenhöfe — etwa von der Kehre der Böllener Strasse an — zieht ein Streifen Münsterhalden-Granit durch, die Felspartien vom Hohen Kelch und Heideckfelsen bis zum Hagstutzfelsen liegen in Metablastiten (Gneisen, die durch aufdringende Granitschmelzen stark verändert wurden), die Belchenkuppe selbst ist aus Randgranit aufgebaut. Der Münsterhalden-Granit bedingt wohl — wenigstens z.T. — die Versteilung der Unterhänge unterhalb der Belchenhöfe, die Metablastite dürften für die Steilheit der Belchensüdwand verantwortlich sein. Hinzu kommt die junge Tektonik, die den Belchengipfel längs einer herzynisch streichenden Verwerfung um wenigstens 150 m herausgehoben hat. Das Fehlen der im Bereich der Schönenberger Mulde so auffallenden Reste älterer Talböden (sie sind auch im übrigen Kleinen Wiesetal nur schwach ausgebildet) lässt sich als Folge der stärkeren Heraushebung der Schwarzwaldwestflanke und die dadurch verstärkte fluviale Erosion deuten.

Das alles reicht jedoch nicht aus für die Erklärung der Breite des Neuenweger Tales. Man braucht es nur mit den Quelltälern des Böllenbachs zu vergleichen, wo praktisch identische Gesteinsverhältnisse herrschen, um festzustellen, dass hier offenbar noch andere Bedingungen eine Rolle spielen. Man wird sie in den besonderen Umständen der kaltzeitlichen Vergletscherung suchen dürfen. Denn der Talboden des Neuenweger Tals liegt an sich zu tief, als dass sich hier ein normales Vereisungszentrum hätte bilden können. Andererseits ragt die Umrahmung im Norden und auch im Westen so ungewöhnlich hoch und steil darüber auf, dass schon während der Früh- und natürlich auch der Spätphasen der letzten Eiszeit die höheren Flachhänge oberhalb der Belchenhöfe durch niederbrechende Lawinen grosse Schneemassen zugeführt bekommen haben müssen, die ganzjährig liegenblieben, die Abtragung an der Basis der Unterhänge verstärkten und dadurch den Talboden aufweiteten. Während des Hochstandes wurden sie schliesslich über die Schneegrenze aufgehöht, und es entwickelte sich ein Belchenwiese-Gletscher, der gleichwohl stets auf die zusätzliche Ernährung durch Lawinen angewiesen blieb und daher kaum über Neuenweg hinausreichte. Der Belchenwiese-Gletscher wäre also ein Gletscher vom Firnkessel- oder Firnstromtyp gewesen, der breite Talschluss unterhalb der Belchensüdwand demnach als ausgeaperter Firnkessel zu deuten. Diese Vorstellung lässt sich durch das Argument stützen, dass auch die Entstehung des gut belegten kaltzeitlichen Gletschers aus dem benachbarten Nonnenmattweiherkar kaum ohne initiale Lawinenschneezufuhr erklärt werden kann. Dass im Tal der Belchenwiese Endmoränen nicht nachweisbar sind, ist nicht ungewöhnlich und leicht dadurch erklärlich, dass ein Gletscherende in der Talenge unterhalb Neuenweg die Ablagerung und vor allem die Erhaltung einer Moränenakkumulation verhinderte.

Vom Hohkelchsattel lohnt sich ein Abstecher zum **Hohkelchgipfel** und weiter zu einem vorgelagerten Felsvorsprung (Sitzbank). Von dort hat man eine prachtvolle Aussicht auf das Neuenweger Tal und grosse Teile des südlichen und südwestlichen Schwarzwalds. Talabwärts ist das hochgelegene Elbenschwand zu erkennen; links − jenseits des bewaldeten Kammes mit dem Zeller Blauen als Abschluss − zeigen sich Teile des Grossen Wiesetals um Fröhnd. Im Westen − unmittelbar unterhalb des Steilabsturzes − beginnen die obersten Verzweigungen des Untermünstertales, die mit Ausnahme der Rotte Münsterhalden bewaldet sind (ausgedehnte Fichtenforste); dahinter erhebt sich die Sirnitz mit ihren Liftanlagen und − in der Verlängerung des Kammes − der Blauen.

Nach Rückkehr zum Hohkelchsattel folgen wir dem Westweg des Schwarzwaldvereins (rote Raute) Richtung Haldenhof. Der Weg führt durch Wald, meist Fichtenforst, nur gelegentlich kleine Mischwaldbestände (Buche, Bergahorn, Eberesche, alle mit dichtem Flechtenpolster). Das Gelände ist hier − auf der Westflanke des Hohkelchs − durch steilhängige Grobschutthalden geprägt, die Bäume zeigen häufig ein Stammknie. An Felsvorsprüngen − jeweils mit freiem Ausblick auf die höchsten Teile des Untermünstertals − erscheint die Mehlbeere als charakteristische Holzart der Freiflächen, daneben Bergahorn, Buche und erstmals die Esche, an Nadelholz neben der dominierenden Fichte die Tanne. Der breite, auch in den Felspartien gut ausgebaute Weg ist vermutlich bereits im Zusammenhang mit dem Bergbau im nahen Münstertal angelegt worden. Jenseits des Hohkelchs gelangt man (bei P. 1104,6) zu einer Einsattelung mit Ausblick nach Südosten. Das ehemals bis hierher reichende Neuenweger Weidfeld ist zugewachsen; die niedrige Trockenmauer, die die Grenze gegen den Wald auf Untermünstertäler Gemarkung bildet, verfällt. An der Richtstatt (P. 1050,9; der Name kommt vom Zurichten des Holzes) besteht die Möglichkeit, auf einer Forststrasse direkt zu den Belchenhöfen bzw. über den Ecksattel nach Neuenweg abzusteigen. Wir folgen weiter dem Westweg (halbrechts halten, nicht geradeaus auf den Stuhlskopf!). Kurz nach der scharfen Kurve unterhalb des Stuhlkopfes sind am linken Wegrand mehrere gutausgebildete Harnische zu sehen, die eindrucksvoll zeigen, dass hier rheinisch verlaufende Störungen durchsetzen, an denen das Belchenmassiv gegenüber den westlichen Höhen herausgehoben worden ist.

Bei P. 970,2 tritt der Weg aus dem Wald heraus (Grenzstein mit Wappen und Jahreszahl 1796) auf das Weidfeld von **Mittelheubronn**. Hier sind 1979 im Zuge von Enthurstungsmassnahmen Fichtenaufwuchs und Wacholderbüsche beseitigt worden. Eine Vorstellung von der verschwundenen Sukzessionsvegetation auf Weidfeld mit dem früher so verbreiteten Wacholder (Anzeichen für das mildere, weniger winterharte Klima des südwestlichen Schwarzwaldes) geben bachnahe Partien am Gegenhang. Dort schreitet im übrigen die Wiederbewaldung durch Fichtenaufforstung und Wildwuchs unterhalb des Tannen−Buchen−Hochwaldes immer weiter voran. Wir verlassen nun den Westweg, der in den Wald zurückführt und folgen dem breiten Fahrweg am Waldrand entlang zum Haldenhof. Links hat man Ausblicke auf Mittel- und Vorderheubronn. Im Weidfeld erscheinen einzelne hohe Wacholderbüsche (Flurname "Wacholderhürst"). Schliesslich berühren wir Heubronner Wechselfeld, das hier auf südexponierten Hängen noch recht intensiv − durch Grünland − genutzt wird. Über einen Wanderparkplatz nach kurzem Anstieg zum **Haldenhof**.

Dieser alte Gasthof an der Gabelung von Sirnitz- und Münsterhaldenstrasse ist ein beliebtes Ziel des sommerlichen und − seit Anlage der Weiherkopflifte − auch des winterlichen Ausflugsverkehrs. Das Hotel (20 Betten) hat während der Urlaubssaison sein festes Stammpublikum. Gleiches trifft für die Zimmervermieter in den Heubronner Weilern zu, wo der Fremdenverkehr zumeist in Form der "Ferien auf dem Bauernhof" (17 Einzel- und Doppelzimmer in sieben Häusern) vor allem deswegen gut Fuss fassen konnte, weil mit dem Haldenhof ein leistungsfähiger Restaurationsbetrieb zur Verfügung stand.

Unterhalb des Hotels zweigt der Weg zum Nonnenmattweiher ab (blaue Raute). Bei den Höfen von **Hinterheubronn** fällt die Kombination steinerner Wohnteil/hölzerner Stall- und Scheunenteil auf − das Ergebnis einer Bautradition, die bis ins 18. Jahrhundert zurückzuverfolgen ist. In den Hausgärten ist Buchsbaum häufig; er weist wie der Wacholder auf das mildere, unter ozeanischem Einfluss stehende Klima des südwestlichen Schwarzwaldes hin. Wir überqueren den Bach und steigen dann schräg den Hang hinauf. Rasch sind die intensiv genutzten landwirtschaftlichen Flächen durchschritten. Links ragt der Belchen empor, hinter uns ist der Weiherkopf mit seinen Skipisten erkennbar. Oberhalb des Weges schliesst Allmendweide an, die am nordexponierten Hang vor allem als Jungviehweide dient.

Deutlich ist von hier aus das Nutzungsgefüge auf dem Gegenhang zu erkennen: die drei Weiler im Heubronner Tal mit ihren Gemüse- und Obstgärten sind durch die als Dauergrünland genutzte Bachaue miteinander verbunden, darüber folgt Wechselfeld, dann Allmendweide, schliesslich der Wald auf den Kämmen. Die Abnahme der Nutzungsintensität ist überall spürbar. Im Talgrund finden sich auf ehedem reinem Wiesengelände Koppelweiden. Das Wechselfeld wird von Grünland bestimmt, in das sich ebenfalls Koppelweiden einschieben, das aber kaum noch Ackerparzellen (Kartoffeln) trägt. Der schmale Streifen Allmendweide unterhalb des Waldes ist im Haupttal mehrfach durch zahmes Feld unterbrochen; ausgedehnte Weidflächen liegen in den Seitentälern der beiden Grundbäche und im Talschluss gegen den Sirnitzsattel. Dort ist im Übergang zu den Wäldern Fichtenjungwuchs hochgekommen. Trotz dieser Nutzungsextensivierung ist das Heubronner Tal bis heute insgesamt offen geblieben − dank der Arbeit von (1980 noch acht) Nebenerwerbslandwirten.

Die Route führt an einem kleinen Bestand von Ebereschen vorbei, dann durch einen schmalen Saum vernachlässigten Weidfelds und

Aufforstungsflächen (Fichte und Douglasie), schliesslich in lichten Hochwald. Wo der Fussweg zur Sirnitz abzweigt, weist ein Schild auf das Naturschutzgebiet (korrekt: Landschaftsschutzgebiet) Nonnenmattweiher hin (seit 1941; 65 ha gross). Von links reicht die Dürsbergweide bis nahe an den Weg heran; in ihren unteren Teilen repräsentierte sie mit hohen Wacholdern und ausgedehnten Besenheidebeständen früher nahezu vollkommen den Typ der "atlantischen Heiden" (Relikte der in jüngster Zeit degradierten Bestände am Weg zwischen den beiden Parkplätzen, s.u.).

Der **Nonnenmattweiher** (Nonnenmatt = Rindermatt) liegt wie das südlich benachbarte Seilemoos in einem eiszeitlichen Kar. Der Karboden hat mit 913 m eine ungewöhnlich tiefe Lage (die Karböden des Feldberggebiets liegen alle − und z.T. beträchtlich − über 1000 m). Die Karumrahmung reicht im Westen und Süden bis etwa 1050 m hinauf, also gar nicht sehr weit über die Schneegrenze des Würmmaximums. Aber die günstige Exposition nach Nordosten dürfte hier sowohl in den Früh- wie in den Spätphasen der Vereisung zu einer perennierenden Ansammlung von Lawinenschnee geführt haben, der in erster Linie die eindrucksvolle Versteilung der felsigen Karrückwand zu danken ist. Während des Würmhochstandes war aber die gesamte Hohlform von Eis erfüllt und daher imstande, einen kleinen Gletscher zu ernähren, der ins Heubronner Tal bis auf 800 m vordrang und dabei eine mächtige Moränenbedeckung zurückliess. Der Weg führt schräg an der − teils durch Felsen in den anstehenden Unterkarbon-Vulkaniten, teils durch steile Schutthalden geprägten − Karrückwand abwärts. Hier wächst ein typisch ausgebildeter hochstämmiger Bergmischwald mit Buche, Tanne, Fichte und Bergahorn über einer hochstaudenreichen Krautschicht. Der Karboden ist von einer Endmoräne abgedämmt, die an den Strassen beiderseits des Seeabflusses aufgeschlossen ist. Der Ausfluss wurde 1785 − und nach einem Dammbruch 1922 nochmals − künstlich aufgehöht, so dass über dem vermoorten Karboden ein Weiher entstand. Der Nonnenmattweiher ist also in seiner heutigen Form anthropogen. Er diente dem Mühlenbetrieb im Heubronner Tal und − nebenbei − der Fischzucht. Durch die Überstauung löste sich die natürliche Torfdecke vom Seeboden und bildet seitdem eine schwimmende Insel. Sie weist eine eindrucksvolle Hochmoorvegetation auf, in der die Wollgrasbestände auch aus der Ferne besonders auffallen. Leider wird die an sich unzugängliche Insel trotz zahlreicher Verbotsschilder immer wieder von Badenden betreten, der Pflanzenbestand dadurch gestört und stellenweise vernichtet (Kahlstellen!). Dabei ist die Badebucht im tieferen, aber auch sonnigeren Nordteil des Weihers durch eine Baumstammsperre klar begrenzt.

Am Beispiel dieses Landschaftsschutzgebietes zeigen sich die Zielkonflikte von Naturschutz und Tourismus mit aller Deutlichkeit: der zu Fuss und mit dem Auto (Zufahrt von Mittelheubronn, Parkplätze und Kiosk "Fischerhütte" vor der Endmoräne) leicht erreichbare Nonnenmattweiher wird an sommerlichen Wochenenden von den zahlreichen Besuchern oft regelrecht umlagert. Trübe Erfahrungen zwangen dazu, Feuermachen, Zelten, Befahren der Wasserfläche mit Booten oder Flössen, Schwimmen ausserhalb der Badebucht und Betreten der Torfinsel ausdrücklich zu verbieten. Auch die Anglerleidenschaft wird − durch eine Fangbeschränkung auf vier Edelfische pro Tageskarte − gezügelt.

Den besten Überblick über den Nonnenmattweiher gewinnt man vom Standpunkt Weiherfelsen (1050 m), den man über einen Steilanstieg durch die Karrückwand erreicht (Abzweig vom Weg oberhalb des Weihers). Eindrucksvoll zeigen sich von hier oben nicht nur die morphologische Sequenz − Felsiges Rückgehänge-Karboden mit Weiher-Stauende Endmoräne − und der Bergmischwald mit seinen aus der Tiefe emporragenden, mächtigen Tannen, sondern auch die Nutzungsdifferenzierung dieses Erholungsgebietes: Besucherschwerpunkte um die Badebucht und am Kiosk auf dem ersten (häufig überlasteten) Parkplatz, reger Fussgängerverkehr dazwischen und zum zweiten Parkplatz, wenige abseits lagernde Gruppen und Spaziergänger, spärlicher Wandererstrom.

Wir folgen der Forststrasse rechts des Weiherbachs nach Vorderheubronn. Am Hang ist die Moräne auf viele Meter aufgeschlossen. Die nur teilweise kantengerundeten, vielfach eckigen Geschiebe aus den Porphyren der Karrückwand (mit z.T. sehr grossen Feldspäten) weisen auf den kurzen Transportweg hin. Die Strasse verläuft hangparallel weiter nach Bürchau und über die Grube nach Ried und Tegernau ("Köhlgartenweg"). An der ersten grossen Kurve zweigt ein Forstfahrweg, von diesem ein Wanderweg ab, der parallel zum Bach direkt nach Vorderheubronn hinabführt (blaue Raute). Der Buchen-Tannen-Fichten-Mischwald zeigt hier viel Farnkraut im Unterwuchs und Reste ehemaliger Weidfeldvegetation. An Wegaufschlüssen tritt immer wieder Moräne heraus, gelegentlich auch ein mächtiger Findlingsblock.

Nahe **Vorderheubronn** gelangt man in offenes Gelände und stösst wieder auf den Forstweg, der nun durch Weidfeld und Wiesen (zumeist Mähweiden) führt. In Ortsnähe kommen einzelne kleine Ackerparzellen und der übliche Kranz älterer Obstbäume hinzu. Die Häuser des Weilers sind gut gepflegt, doch wird nur noch in zwei Höfen Landwirtschaft (im Nebenerwerb) betrieben, einer bietet zusätzlich "Ferien auf dem Bauernhof" an. Die Erwerbstätigen pendeln z.T. bis Lörrach aus.

Der Weg überschreitet den Bach und führt schräg den Hang hinauf zum Eck-Sattel. Beim Aufstieg begleitet uns rechts Wechselfeld, links Koppelweide. Im Rückblick sieht man, dass sich das offene Heubronner Tal abwärts verengt und in Wald übergeht (z.T. Fichtenaufforstungen). Die Nutzungsgrenze zeichnet hier einen Wechsel in der Standortgunst nach: steileres Gelände und schlechtere Böden sind bedingt durch den Gesteinswechsel von den Kulmkonglomeraten zu den gleichaltrigen Vulkaniten der Zone Badenweiler-Lenzkirch.

Die Route quert die Landstrasse zum **Sattel "Auf der Eck"** (Wegweiser, Abzweigungen zum Spitzkopf und zum Belchen). Auf dessen breitem Rücken liegen — wie gegenüber auf dem Hau — Wechselfelder; hier werden auch heute noch Kartoffeln und Getreide (Roggen) angebaut. Besser noch als von den Schanzen am Hau — die von hier aus deutlich zu erkennen sind — gewinnt man vom Ecksattel aus einen umfassenden Überblick über das Neuenweger Tal. Die leicht terrassierten Hänge um den Ort herum — ehemals durchweg Wechselfelder — werden heute überwiegend als Grünland genutzt, nur die günstigsten Lagen in Ortsnähe und auf Hangverflachungen (wie oberhalb der Kirche) tragen vereinzelt Äcker. Darüber liegen als unterschiedlich breiter Streifen Allmendweiden, die in steileren Partien nur noch extensiv genutzt werden, daher verhursten und letztlich vom Wald zurückerobert werden. Auf einer neuangelegten Strasse — der alte Weg zieht links als tiefeingeschnittener Hohlweg direkt in den Ort — führt die Route nach Neuenweg zurück.

4.4 Hauptroute IV (Höhen beiderseits des Grossen Wiesetals)

Die Hauptroute IV zeigt die verschiedenen Relieftypen, die Höhenstufen der Vegetation und der Landnutzung sowie den Gegensatz in der Wirtschaftsstruktur zwischen talständigen und Höhensiedlungen beiderseits des Grossen Wiesetals. Man geht die Route zweckmässigerweise in zwei Teilstrecken: Mambach—Schönau und Schönau—Mambach (Omnibusverbindungen zwischen beiden Orten auf der B 317).

4.4.1 Höhen östlich des Wiesetals zwischen Mambach, Herrenschwand und Schönau (IV, 1):

Fusswanderung, ca. 21 km. Höhenunterschiede bis über 600 m, ca. 6—7 Std., Wanderausrüstung. Mambach, 465 m — Ehrsberg, 854 m — Wanderparkplatz Waldmatter Kreuz, 963 m — Zimmerplatz, 1080 m — Herrenschwand, 1030 m — Tiergrüble, 1064 m — Tunauer Schweine, 1148 m — Zwei-Städte-Blick, 905 m — Michelrütte, 704 m — Schönau, 540 m.

Die Route beginnt in **Mambach** (Parkmöglichkeiten an der alten Ortsstrasse, abseits der heutigen Umgehung durch die B 317). Das 1974 nach Zell eingemeindete, 440 Einwohner zählende Dorf liegt an der Einmündung des Angenbachtals, durch das die — 1853 ausgebaute — Passstrasse über den St.-Antoni-Sattel nach Todtmoos führt. Die verkehrsgünstige Lage und die Wasserkraft des Angenbachs haben den Ort, dessen landwirtschaftliche Basis immer schmal war, im 19. und in der ersten Hälfte des 20. Jahrhunderts wachsen lassen. Die Mambacher verdienten u.a. an dem Transport von Holz, Holzkohle und Sägewaren aus dem Hinterhag und dem Raum Todtmoos zum Verladebahnhof Mambach. Vor allem aber liessen sich am unteren Angenbach eine ganze Reihe von Gewerbebetrieben nieder: in Mambach lagen auf kurze Entfernung eine Schmiede, ein Sägewerk und eine Mühle beieinander. Die Schmiede ("Huf-Beschlag- und Wagenschmied Gerspach" an der Brücke) arbeitet noch heute ausschliesslich mit Wasserkraft, die durch Transmissionen übertragen wird (Jahreszahl 1719 an der Esse). Das Sägewerk wurde aufgegeben, aus der Mühle entwickelte sich eine kleine Nudelfabrik, die ebenfalls noch die Wasserkraft nutzt. Stärker gestreut sind die landwirtschaftlichen Anwesen (Nebenerwerbsbetriebe), doch liegen sie alle im Tal, teils in Mambach selbst, teils weiter nördlich im Weiler Silbersau. Die landwirtschaftlichen Nutzflächen befinden sich — wenn man einmal von den Wiesen im Talgrund absieht — alle in stark hängigem Gelände, so südlich des Ortes oder am Wege nach Ehrsberg hoch über der Siedlung. Noch Anfang der 50er Jahre wurden auch am gegenüberliegenden — von der Kapelle "Maria Frieden" gekrönten — Scheibenackerköpfle Kartoffeln und Roggen angebaut. Heute hat man Mühe, die ausgedehnten Weideflächen der Gemarkung von Farn freizuhalten. Mehrere Wohnhausneubauten zeugen vom verbreiteten Industriependlertum nach Atzenbach und Zell. Die selbst beim älteren Baubestand vorherrschende Steinbauweise erklärt sich aus einem Grossbrand, dem das Dorf 1870 zum Opfer fiel. Im Zuge des Wiederaufbaus entstand auch die neugotische Kapelle am nördlichen Ortsrand (Kirchenfenster mit Hinweis auf die Brandkatastrophe); pfarrmässig gehört Mambach zusammen mit Pfaffenberg zu Atzenbach (vgl. auch Route IV, 2).

Die Wanderstrecke beginnt bei der Kapelle (Richtung Hochkopfhaus; Wegebezeichnung: rotes Dreieck) und folgt dem alten — jetzt verlassenen — Ortsverbindungsweg nach Ehrsberg. Rechts begleitet ihn eine überwachsene Trockenmauer (die ehemals das Kulturland bergwärts abgrenzte), dann der Weidezaun einer neu eingerichteten Rinder- und Ziegenweide. Oberhalb des Weges steht alter Niederwald mit Eiche, Hainbuche, Hasel, Buche, dazwischen liegen kleinere Fichtenbestände. Der Weg quert dann farnüberwachsenes und von Kiefern durchsetztes aufgegebenes Weidfeld, das aber durch Rodungsmassnahmen wieder nutzbar gemacht wird. Von hier hat man einen guten Ausblick in das tief eingeschnittene **Angenbachtal** und auf die jenseitigen Höhen zwischen Hoher Möhr (985 m) und Rohrenkopf (1172 m). Das Angenbachtal ist eines der wenigen Täler im Exkursionsgebiet, das in der letzten Eiszeit nicht vergletschert war. Typisch sind die langen, um die 200 m hohen, gleichmässig geböschten und wenig gegliederten Hänge sowie die schmale Talsohle. Typisch ist auch der Gegensatz von ehemaligem Weidfeld auf dem diesseitigen südexponierten und dem Wald auf dem jenseitigen nordexponierten Hang.

Östlich des **Eselsköpfles** (665 m) erreicht man einen Sattel, durch den ein asphaltierter, aus dem Wiesetal heraufführender Wirtschaftsweg verläuft. Hier hat man einen ersten Ausblick auch nach Norden in das Wiesetal, auf Silbersau und das jenseits liegende Oberhepschingen sowie auf den Belchen im Hintergrund. Sehr schön ist das Querprofil des Wiesetals erkennbar: die gegenüber dem Angenbachtal breitere Talsohle, die steilen, grossenteils waldbedeckten unteren Talhänge, darüber — etwa im Niveau des Betrachters — der hochgelegene ältere Talboden mit den Siedlungslagen von Fröhnd, noch höher schliesslich die wiederum waldbedeckten oberen Hänge, die bis etwa 1000 m hinaufreichen.

Der Weg folgt nun dem Kamm über den Langenberg, z.T. durch Waldaufwuchs (Birken, Eichen) auf ehemaligem Weidfeld und auf verlassenen Ackerterrassen. Im weniger hängigen Gelände rechts liegt die alte Ackerflur von Mambach, die heute ausschliesslich als Grünland genutzt wird. Sie ist terrassiert und wurde früher stets mit dem Pflug bearbeitet, während in steileren Lagen Ackerbau nur mit der Hacke möglich war. Gegenüber auf der anderen Seite des Angenbachtals liegen auf vergleichbaren Hangverflachungen die Offenlandflächen von Rohrberg.

Einige 100 Meter weiter tritt man auf die Gemarkung **Ehrsberg** über und gelangt nun in ein Gebiet mit jenem Sanftrelief, das für grosse Teile der Hochlagen des Schwarzwaldes typisch ist. Hier liegen oberhalb 800 m in Südexposition die besten Ackerböden von Ehrsberg (Flurname: "Roter Acker") auf tiefgründig verwittertem gneisartigen Gestein. Auch sie sind zum Teil terrassiert, auch sie werden heute überwiegend als Grünland genutzt; anders als auf Mambacher Gemarkung ist der Ackerbau (Kartoffeln, Hafer, Roggen) jedoch nicht ganz aufgegeben. Von dem gegen das Angenbachtal vorspringenden Enerberg — etwa einen Kilometer vor Ehrsberg — gewinnt man einen umfassenden Überblick über den "Hinterhag", also das Gebiet der alten Vogtei Zell im Einzugsbereich des Angenbachs mit Häg als Siedlungsmittelpunkt mehrerer Weiler und Häg-Ehrsberg als heutiger politischer Gemeinde (1961: 1 170, 1980: 930 Einwohner, davon Häg rund 600). Zum Hinterhag gehört auch der östliche Teil der Gemarkung Mambach, denn der Name rührt wohl — was freilich nicht mit Sicherheit zu belegen ist — von einem Hag her, der einst den Talausgang bei Mambach sperrte. Die Gemeinden der Vogtei Zell im Wiesetal nannte man entsprechend den "Vorderhag" (Beidek 1972).

Häg liegt mit Kirche und Friedhof, mit Schule und Rathaus der Gesamtgemeinde knapp 700 m hoch auf einem Hangsporn zwischen Angenbach und Ehrsberger Mühlebach, die dazugehörigen landwirtschaftlichen Nutzflächen erstrecken sich darüber am höheren Hang. Ähnliche Verhältnisse finden wir auf der anderen Talseite bei den Weilern Sonnenmatt und Altenstein: auch dort folgen auf die Wiesen in Siedlungsnähe nach oben zu die terrassierten, heute fast nur noch als Grünland genutzten Wechselfelder, darüber in ortsfernerer Lage die Allmendweiden und schliesslich der Wald, der aber auch die Steilhänge gegen das Haupttal und in den Bacheinschnitten bedeckt (hier gibt es grössere Waldexklaven, die den waldarmen Wiesetalgemeinden aus dem Gesamtbesitz der Vogtei Zell zugeteilt wurden). Nicht zu sehen sind die Ortsteile Happach und Rohmatt, die tief unten im Angenbachtal liegen.

Unter den zahlreichen, an das Wasser des Angenbaches als Energie-
quelle gebundenen Gewerbebetrieben des Hinterhag haben neben
Mühlen, Sägen und Schmieden die Webereien von Rohmatt grössere Bedeutung erlangt. Von dem Schweizer Samuel Lanz in der ersten
Hälfte des 19. Jahrhunderts gegründet, gehörten die Betriebe zuletzt
zur Zell-Schönau AG, die aufgrund wirtschaftlicher Schwierigkeiten
die beiden Webereien 1977 schloss, wodurch rund 140 Arbeitsplätze
(zur Hälfte von Frauen besetzt) verloren gingen. Für den durch Nebenerwerbslandwirtschaft geprägten Hinterhag war der Verlust des
Hauptverdienstes "vor der Haustür" ein schwerer Schlag, der die —
ohnehin vorhandene — Abwanderungstendenz stark gefördert hat.
Die Rohmatter Betriebsgebäude werden heute als Lagerhallen genutzt.

Die lockere Dorfanlage von **Ehrsberg** schmiegt sich in 850 m Höhe an
den oberen Rand der nach Süden geöffneten Quellmulde des Mühle-
bachs, greift jedoch mit Neubauten über den Sattel gegen den Wüh-
rebach hinweg, der nach NW zur Wiese entwässert. Unterhalb des
Ortes werden die relativ stark gebösschten Hänge zum Mühlebach als
Wiesen genutzt, die früher auch bewässert wurden; der Gegenhang
zeigt alle Spuren der Vernachlässigung. Deutlich wird die Extensivierung der Landwirtschaft am Rückgang des Ackerbaus, dessen Flächen sich zwischen 1950 und 1970 auf 23 ha halbiert haben und bis
heute weiter zurückgegangen sind. Wegen der Höhenlage sind Obstbäume in der Flur selten geworden, im Ortskern jedoch noch auffällig häufig. Das Ehrsberger Weidfeld liegt grösstenteils jenseits des
Dorfes auf den nordexponierten Hängen zum Künabach hin, dessen
Lauf die Gemarkungsgrenze gegen Fröhnd bildet. Da der Viehbestand — aufgrund der noch regelmässig betriebenen Jungviehaufzucht — seit 1950 nicht übermässig stark zurückgegangen ist, hat
man die Weidflächen intakt halten können (Nutzflächen 1971: 253 ha
Allmendweide neben 45 ha aufgeteilter Allmende, dazu 266 ha Land
in Privatbesitz und 368 ha Gemeindewald). Zu Ehrsberg gehören die
weitgehend agrarisch geprägten Weiler Waldmatt im Osten sowie
Stadel und Wühre im Norden, alle mit recht grossen Höfen, davon
vier im Vollerwerb geführt. Ehrsberg selbst ist dagegen durch Nebenerwerbsbetriebe und eine grosse Anzahl von Anwesen gekennzeichnet, die die früher betriebene Landwirtschaft aufgegeben haben (1961 im gesamten Ort noch 28 Vollerwerbsbetriebe, 1970 noch
41% der Erwerbstätigen im primären Sektor).

Bereits seit Mitte des 17. Jahrhunderts konnte der Ort nicht mehr als
reine Agrargemeinde gelten, denn Realteilung, die ungünstigen natürlichen Standortbedingungen und die sich daraus ergebende,
stets schlechter werdende Ertragslage der Landwirtschaft zwangen
schon früh zum Nebenverdienst: zur Köhlerei, zur Baumwoll- und
Seidenspinnerei im Verlagssystem, dann zur Arbeit in den Industrieorten des Wiesetals, so dass die Erwerbsstruktur der Bevölkerung immer mehr von ausserlandwirtschaftlichen, ausserhalb des
Heimatortes ausgeübten Berufen geprägt wurde. Trotzdem ist Ehrsberg zu einer der typischen Abwanderungsgemeinden der Höhenge-
biete geworden: seit Mitte des 19. Jhs verminderte sich die Bevölkerungszahl um nahezu 60% auf heute 330 Einwohner (vgl. Landeskundlicher Überblick). Durch den Zusammenschluss mit Häg zu einer Einheitsgemeinde gingen zudem Dienstleistungsfunktionen im
Verwaltungs- und Schulbereich verloren, die durch den sich nur
mühsam entwickelnden Fremdenverkehr vorerst nicht ausgeglichen
werden.

Die Route führt an der Kirche und am Dorfbrunnen vorbei hinauf ins
Weidfeld Richtung Hochkopfhaus. Tritt man oberhalb des Kinderhei-
mes bei der alten Sandgrube einige Schritte nach links heraus, so hat
man einen weiten Ausblick nach Nordwesten: auf die Wühre und die

Wiesetalfurche mit dem Ortszentrum von Fröhnd, auf die Höhensiedlungen von Hof bis Oberhepschingen, auf den Haselberg oberhalb Schönau, den Schönenberger Dossen und dahinter das Belchenmassiv. Man erkennt die relative Gunstlage der Talweitung von Schönau und der Verebnungen von Fröhnd und kann — bei klarem Wetter — anhand der Lage der Umfliessungsrinnen auch die verschiedenen Phasen der letztkaltzeitlichen Vergletscherung rekonstruieren.

Der Weg ist in tiefgründig verwittertem Granit (Sandgrube mit Wollsackverwitterung) eingeschnitten und trennt wildes Feld oberhalb vom z.T. brachgefallenen und aufgeforsteten zahmen Feld unterhalb. Ortslage und Nutzungsringe um Ehrsberg sind von hier aus gut zu überblicken, ebenso das talwärts gelegene Häg. An der nächsten Waldspitze quert man das Allmendfeld und folgt dem Rande des Kreuzwaldes bis zum Wanderparkplatz Waldmatter-Kreuz (Orientierungstafel). Dabei hat man rechts intensiv genutztes Ackerland (Gerste, Hafer, Roggen, Kartoffeln), das zu zwei Vollerwerbsbetrieben der beiden Doppelhofgruppen von **Waldmatt** gehört. Hier zeigt sich, dass man die Nachteile der Höhenlage (über 950 m) durch die Möglichkeit, auf den Ebenheiten Maschinen einzusetzen, überspielen kann. Die relativ ebenen Flächen haben in jüngster Zeit auch zur Anlage eines (ortsfernen) Sportplatzes angeregt.

Vom Wanderparkplatz auf der Forststrasse Richtung Herrenschwand. Talwärts liegen die beiden Höfe von **Hinterwaldmatt,** von denen einer neu ausgebaut wurde (Stall und Silo), der andere aber keine Landwirtschaft mehr betreibt. Dauergrünland herrscht vor. Die Forststrasse steigt bis zum Zimmerplatz (Wegspinne) auf 1091 m an und fällt dann langsam bis Herrenschwand ab. Der Wald, der im Plenterbetrieb bewirtschaftet wird, ist Ehrsberger Gemeindewald, in dem Nadelholz — mit stellenweise hohem Anteil schöner alter Tannen — dominiert.

Kurz vor dem Waldrand, der die Gemarkungsgrenze von Ehrsberg bezeichnet, folgt man dem Weg zum Hochkopfhaus nach rechts und hat dann alsbald vom Waldrand oberhalb Hinterherrenschwand eine hervorragende Übersicht über die Quellmulde des Künabaches und das gegenüberliegende Hochgescheid (1205 m). Nach Norden blickt man über den Sengalenkopf bei Präg bis zum Herzogenhorn, zum Feldbergmassiv und Stübenwasenkamm. Über dem Einschnitt des Künabaches erscheint im Westen der Köhlgarten. Die breite **Mulde von Herrenschwand** läuft nach oben in flache Sättel aus, die auf der anderen Seite durch die steilen Hänge des Präger Kessels wie abgeschnitten erscheinen. Ein solcher Formenkomplex ist — zudem in dieser Höhenlage — auffallend. Sicher sind die Herrenschwander Sättel ebenso wie der dazwischenliegende Rücken während der letzten Kaltzeit von einem Seitenast des vom Feldberg kommenden Prägbachgletschers überflossen gewesen. Doch hat das Gebiet von Herrenschwand seine heutigen Reliefformen nicht in erster Linie durch glaziale Erosion erhalten, sondern bereits im Jungtertiär und ältesten Quartär durch einen hoch über den heutigen Tälern gelegenen Bachlauf, der von der Grafenmatt her über den noch nicht existierenden Präger Kessel und die Herrenschwander Sättel gegen das Künabachtal zog. Die im Quartär rasch sich tiefer einschneidende Grosse Wiese hat durch rückschreitende Erosion eines — von Geschwend her längs den leichter ausräumbaren Devonschiefern der Zone Badenweiler-Lenzkirch sich zurücktastenden — Nebenbaches diesen alten Bachlauf angezapft und nach Nordwesten ausgelenkt. Im Gebiet von Herrenschwand blieb ein Taltorso — im Schichtstufenland würde man sagen: ein Strunkpass — zurück, der durch jüngere Abtragung nur wenig verändert wurde. Denn die von der Künabachmündung in den härteren Diatexiten rückschreitende Erosion griff nur bis zur Talenge in der "Hölle" zurück und war lediglich zu einer leichten Überformung des obersten Talstücks zu einer flachen Quellmulde imstande.

Diese — in 1000—1500 m zwar sehr hoch, aber sonnig gelegene — Quellmulde bot den Ansatz zur Entstehung einer Rodungssiedlung, die schon 1168 als "Wernheri Schwanda" in den Akten auftaucht und 1387 aus vier Höfen bestand. Zusammen mit Präg gehörte sie zur Geschworenei "Grafschaft" der Vogtei Schönau. Heute hat **Herrenschwand** mit seinen drei Weilern rd. 100 Einwohner, zur Ferienzeit kann die Zahl der ortsanwesenden Personen jedoch auf über 300 ansteigen. Zusammen mit der 350 m tiefer liegenden Talsiedlung Präg wurde Herrenschwand 1971 nach Todtnau eingemeindet.

Damit hat sich seine bisherige Randlage hinsichtlich der Versorgung im Verwaltungs- und Schulbereich zur Abseitslage verschlechtert, zumal die Verkehrsverhältnisse ohnehin schwierig sind: eine Buslinie bedient den Ort nur einmal täglich, sonst muss man zum Weissenbachsattel gehen, um den Postbus Todtmoos-Freiburg zu erreichen; Bevölkerung und Feriengäste sind also auf das eigene Kraftfahrzeug angewiesen. Da die örtliche Zwergschule schon 1969 aufgegeben wurde (das Gebäude wird heute von einem Skiclub aus dem Saarland genutzt), werden nun die Schüler der unteren Klassen in Präg und Geschwend, die Hauptschüler im 14 km entfernten Todtnau unterrichtet. Gymnasiasten gehen nach Schönau, wohin im Sommer eine (8 km lange) Verbindung über die Fuchswaldstrasse existiert, im Winter allerdings ein Umweg über Geschwend gemacht werden muss.

Sind die Bewohner verwaltungs- und schulmässig auf Todtnau orientiert, so werden ärztliche Dienstleistungen vornehmlich in Schönau in Anspruch genommen, pfarrmässig wiederum gehört man zu Todtmoos (Gottesdienste in der Herrenschwander Kapelle). In den Zentralorten (einschliesslich Schopfheim) decken die auspendelnden Familienmitglieder auch den gesamten Bedarf an kurz- und längerfristig benötigten Waren.

Es gibt in Herrenschwand keine landwirtschaftlichen Vollerwerbsbetriebe mehr, auch die günstiger als in Ehrsberg verlaufene Entwicklung im Fremdenverkehr ermöglicht nur wenige Vollexistenzen, so dass die meisten Familien auf einen Haupterwerb in Industrie (Todtnau, Schönau) oder tertiärem Sektor (Fremdenverkehrsbetriebe in Todtmoos) angewiesen sind, — dies in Umkehrung der Verhältnisse vor dem Zweiten Weltkrieg, als neben der Landwirtschaft Heimgewerbe (Holzartikel, Stoffzuschneiden) und Hausierhandel einen Zusatzverdienst abwarfen. Das weiterhin bestehende Interesse, die Landwirtschaft — wenn auch mehr im Sinne der Landschaftspflege — weiterzuführen, wird dadurch unterstrichen, dass erst kürzlich eine Flurbereinigung abgeschlossen wurde, die von aufwendigen Meliorationsarbeiten im Talgrund begleitet war. Die 15 Nebenerwerbsbetriebe verfolgen eine extensive Grünlandwirtschaft mit Milchviehhaltung und Jungviehaufzucht (5 bis höchstens 15 Stück Vieh). Im zahmen Feld ist die Feld-Gras-Wechselwirtschaft fast völlig verschwunden (wenige Kartoffel- und Haferäcker zur Selbstversorgung bzw. zum Grünschnitt). Die Allmendweiden ziehen sich an der Südostflanke des Hochgescheids bis fast zum Gipfel (randlich etwas Fichtenaufwuchs), über die flachen Sättel gehen sie in die Präger Weiden über. Gegenüber dem knapp 200 m tiefer liegenden Ehrsberg treten die wesentlich härteren ökologischen Bedingungen deutlich hervor: während dort in der Flur noch zahlreiche Laubholzbüsche und -bäume stehen, im Ortsbereich noch verschiedene Obstarten gedeihen, ist die Flur von Herrenschwand baumlos, und zwischen den Häusern finden sich nur Fichten und Ebereschen (ganz vereinzelt auch Kirschbäume).

Von den drei Herrenschwander Ortsteilen ist das Vorderdorf der älteste: hier lag die Rodung "Wernheri Schwanda". Das Hinterdorf mit seiner regelhaften Reihung der Anwesen (wenig veränderte Schauinslandhäuser i.S. von Schilli) wurde erst viel später – in der 2. Hälfte des 18. Jahrhunderts – als sanktblasianische Holzhauerkolonie angelegt. Und erst nach 1960 entstand die Ferienhaussiedlung an der Strasse zum Weissenbach-Sattel. Betrachtet man die drei Ortsteile heute, dazu die Liftanlagen am Hochgescheid und von Präg herauf, so scheint im Ort die Erholungsfunktion zu dominieren. Tatsächlich werden in Gasthäusern und einer Pension sowie von den meisten Höfen Fremdenzimmer und Ferienwohnungen angeboten; entsprechend wurde aus- und umgebaut. Ohne direkten Nutzen für die einheimische Bevölkerung ist die Ferienhaussiedlung, die 13 Häuser mit zumeist zwei bis drei Wohnungen umfasst und deren Besitzer aus in der Nähe liegenden Städten wie Zell, Wehr, Lörrach, aber auch aus Nordrhein-Westfalen stammen. Mag man die Höhe der Gebäude und die lockere Anlage noch als angemessen akzeptieren, so zeigen doch die unterschiedlichen Hausformen das Fehlen einer Gesamtkonzeption. Laut Flächennutzungsplan soll diese Siedlung auf die doppelte Grösse anwachsen und zudem ein Hotel angegliedert werden.

Über einen der Feldwege durch das zahme Feld gelangt man auf die Fahrstrasse des Hinterdorfs und folgt ihr über die Strassengabelung (Milchsammelstelle, Omnibuswendeplatz, gegenüber Orientierungstafel) hinaus ca. 100 m Richtung Hochkopfhaus bis zu einem Parkplatz. Von hier hat man einen guten Ausblick auf Präg, die Einmündung des Prägbachtales in den Präger Kessel mit dem "Ellbogen", darüber links den Sengalenkopf, rechts den Blössling. Die Talentwicklung im Präger Kessel von diesem Standpunkt aus gut rekonstruierbar (vgl. dazu Hauptroute I).

Zurück bis zur Milchsammelstelle und in Verlängerung der Hinterdorfstrasse auf geteertem Stichweg hangaufwärts entlang einer durch Elektrozäune gesicherten Auftriebsschneise, dann hangparallel (Bänke) durch das zahme Feld Richtung Vorderdorf. Hier wie in der weiten Mulde unterhalb des Weilers werden die flurbereinigten Flächen (Entwässerungsgräben) als Wiesen und Mähweide genutzt. Die Grenzen zwischen zahmem Feld und Weidfeld sind – wie am gegenüberliegenden Hang zum Hochgescheid – sehr deutlich.

Vom Liftparkplatz folgt man der Strasse zum Tiergrüble-Sattel. Man geht meist durch Wald: einen Mischwald mit hohem Nadelholzanteil, wie er für diese Höhenlage typisch ist (Fichte, Tanne, Buche, Bergahorn, Eberesche). Die Waldstücke liegen scheinbar recht unvermittelt mitten im Präg-Herrenschwander Allmendfeld: sie sind Exklaven der Gemarkung Schönau, die sie 1852 nach langwierigen Auseinandersetzungen um den Waldbesitz der aufgelösten Talvogtei zugeteilt erhielt.

Vom **Tiergrüble-Sattel** (1064 m, Waldparkplatz und Schutzhütte) auf einem Forstweg weiter Richtung Tunauer Schweine-Michelrütte (links halten!). Hier befindet man sich auf der Gemarkung Tunau, die ringsum fast vollständig von Schönauer Gemarkung – meist Wald – eingerahmt ist. Dadurch ist Tunau ebenfalls als Rodungssiedlung in einst grundherrlichen Wäldern erkennbar. Der Wald ist Gemeindewald, er wird im Plenterbetrieb bewirtschaftet. Von Natur hat er einen hohen Buchenanteil, daneben kommen Tanne und Bergahorn vor, vielfach dominiert aber bereits die eingebrachte Fichte. Knapp 400 m hinter dem Tiergrüble kann man rechts einen schmalen Zugangsweg zur "Tunauer Schweine" hochsteigen. Diese alte Weide auf dem ebenen Kamm zwischen Nollenkopf und Staldenkopf haben die Tunauer schon früh in den Wald hinein gerodet und lange genutzt. Sie war trotz ihrer hohen Lage um 1150 m bis nach dem 2.

Weltkrieg Jungviehweide, wurde dann aber wegen der problematischen Wasserversorgung und rückläufiger Viehzahlen aufgelassen. Heute ist das durch Fichtenanflug langsam zuwachsende Gelände ein geschätztes Jagdrevier.

Aus der Auftriebsschneise − gleichgültig, ob man die Route über die Tunauer Schweine wählt oder auf dem Forstweg bleibt − hat man einen grossartigen Ausblick auf das Tunauer Tal, die Talweitung von Schönau, die darüberliegenden Höhensiedlungen von Schönenberg und Fröhnd und auf die begrenzenden Kämme vom Zeller Blauen links über Köhlgarten, Sirnitzkopf und Belchenmassiv bis zum Schauinsland und Stübenwasen. Auf Tunauer Gemarkung dominieren ausgedehnte Weidflächen; das südexponierte zahme Feld westlich des Ortes ist von isohypsenparallelen Wegen durchzogen, zwischen denen die charakteristischen, senkrecht den Hang hinauflaufenden − einstmals mit der Hacke bearbeiteten, heute meist übergrasten − Äckerchen liegen.

Man kann nun − weglos − über die Auftriebsschneise hinabsteigen zum Katzenstein und auf einem Wirtschaftsweg weiter nach Tunau, von dort durch die ehemalige Ackerflur nach Bischmatt und schliesslich nach Schönau gelangen. Es lohnt sich jedoch, das Tal des Tunauer Grabenbaches nahe der Wasserscheide zu umrunden und über Michelrütte nach Schönau zu gehen. Dazu hält man sich weiter auf dem Forstweg, der alsbald den Sattel zwischen Tunauer Schweine und Staldenkopf erreicht (Blick nach Osten über das Prägtal zum Blössling) und schliesslich blind endet. Hier folgt man dem Wegweiser zum Zwei-Städte-Blick nach links auf einem schmalen, aber gut gangbaren Pfad (blaues Rechteck). Er führt zunächst durch Niederwald, der von knorrigen Weidbuchen durchsetzt − also noch jung − ist. Teilweise wurde hier erst vor kurzem mit Fichte und Douglasie aufgeforstet. An steileren Hängen ist die Niederwaldnutzung aber sicher älter. Man quert mehrfach einen überwachsenen Lesesteinwall, der längs der Wasserscheide gegen den Prägbach die alte Grenze zwischen ehemaligem Herrschaftswald und Tunauer Weidfeld markiert. Gegen den Haldenfels zu gelangt man in fast reinen Buchenwald; die Bäume am Waldrand zeigen ausgeprägte Windfahnenform − ein Hinweis darauf, dass die Waldgrenze hier alt ist.

Von einem Holzlagerplatz oberhalb **Tunau** sind Tal und Ort gut zu übersehen: 1936 durch einen Brand fast völlig zerstört, wurde Tunau als lockerer Weiler mit den traditionellen Hausformen wieder aufgebaut. Etwas erhöht liegt die Kapelle. Neubauten jüngeren Datums fehlen nahezu ganz. Mit den zugehörigen Weilern Bischmatt und Michelrütte zählt Tunau nur 150 Einwohner, blieb indessen − im Rahmen des Gemeindeverwaltungsverbandes Schönau − selbständige Gemeinde. Die von hier aus sichtbaren Nutzflächen sind ausschliesslich Dauergrünland. Aus dem von Obstbäumen umgebenen Ort zieht an der Kapelle vorbei die auch heute noch genutzte Auftriebsschneise ins Weidfeld, das ursprünglich bis hinauf auf die Tunauer Schweine und den Gipfel des Staldenkopfes reichte. Am südexponierten Hang unter uns wurde in jüngster Zeit der Aufwuchs zwischen den grossen Weidbuchen abgeschlagen, um eine zumindest extensive Weidenutzung zu ermöglichen (Lesesteinhaufen). Zum Staldenkopf hin ist dagegen das Allmendfeld verhurstet bzw. inzwischen aufgeforstet worden, die ursprünglichen Grenzen der Weidflächen sind völlig verwischt.

Man folgt nun auf schmalem Pfad der Wasserscheide bis auf den Haldenfels, eine kleine Felskuppe im Münsterhaldengranit. Wie aus der Vogelschau blickt man von hier auf **Utzenfeld** im tief eingeschnittenen Wiesetal. Utzenfelds Neubau- und Gewerbegebiete übertreffen flächenmässig den alten Ortskern. Am meisten fällt die Abraumhalde des 1974 aufgegebenen Flussspatbergbaus der Gewerkschaft

Finstergrund auf, die das Erz aus den Gruben im Wiedenbachtal mit einer Seilbahn — später per LKW — zur Aufbereitung und Weiterbeförderung an die Bahnlinie bei Utzenfeld transportierte. Die Betriebsgebäude wurden inzwischen von der benachbarten Strassenbaufirma umgestaltet. Ursprüngliche Wasserkraftorientierung erklärt den Standort der ehemaligen Bürstenfabrik (heute Werk 2 der Pleuco GmbH/Zell) im Talausgang des Wiedenbaches. Aus dessen Schwemmkegel treten mehrere Rundhöcker hervor. Glazial überschliffen ist auch die felsige Utzenfluh nördlich des Ortes, deren steile, südexponierte Hänge wegen ihrer reichen Insektenfauna und seltenen Vogelarten unter Naturschutz gestellt wurden (84 ha). Die darüberliegenden Weiden am Falken und am Stutz sind aufgegeben und verbuscht oder von Farn überwachsen.

Unterhalb des **Haldenfelsens** ist Grundmoräne des Wiesetalgletschers aufgeschlossen, auch sonst sind Erratika im Grabenbachtal nicht selten. Sie zeigen, dass die ganze weite Talmulde während des Hochstandes der Würmeiszeit von Eis erfüllt war. Die recht mächtige Grundmoräne am Haldenfels zeigt aber auch, dass die Oberfläche des Wiesegletschers während des Würmhochstandes bei mindestens 1000 m gelegen haben muss und damit bis an die Schneegrenze heranreichte. Das bedeutet, dass das Nährgebiet des Gletschers sich bis etwa an die Enge von Schönenbuchen erstreckt haben muss. Damit wird erklärlich, weshalb der Wiesetal-Gletscher — als einziger unter den Schwarzwaldgletschern — so ausserordentlich weit nach Süden vorstossen konnte.

Über altes Weidfeld steigt man zur Schutzhütte am "Zwei-Städte-Blick" ab, der ähnlich wie der Haldenfels freien Blick auf das Panorama der Südschwarzwälder Höhen vom Feldberg bis zum Zeller Blauen bietet. Im Tal sind — daher der Name — Teile von Schönau und Todtnau zu erkennen. Rings um die Hütte liegt Weidfeld, in dem gegen Tunau hin viel Adlerfarn und Buchenjungwuchs hochgekommen ist, im Zuge von Arbeitsbeschaffungsmassnahmen Ende der 70er Jahre aber teilweise wieder beseitigt wurde. Man quert in den Sattel gegen den Haldenbuck und geht dann den Wirtschaftsweg rechts nach Schönau weiter (die Abkürzung direkt nach Michelrütte ist sehr steil!). Am Weg ist auch hier Grundmoräne aufgeschlossen. Oberhalb **Michelrütte** hat man die Schönauer Talweitung direkt unter sich und überblickt das Siedlungsgefüge der Stadt (vgl. Hauptroute I und IV, 2).

In Michelrütte beim Café "Schöne Aussicht" links ein Abzweig zum "Gletscherschliff". Tatsächlich handelt es sich dabei um ein Riesengeschiebe aus Granit, das der Wiesetal-Gletscher in einer Hangkerbe des Lochbächle abgelagert hat. Die Dimensionen (Länge 5.85 m, Breite 3.20 m, Höhe 4.25 m) sind eindrucksvoll.

Die Route führt auf der linken Seite des Lochbächletälchens — dem blauen Rechteck folgend — weiter abwärts. In der Mulde von Michelrütte, das zu Tunau gehört, betreibt ein einzelner Nebenerwerbsbetrieb intensive Grünlandnutzung, auch unter Obstwiesen. Weiter unterhalb führt der Weg durch zugewachsene ehemalige Weidberge mit stark reduzierter Bodenkrume. Der hier aufgewachsene Sekundärwald enthält viel Laubholz (hauptsächlich Buche, daneben aber auch Hainbuche und die ersten Eichen).

Man verlässt den Wald gegenüber dem Schönauer Campingplatz. Auf den untersten Hängen wurden — auf Schönauer Gemarkung — Schafkoppeln eingerichtet. Die Talsohle wird durch Wiesen — ursprünglich einmal Wässerwiesen — genutzt; die alten Wehranlagen zur Ableitung des Flusswassers sind noch vorhanden. Vorbei an einer Wassertretstelle erreicht man die Wiesebrücke, passiert den ehemaligen Bahnkörper und das Bahnhofsgebäude und gelangt nach wenigen Schritten in das Ortszentrum von **Schönau**. Links in der Friedrichstrasse liegt bei der Post die Omnibushaltestelle.

"Arche" in Präg: der althergebrachte Individualbesitz mehrerer Eigentümer an einem Gebäude in seiner heutigen Ausprägung.

4.4.2 Höhen westlich des Wiesetals zwischen Schönau, Ittenschwand (Fröhnd) und Mambach (IV, 2):

Fusswanderung, ca. 16 km, Höhenunterschiede von 250 m, ca. 4–5 Std., Wanderausrüstung. Schönau, 540 m − Schönenberg, 679 m − Böllenbach-Brücke, 590 m − Hof, 670 m − Ittenschwand, 620 m − Oberhepschingen, 640 m − Pfaffenberg, 690 m − Kapelle "Maria Frieden", 615 m − Mambach, 465 m

Die Route beginnt in **Schönau** (vgl. Hauptroute I u. IV, 1) an der Kreuzung Friedrichstrasse/Talstrasse. Die vom Durchgangsverkehr auf der B 317 stark belastete Friedrichstrasse zeigt das typische Bild einer kleinstädtischen Geschäftsstrasse: Ladengeschäfte und Dienstleistungsbetriebe zur Deckung des täglichen und periodischen Bedarfs im Erdgeschoss, Wohnnutzung im Obergeschoss; dazwischen einige öffentliche Gebäude, die durch Baustil und Grösse auffallen (s. Abb. 11). Unter ihnen erinnern Amtsgericht und Notariat an die Funktionen Schönaus als alter Verwaltungsmittelpunkt des Tales (Bezirksamt bis 1924). Das städtische Krankenhaus an der oberen Friedrichstrasse deckt die Ergänzungsversorgung im Gesundheitssektor ab. Unterhalb der Hauptkreuzung hat die Staatliche Weideinspektion Schönau ihren Sitz. Diese zentrale Einrichtung ist für die Belange der Weidewirtschaft im grössten Teil des südlichen Schwarzwaldes zuständig. 1930 in Bernau als "Aussenstelle" begonnen, 1937 hierher verlegt, sind ihr zu den ursprünglichen Arbeitsbereichen − wie produktionstechnische Verbesserungen und Ordnung der gemeinschaftlichen Weidenutzung − neue Aufgaben im Rahmen der Landschaftspflege zugewachsen (vgl. Landeskundlicher Überblick). Mit dem Gymnasium und der Buchenbrandschule (südlich des Stadtparks) weist sich die Stadt als Schulzentrum aus, dessen Einzugsgebiet bei den Gymnasiasten über das Wiesetal hinaus reicht (75% Fahrschüler, 1981 insgesamt über 500 Schüler; s. Abb. 12). Sämtliche Hauptschüler und fast alle Grundschüler des Verwaltungsverbandes werden hier unterrichtet.

In der unteren Talstrasse beherbergt das Rathaus zugleich den Sitz des Gemeindeverwaltungsverbandes Schönau, der neun Gemeinden mit ca. 5000 Einwohnern umfasst. Diese 1971 entstandene Instanz deckt sich annähernd mit dem Gebiet der alten, 1809 aufgelösten Vogteien Schönau und Fröhnd. Ähnlich liegen die Verhältnisse bei der kirchlichen Organisation, − hier gab es freilich hinsichtlich der Zugehörigkeit der umliegenden Ortschaften zur (katholischen) Pfarrei Schönau keine Unterbrechung. Mit den Standorten von Rathaus, Kirche, Schule (die Gebäude der ehemaligen Volksschule wurden dem Gymnasium zugeschlagen) und mit der Gerichtslinde (unter ihr wurde 1837 ein letztes Todesurteil gesprochen) bildet die platzartig erweiterte mittlere Talstrasse von jeher das Ortszentrum. Wie in der Friedrichstrasse finden sich auch hier Ladengeschäfte, deutlicher tritt jedoch die auf den Fremdenverkehr ausgerichtete Infrastruktur hervor: Gastronomiebetriebe, spezialisierte Einzelhandelsgeschäfte, das "Haus des Gastes" (nahebei in einer Querstrasse), Orientierungstafeln und Wegweiser, das Parkhotel "Sonne" als Abschluss der Strasse. Räumlich nicht konzentriert sind die Fremdenunterkünfte, denn in Schönau dominiert die über den ganzen Ort angebotene Privatzimmervermietung mit fast der Hälfte der 64 000 Übernachtungen (1979); eine bedeutende Rolle spielen auch die Fremdenheime (über ein Viertel aller Übernachtungen).

Am Ende der Talstrasse vor dem Parkhotel "Sonne" hält man sich rechts Richtung Entenschwand und steigt den Felsenweg − die alte Verbindungsstrasse nach Schönenberg − hinauf. Vorbei an der Zufahrt in das Neubaugebiet um die evangelische Kirche erreicht man − links weiter aufwärts − die Kreuzung von alter und neuer Schönenberger Strasse. Hier wurde ein kleiner Erholungspark mit Wassertretstelle, Spielplatz, Schutzhütte usw. eingerichtet, der in den Tennisanlagen, einem Vita-Parcours und einem Grillplatz in der "Gurgel" (dem Schönau nächstgelegenen Flankengerinne des letztkaltzeitlichen Wiesetalgletschers) seine Fortsetzung findet. Die Route führt oberhalb der Strasse am Rande der weiten Talmulde des Haldsmattbaches nach Entenschwand.

Entenschwand, ein Ortsteil von Schönenberg, besteht nur aus wenigen Höfen. Sieben landwirtschaftliche Nebenerwerbsbetriebe nutzen das flachhängige Gelände oberhalb und die steileren Hänge unterhalb des Weilers über Grünlandwirtschaft (Wiesen). Westlich des Ortes führen zwei − klassisch ausgebildete − ehemalige Flankengerinne um den Birkenbühl herum. Einige kleine Rundhöcker zeigen jedoch, dass die Eisgrenze des Hochstandes der letzten Eiszeit noch höher hinauf zu suchen ist.

Man folgt der Fahrstrasse bis zu den ersten Häusern von **Schönenberg.** Die Talmulde unterhalb des Ortes endet auffallend steil, oberhalb wird das Tallängsprofil wieder flacher. Diese Talstufe kann nicht durch glaziale Erosion erklärt werden, da das Tal des Haldsmattbaches keinen eigenen Gletscher führte. Sie ist wohl durch späthochglaziale Aufschüttung im Stau des abschmelzenden Wiesetalgletschers entstanden. Anders sind dagegen die Verhältnisse bei der auf der Ostseite des Wiesetals unmittelbar gegenüberliegenden Stufe an der Ausmündung des Tunauer Tals bei Bischmatt, die man von hier oben gut übersieht. Dort hat der Rückstau durch den Hauptgletscher die glaziale Erosion im Nebental behindert, so dass eine Hängemündung entstand, die der Schleifenbach heute in einem engen Ausgleichstälchen überwindet.

Schönenberg liegt innerhalb seiner Gemarkung, die bis zum Belchengipfel hinaufreicht, ausgesprochen peripher. Die Gemarkungsgrenze verläuft unmittelbar unterhalb des Steilabfalls im Tal des Haldsmattbaches. Der locker verbaute Ort mit seinen (einschliesslich Entenschwand und Wildböllen) 310 Einwohnern hat zwischen Talstufe im Osten und rückwärtigen Hängen nur wenig Erweiterungsflächen. Die Höfe sind hier − im Verbreitungsgebiet des Stockwerkeigentums − z. T. von zwei Familien bewohnt. Randlich entstanden einzelne Neubauten.

Kurz hinter dem Ortseingang (vor der Kleinbrennerei rechts) biegt die Route in spitzem Winkel nach links auf den alten Weg nach Böllen ab (keine Markierung!) und folgt dann − an einer Gruppe neuer Wohnhäuser vorbei − dem Hangfuss rechts. Überwachsene Trokkenmauern (Hasel, Bergahorn, Esche) weisen darauf hin, dass dieser Weg früher auch als Viehtrieb benutzt wurde. Im Wiesengelände unterhalb des Weges liegen kleine Rundhöcker, dazwischen vermoorte Senken. Am Hang rechts ist auf ehemaligem Weidfeld Wildwuchs hochgekommen.

Die Route kreuzt einen asphaltierten Wirtschaftsweg und führt weiter geradeaus in das sich verengende Tälchen nördlich des Birkenbühls. Obwohl stellenweise verwachsen, ist der (nicht bezeichnete) Weg gangbar. Die Hänge beiderseits − ursprünglich offene Weidberge − sind vom Wald zurückerobert worden (meist Laubwald: Buchen, Ahorne, auch noch Eichen, dazu Fichtenjungwuchs; im Talgrund ist Haselgebüsch hochgekommen).

Wo von links das (südliche) Flankengerinne von Entenschwand her mit breiter Sohle einmündet, weitet sich das Tal. Man folgt ein kurzes Stück dem von Entenschwand kommenden Fahrweg und hält sich dann beim (zweiten) Wegweiser Richtung Hof/Wembach (rechts führt der Rimshaldenweg weiter nach Niederböllen, er diente früher als Verbindungsweg − auch als Kirchweg − zwischen dem Böllener Tal und Schönau). Man überschreitet nun das Lehbächle. Hier wird besonders deutlich, dass die tief eingeschnittene, aber doch breitsohlige Talrinne nicht vom heutigen Bach geschaffen worden sein kann, sondern von einem sehr viel wasserreicheren Fliessgewässer − eben einem Flankengerinne − ausgeräumt worden sein muss.

Man geht weiter durch Wald. Links liegen mehrere Fichtenaufforstungen, den Bachlauf säumt Laubwald mit stattlichen Exemplaren von Buchen, Eschen, gelegentlich auch Eichen. Wo der Weg plötzlich abfällt, wandelt sich die Form des Tälchens zur Talkerbe, die die spät- und postglaziale rückschreitende Erosion vom **Böllenbach** her geschaffen hat. Im Böllenbachtal mündet der Weg auf eine verlassene Strassenschlinge, die heute als Parkplatz dient.

Man geht nun auf der alten Strasse nach rechts, überquert die neue Talstrasse und folgt dem Wegweiser Richtung Hof. Der Weg scheint wenig begangen, ist jedoch als Fahrweg ausgebaut und diente ebenso wie die alte Steinbrücke über den Böllenbach früher − als die Böllentalstrasse noch die Talseiten wechselte − dem Durchgangsverkehr. Im Bachbett ist das Anstehende sichtbar, die junge fluviale Erosion wird an kleinen Kolken und Schwellen erkennbar. Man erreicht nach wenigen Schritten die asphaltierte Strasse von der Haidflüher Brücke her und folgt ihr nach links. Sie verläuft − immer im Wald − fast höhenlinienparallel am Hang entlang und trifft schliesslich auf die Fahrstrasse von Wembach nach Hof. Ihr aufwärts Richtung Hof folgend erkennt man links am Gegenhang ehemalige, jetzt grünlandgenutzte Ackerterrassen und überwachsenes Weidfeld auf Wembacher Gemarkung. Diesseits des Böllenbachs befindet man sich jedoch bereits auf Gemarkung Fröhnd. Die Kulturflächen beiderseits der Strasse gehören zu Hof; sie werden als Koppelweiden und Heuwiesen genutzt. Als Einzelbäume und in Baumgruppen sieht man hier vielfach Eschen im Grünland (Eschenblätter dienten früher als (Not-)Futter). Links zweigt der alte Ortsverbindungsweg nach Wembach ab. Ganz allmählich wird nun der Blick auf das Wiesetal und die begrenzenden Höhen frei.

Fröhnd nimmt als Gemeinde eine Sonderstellung im oberen Wiesetal ein. Genauer lautet die Ortsbezeichnung "die Fröhnd"; man versteht darunter die neun Weiler Hof, Ittenschwand, Kastel, Nieder- und Oberhepschingen auf den hochgelegenen Verebnungen rechts, Künaberg, Stutz, Vorder- und Hinterholz links der Wiese. Das Wiesetal selbst blieb lange Zeit fast unbesiedelt, bis in das 20. Jahrhundert bildeten das alte Rathaus an der Kasteler Brücke, das Kastler Wirtshaus und die Künaberger Mühle die einzigen Siedlungsansätze im Tal, dazu kam die (inzwischen aufgehobene) Bahnstation. Das Rathaus (mit Mehrzweckhalle) wurde 1975 neuerrichtet, daran schliesst sich eine Wohnhauszeile jüngster Entstehung an. Die heute 450 Einwohner zählende Gemeinde ist dem Verwaltungsverband Schönau angeschlossen. Jahrhundertelang bildete sie eine eigene Vogtei. 1260 durch den Fröhnd-Kauf, 1356 durch den Fröhnd-Tauschvertrag aus der Talvogtei Schönau ausgeschieden, waren die Bewohner "sonderlüte" d. h. Eigenleute St. Blasiens geworden, unterstanden also − anders als die Talvogteien − dem Abt direkt (Böhler 1960), bis die neun Weiler 1806/07 badische Distriktsgemeinde wurden. Pfarrmässig gehörten die Fröhnder dagegen immer zu Schönau, − deswegen fehlte der Fröhnd die Kirche, damit aber auch ein Ansatzpunkt zur Siedlungsverdichtung.

Als ersten Ortsteil von Fröhnd erreicht die Route **Hof**. Die stattlichen, in ihren Konstruktionsmerkmalen gut erkennbaren Schwarzwaldhäuser des Weilers gruppieren sich locker um einen freien Platz. Die Landwirtschaft bildet in Hof zwar nicht mehr die Haupterwerbsgrundlage, doch wird sie von neun Betrieben − darunter einem im Vollerwerb − weitergeführt. Grünlandnutzung dominiert (Milchsammelstelle), dazu werden jedoch noch vergleichsweise viele Äcker bestellt (Getreide − darunter auch Weizen − und Kartoffeln). Der Weg führt am Gasthof "Linde" vorbei; ihm gegenüber gedeihen an einer südexponierten Hauswand zwei Weinstöcke, die trotz der Höhenlage (670 m!) fruchten und ebenso wie die Walnussbäume im Ort einen Hinweis auf die relative Klimagunst der Fröhnd geben. Nach links kann man zur Kasteler Brücke absteigen, die Route bleibt jedoch auf der Höhe und führt geradeaus Richtung Ittenschwand.

Ausserhalb des Ortes erkennt man links mehrere Flankengerinne und dahinter die entsprechend vom Talhang isolierten Felsrücken. Jenseits der ersten Strassenkurve stösst man auf die Anlagen des Skiclubs Fröhnd: das Vereinsheim und die Talstation des Hornlifts, der aus dem zahmen ins wilde Feld zum knapp 1000 m hohen Ittenschwander Horn hochzieht. Eine Orientierungstafel unterrichtet über das Skigebiet Fröhnd. Die kleine Gemeinde hat mehrfach Deutsche Jugendmeisterschaften in den Nordischen Disziplinen ausgerichtet (Natursprungschanze im Tal des Hofbaches).

Vom "Muthigen Bühl" − wenige Schritte links vom Weg − kann man die Fröhnd besonders gut überblicken. Man erkennt von hier, dass nahezu alle Siedlungen auf kleinen Hangverebnungen liegen, die sämtlich (Fels-)Terrassenreste eines älteren Vorgängers der Wiese darstellen, der noch im Altpleistozän hoch über dem heutigen Tal floss und sich mit der Heraushebung des Gebirges allmählich tiefergeschnitten hat. Ihm war auch jener Nebenbach tributär, der von der Grafenmatt herkommend über die Herrenschwander Sättel dem Lauf des − gegenüber einmündenden und heute gleichfalls tief eingeschnittenen − Künabaches folgte (vgl. dazu Hauptroute IV,1). Beim Muthigen Bühl grenzt die Flur von Hof an die von Ittenschwand. Hier schneidet man die langgezogene Kehre des asphaltierten Wirtschaftsweges ab und wählt den Feldweg direkt nach Ittenschwand hinunter. Im Talgrund des Hepschinger Baches unter uns werden die Wiesen z. T. noch bewässert. Bei dem kleinen Eichenwäldchen oberhalb des Ortes (Sitzbank gegenüber) hat man einen schönen Blick auf Ittenschwand und auf die Höfe der Wühre jenseits der Wiesetalfurche. Hier zweigt man rechts ab nach Ittenschwand hinein:

Der alte Hauptort des Exkursionsgebiets: Schönau i.W., von Südosten gesehen. Auf der Talstufe im Hintergrund Entenschwand und Schönenberg, darüber der Belchen.

Wie in Hof ist auch in **Ittenschwand** die (Nebenerwerbs-)Landwirtschaft voll intakt. Acht Höfe mit je bis zu 16 Stück Vieh betreiben eine intensive Grünland- und eine auf Selbstversorgung ausgerichtete Ackernutzung. Ittenschwand besass (unterhalb der Kapelle) bis 1972 eine Schule, die für die westlichen Ortsteile von Fröhnd zuständig war; in den östlichen wurden die Kinder in Stutz unterrichtet, also jeweils in einem zentral gelegenen Weiler. Heute fahren alle Grund- und Hauptschüler mit Bussen nach Schönau.

Am Ortsausgang von Ittenschwand, wo unter einer mächtigen Linde schöne Exemplare von Stechpalme und Buchsbaum stehen (beide weisen auf wintermildes Klima hin), hält man sich rechts auf dem asphaltierten Weg nach Oberhepschingen; die Strasse links führt nach Kastel hinunter. Der Weg senkt sich in die breite Talmulde des Hepschingerbaches und beginnt dann am Gegenhang wieder zu steigen. Von hier aus hat man einen hübschen Rückblick auf Ittenschwand mit seinem kaum durch Ausbauten gestörten ursprünglichen Siedlungsbild, mit den grossen Höfen inmitten eines Kranzes von Obstbäumen (Äpfel, Birnen, Kirschen, Zwetschgen) und Wiesen, die noch bewässert werden. Jenseits des Wiesetals sind Künaberg und Stutz als weitere Ortsteile von Fröhnd zu sehen, während die Höfe der Wühre unmittelbar gegenüber bereits zu Ehrsberg gehören, dessen höchstgelegene Häuser den Sattel im Hintergrund überragen.

Unter- und Oberwühre liegen zwar in hängigem Gelände, trotzdem wird dort — genau wie in der Fröhnd — in Siedlungsnähe intensive Grünlandwirtschaft und auch Ackernutzung betrieben; deutlich abgesetzt folgen darüber die grossen Flächen des Ehrsberger Weidfelds. Kurz vor Oberhepschingen kann man nach Kastel hinuntersehen. Auf der Gegenseite öffnet sich die Furche des Künabaches, der die Gemarkung Fröhnd und Ehrsberg trennt. Seine Talhänge zeigen expositionsbedingte Nutzungsunterschiede: während die Fröhnder Seite landwirtschaftlich genutzt wird, ist die auf Gemarkung Ehrsberg gelegene — nordexponierte — Feuerschwandhalde zwischen 1890 und 1915 aufgeforstet worden.

Wie die anderen Weiler der Fröhnd ist auch **Oberhepschingen** von Streuobstwiesen umgeben, im Ort selbst finden sich wieder Nussbaum und Stechpalme. Stärker als in Hof und Ittenschwand hat hier — wie auch in Kastel — die Gästebeherbergung Eingang gefunden (gemeinsame Werbung mit "Ferien auf dem Lande" an der Kasteler Brücke). Die Gesamtzahl der Fremdenübernachtungen in Fröhnd blieb bislang gleichwohl bescheiden (1979: 10 700), doch ist der Fremdenverkehr ausbaufähig, auch wenn Probleme wie die — noch — geringe Auslastung, die Überforderung der Bäuerin und die Wünsche der Urlauber zwar nach Ruhe, nicht unbedingt aber nach Abgelegenheit gesehen werden müssen.

An der Wegspinne in der Ortsmitte biegt man rechts ab auf den Pfaffenberger Rundweg 3. Die Route tritt näher an das Wieselsetal heran, die Hänge werden entsprechend steiler, stellenweise kann man bis auf die Talsohle hinunterblicken. Tief haben sich die Nebenbäche eingeschnitten; ihren Einbuchtungen folgt der Weg in nahezu gleichbleibender Höhenlage. Im Nutzungsgefüge dominiert weiterhin das Grünland. Auf steileren Hängen wurden hie und da Schafweiden angelegt, auf flacherem Gelände findet man Portionsweiden für das Grossvieh und Wiesen. Der früher verbreitete Getreidebau ist nahezu ganz aufgegeben. Das ehemals als Weide genutzte Allmendfeld oberhalb des Wegs ist z. T. grossflächig zugewachsen. Trennende Buschreihen haben sich ausgebreitet und vermitteln gelegentlich — so im Taleinschnitt des Bändelbachs — den Eindruck, als stünde hier Wald. Die Nutzungsextensivierung zeigt sich auch in den Fichtenaufforstungen, die sich oft als schmales Band um ältere Mischwaldbestände herumziehen.

Am nordexponierten Hang über dem Bändelbach führt die Route an einem kleinen Steinbruch vorbei. Davor liegt (rechts) ein grosser Findlingsblock, den der Wieselsetalgletscher hier abgesetzt hat. Da man sich an dieser Stelle bereits etwa 80 m über der Obergrenze des würmzeitlichen Gletschers befindet, muss es sich um ein risszeitliches Geschiebe handeln. Das bestätigt sich wenige Schritte weiter, wo man in einer kleinen Sandgrube einen Rest stark verwitterter Grundmoräne findet, in der nur noch einzelne harte Geschiebe mit dicker Verwitterungskruste erhalten sind. Der Unterschied zur frischen würmzeitlichen Grundmoräne — wie man sie etwa am Haldenfels (vgl. Route IV,1) finden kann — ist deutlich. Der risszeitliche Wieselgletscher hat also höher gestanden und sicher eine viel grössere Ausdehnung gehabt als der würmzeitliche, wenn auch seine Aussengrenzen bis heute nicht genau bestimmt sind (vgl. dazu Pfannenstiel/Rahm 1964).

Wiederum nur einige Schritte weiter erreicht man einen Aussichtspunkt (Sitzbank) mit weitem Ausblick nach Norden. Im Vordergrund liegt Oberhepschingen, dahinter die Fröhnder Weiler am Gegenhang über dem Wieseltal. Vor der Schönauer Talweitung heben sich die Fabrikgebäude der Zell-Schönau AG in Brand ab. Talauf ragt der Knöpflesbrunnen empor, Stübenwasenkamm und Feldbergmassiv schliessen den Hintergrund ab. Kommt man um die nächste Wegbiegung, ist man von der Intensität und Ausdehnung der ackerbaulichen Nutzung auf dem "Bluttacker" überrascht. Kartoffeln, Hafer, Roggen und sogar Weizen werden auf dem relativ ebenen Gelände mit tiefgründigem Moränenboden kultiviert. Wo diese Gunstfaktoren fehlen, stellt sich freilich sofort wieder verwildertes Weidfeld ein, zumal dieser Gemarkungsteil weit vom Ort (Oberhepschingen) entfernt liegt.

Mit dem schluchtartigen Einschnitt des Pfaffenbachs (mit schönem, lagetypischem Erlen-Eschen-Bestand) erreicht man die Gemarkungsgrenze gegen Pfaffenberg, ehedem Scheidelinie zwischen der sanktblasianischen Vogtei Fröhnd und der zur Herrschaft Rheinfelden gehörigen Vogtei Zell. An der folgenden Weggabel nimmt man den oberen Weg, der untere führt zum Hellbühl. Am Hang rechts ist das farnüberwucherte ehemalige Weidfeld aufgeforstet worden, das dann folgende Wechselfeld beiderseits des Weges mit seinen Ackerterrassen wird heute durch Wiesen und Mähweiden genutzt. Vom letzten Gehängesporn vor **Pfaffenberg** (mächtiger alter Kirschbaum und Sitzbank) erkennt man im Rückblick noch einmal den Gegensatz zwischen dem farnüberzogenen, hängigen alten Weidfeld und den Ackerbauflächen auf den Ebenheiten des "Bluttackers". Man erreicht nun die Fahrstrasse Pfaffenberg-Käsern und steigt bei der nächsten Weggabel den Weg links nach Pfaffenberg hinunter (der Rundweg läuft rechts weiter). Dieser alte Ortszugang ist in tiefgründig verwittertes Gestein eingeschnitten und bildet eine regelrechte Hohlgasse, die durch niedere Trockenmauern abgestützt wird.

Pfaffenberg hat eine ausgesprochene Spornlage. Im Vergleich zu den bisher berührten Siedlungen wirkt es eng verbaut, trotz einiger Gärten in der Ortsmitte. Es herrschen Steinhäuser vor, nur kleinere Stallteile sind in Holz aufgeführt. Auch die jüngere bauliche Umgestaltung ist — angeregt durch die Fremdenverkehrsentwicklung — weit fortgeschritten (Berggasthof, Pensionen, private Zimmervermietung; in einer ehemaligen Scheune wird "Pfaffenberger Kunsthandwerk" angeboten). Am Brunnen in der Ortsmitte zweigt eine Reihe von Wanderwegen ab, über deren Verlauf man sich auf einer Wandertafel (neben der Viehwaage) orientieren kann; Pfaffenberg selbst hat drei Rundwege angelegt.

Der nach Zell i. W. eingemeindete Ort zählt einschliesslich der Weiler Käsern und Helblingsmatt und mit dem Einzelhof Hellbühl 120 Einwohner. Die Erwerbstätigen pendeln in die Fabriken des Tales aus, doch bieten Fremdenverkehr (ca. 5000 Übernachtungen/Jahr, neuerdings Prädikat "Erholungsort") und Nebenerwerbslandwirtschaft (17 Kleinstbetriebe) zusätzliche Einkommen, auch wenn die Standortfaktoren für die Agrarwirtschaft — wegen des hängigeren Geländes — ungünstiger sind als in Fröhnd. Im Zuge der Errichtung von Mittelpunktschulen ist das vor 10 Jahren neu entstandene Schulgebäude (oberhalb des Ortskerns) bald nach der Fertigstellung wieder funktionslos geworden; die Kinder fahren jetzt nach Atzenbach bzw. Zell. In die Schule ist die Pfaffenberger Ortsverwaltung eingezogen, während man im alten Rathaus eine Gefrieranlage installiert hat. Gegen den Ortsausgang hin steht der Berggasthof "Schlüssel", von dessen Terrasse aus man die östlichen Wiesetalhänge bis zum Rohrenkopf und zur Hohen Möhr überblicken kann. Tief unten im Tal zeigen sich Ortsteile von Mambach und Atzenbach, im Vordergrund krönt die **Kapelle "Maria Frieden"** das Scheibenackerköpfle.

Um nach Mambach hinunterzugelangen, folgt man zunächst der Strasse Richtung Atzenbach und zweigt dann — nach etwa einem halben Kilometer — nach links ab auf den asphaltierten Weg zur Kapelle. Er führt vorbei an der "Klause Maria Frieden", einem Kindererholungsheim, das der Caritas untersteht. Hier sind ständig bis zu 100 Kinder im Alter von 4—12 Jahren untergebracht; sie kommen, von der Caritas und der Bundespost geschickt, aus dem ganzen Bundesgebiet. Das Heim ist — wie die Kapelle "Maria Frieden" — kurz nach dem Zweiten Weltkrieg auf Initiative des Pfarrers von Atzenbach (die Pfarrei umfasst auch Mambach und Pfaffenberg) errichtet worden. Die Kapelle enthält ein Altarbild von Hans Franke.

Von der Kapelle aus bietet sich ein guter Rundblick auf die nähere Umgebung. Talab sieht man bis Atzenbach: dort fällt vor allem die dichte Folge ehemaliger Ackerterrassen an den steilen Talhängen auf; die Nutzungsextensivierung über Grünland und Brachflächen bis hin zu jungen Aufforstungen ist auch aus der Ferne gut zu beobachten. Solche Extensivierungsprozesse haben auf den Gemarkungen der industrialisierten Talgemeinden rascher um sich gegriffen als in den Höhengebieten, sind aber keine junge Erscheinung, sondern haben Vorläufer in den Aufforstungswellen des 19. Jahrhunderts; grosse Flächen am Abhang der Hohen Möhr wurden schon um die letzte Jahrhundertwende aufgeforstet. Die breite Sohle des Haupttales wird durch Grünland genutzt, in die kleinparzellierte Wiesenflur sind Gartengrundstücke eingestreut. Von Mambach aus erstreckt sich das Kerbtal des Angenbachs gegen Osten; über seinen waldbedeckten Talflanken setzen an einem deutlichen Gehängeknick terrassierte – heute meist übergraste – Hangverflachungen ein (etwa bei Rohrberg unter dem Rohrenkopf). Im Winkel zwischen Angenbach und Wiese schliesst das Wechselfeld von Mambach im Süden unmittelbar an den Ort an, im Norden liegt es hoch über der Siedlung, – inselartig zwischen steileren Waldpartien. Es dient wie die Wirtschaftsflächen von Mambach-Silbersau (talauf unterhalb des Brendwaldes) nur noch dem Grünlandbetrieb.

Von der Kapelle auf dem Scheibenackerköpfle zurück bis in die Einsattelung dahinter, dann auf asphaltiertem Weg nach links Richtung Mambach (gelber Punkt). Der Weg ist beiderseits von einem hohen Maschendrahtzaun gesäumt, der die Mambacher Ziegenweide (s. u.) umgibt. Wo die Asphaltierung aufhört, sind – unterhalb der Kapelle – gut konservierte, schmale Ackerterrassen übereinander gestaffelt; auf ihnen wurden noch bis in die 50er Jahre Kartoffeln und Getreide angebaut. Rechts unten liegt **Mambach** (vgl. auch Hauptroute IV,1) ausserordentlich beengt vor und in der Einmündung des Angenbachtales. An der Hauptkreuzung im Siedlungskern stehen sich das (nahezu funktionslos gewordene) grosse Rat- und Schulhaus sowie eine alte Schmiede, die die Wasserkraft des Baches nutzt, gegenüber. Vom lästigen Durchgangsverkehr auf der B 317 wurde der Ort durch den Bau einer Umgehungsstrasse befreit. Unterhalb des Dorfes – rechts der Wiese – hat man einen Campingplatz angelegt. Dort und im Kindererholungsheim werden fast die gesamten Gästeübernachtungen Mambachs (1979: 21 000) erzielt; ein Fremdenverkehr im üblichen Sinne hat sich bislang nicht entwickelt.

Während des Abstiegs passiert man an der Stelle, wo der Abkürzungsweg von der Kapelle herunterkommt, eine Sandgrube im tiefgründig verwitterten "Syntexit von Mambach". In zwei Bachanrissen weiter unten steht das gleiche Gestein unverwittert an.

Die Steillagen des unteren Scheibenackerköpfles werden seit 10 Jahren mit Ziegen bestossen (Laufstall rechts neben dem Weg). Die Hänge waren in den 50er Jahren mit dem Rückgang der Landwirtschaft – da mechanisch nicht zu bearbeiten – aus jeglicher Nutzung ausgeschieden und rasch verwahrlost. Farnkraut und Gebüsch machten sich breit. Deswegen wurde 1970 auf Initiative des damaligen Mambacher Bürgermeisters ein (im Bundesgebiet einmaliger) Modellversuch begonnen, Ziegen zur Landschaftspflege einzusetzen. Man fing mit einer Weidefläche von 10 ha an, stockte dann auf 31 ha, zuletzt auf rd. 50 ha auf. Die gemeindeeigene Herde wuchs auf eine Grösse von 90 Tieren an, die vergleichsweise wenig Pflege beanspruchen, auch geringe Milchleistung haben, was eine extensive Haltung begünstigt. Trotzdem ist ihr kontrollierter Einsatz allein wegen der Kosten für die hohen und festen Einzäunungen teuer und im Vergleich mit anderen Tierarten unwirtschaftlich (50 Jahre Weideinspektion, 1980): die Gesamtkosten – einschliesslich des Arbeitsaufwandes – liegen im fünfjährigen Mittel bei 330 DM/ha. Das gesteckte Ziel, die

Verhurstung zu unterbinden, ist jedoch erreicht worden. Bei dichtem Farnaufwuchs muss allerdings durch Mähen nachgeholfen werden. Kurz hinter der letzten Kehre kann man im Wiesetal etwa 1 km talauf, ostwärts der Einmündung des Pfaffenbachs in die Wiese, eine auffallende Terrasse erkennen (darauf ein Stromleitungsmast). Es handelt sich um eine Aufschüttungsterrasse über anstehendem Gestein, die jedoch für eine echte Niederterrasse zu hoch liegt. Man wird sie als Kame-Terrasse ansprechen müssen, die sich neben dem äussersten Zungenende des würmzeitlichen Wiesetalgletschers zwischen Eis und Talhang gebildet hat. Danach dürfte der Wiesetalgletscher der letzten Eiszeit bis zur Enge bei dem kleinen Felsvorsprung oberhalb Mambach (H. 508,3) gereicht haben.

Die Route erreicht den Talboden im Neubaugebiet von Mambach. Dessen Einfamilienhäuser sind im wesentlichen auf ehemaligem Bahngelände entstanden. Die alte Trasse der Schmalspurbahn Zell-Todtnau ist deshalb kaum mehr erkennbar. Sie zog unmittelbar am Hang entlang vom Kinderspielplatz zum noch erhaltenen, jetzt als Ausstellungsraum der Fiat-Vertretung genutzten Bahnhofsgebäude. Vielleicht ein Nachklang der historischen Verkehrsbedeutung Mambachs (vgl. Route IV,1) ist die Tatsache, dass heute in dem kleinen Ort zwei Tankstellen und zwei Kfz-Reparaturbetriebe existieren. Unmittelbar jenseits der Wiesebrücke (ein Bau von 1928 an Stelle eines älteren Überganges) erreicht man an der B 317 die Omnibushaltestelle mit Rückfahrmöglichkeiten nach Schönau.